南史

四部備要

史部

中華書局據武英殿本校刊

桐鄉　陸費逵總勘
杭縣　高時顯
　　　吳汝霖輯校
杭縣　丁輔之監造

南史目錄

唐　李　延　壽　撰

本紀十卷
列傳七十卷　凡八十卷

本紀

南史卷一
宋本紀上第一
武帝諱裕姓劉氏　少帝諱義符
南史卷二
宋本紀中第二
文帝諱義隆　孝武帝諱駿
前廢帝諱子業
南史卷三

宋本紀下第三
明帝諱彧　後廢帝諱昱
順帝諱準
南史卷四
齊本紀上第四
高帝諱道成姓蕭氏　武帝諱賾
南史卷五
齊本紀下第五
廢帝鬱林王諱昭業　廢帝海陵王諱昭文
明帝諱鸞　廢帝東昏侯諱寶卷
和帝諱寶融
南史卷六
梁本紀上第六

武帝上 諱衍姓蕭氏
南史卷七
梁本紀中第七
武帝下
南史卷八
梁本紀下第八
簡文帝 諱綱　元帝 諱繹
敬帝 諱方智
南史卷九
陳本紀上第九
武帝 諱霸先姓陳氏　文帝 諱蒨
廢帝 諱伯宗
南史卷十

陳本紀下第十
宣帝 諱頊　後主 諱叔寶

列傳

南史卷十一

列傳第一

后妃上
宋孝穆趙皇后　孝懿蕭皇后
武敬臧皇后　武張夫人
文章胡太后　少帝司馬皇后
文元袁皇后 潘淑妃　孝武昭路太后
明宣沈太后　孝武文穆王皇后 宣貴妃
前廢帝何皇后　明恭王皇后
後廢帝陳太妃　後廢帝江皇后

順陳太妃　順謝皇后
齊宣孝陳皇后　高昭劉皇后
武穆裴皇后　文安王皇后
鬱林王何妃　海陵王王妃
明敬劉皇后　東昏褚皇后
和王皇后
南史卷十二
列傳第二
后妃下
梁文獻張皇后　武德郗皇后
武丁貴嬪　武阮脩容
簡文王皇后　元徐妃
敬夏太后　敬王皇后

陳武宣章皇后　文沈皇后
廢帝王皇后　宣柳皇后
後主沈皇后張貴妃

南史卷十三
列傳第三
宋宗室及諸王
長沙景王道憐　臨川烈武王道規鮑照
營浦侯遵考從子季連
武帝諸子
廬陵孝獻王義真　彭城王義康
江夏文獻王義恭　南郡王義宣
衡陽文王義季

南史卷十四

列傳第四

文帝諸子
元凶劭　始興王濬
南平穆王鑠　竟陵王誕
建平宣簡王宏　廬陵王禕
晉熙王昶　武昌王渾
始安王休仁　晉平剌王休祐
海陵王休茂　鄱陽哀王休業
臨慶沖王休倩　新野懷王夷父
桂陽王休範　巴陵哀王休若
孝武諸子
豫章王子尚　晉安王子勛
松滋侯子房　臨海王子頊

始平孝敬王子鸞　永嘉王子仁
始安王子真　邵陵王子元
齊敬王子羽　淮南王子孟
晉陵孝王子雲　南海哀王子師
淮陽思王子霄　東平王子嗣
武陵王贊
明帝諸子
邵陵殤王友　隨陽王翽
新興王嵩　始建王禧

南史卷十五

列傳第五

劉穆之 曾孫祥 從子秀之
徐羨之 從孫湛之 孝嗣孫君蒨 湛之孫孝嗣　傅亮 族兄隆

檀道濟兄韶 韶弟祗 韶孫珪
南史卷十六
列傳第六
王鎮惡　朱齡石弟超石
毛脩之孫惠素　傅弘之
朱脩之　王玄謨子瞻 玄載 從弟玄象 玄邈
南史卷十七
列傳第七
劉敬宣　劉懷肅弟懷敬 懷慎
劉粹族弟損　孫處
蒯恩　向靖子柳
劉鍾　虞丘進
孟懷玉弟龍符　胡藩

劉康祖 伯父簡之 簡之子道產 簡之弟謙之 道產子延孫

南史卷十八

列傳第八

趙倫之 子伯符　蕭思話 子惠開 素 惠明 惠明弟惠基 惠明子琮 惠基子洽 介子允 惠基弟惠休 引 惠休弟子介 惠開從子琛

臧燾 玄孫嚴 子盾 厥 嚴族叔未甄 燾弟熹 未甄 熹子質

南史卷十九

列傳第九

謝晦 兄瞻 從叔澹 弟皭　謝裕 子恂 弟純 玄孫微 述 述孫朓 裕

謝方明 子惠連　謝靈運 孫超宗 曾孫幾卿

南史卷二十

列傳第十

謝弘微 子莊 弟瀹 孫朏 瀹子覽 曾孫諼 覽弟舉 玄孫哲 舉子嘏 朏弟顥 顥 舉兄子僑

南史卷二十一

列傳第十一

王弘 子錫 錫弟僧達 曾孫融 弘弟子微 微兄遠 遠子 僧祐 僧祐子籍 弘從孫瞻 弘玄孫沖 沖子瑒 瑜

南史卷二十二

列傳第十二

王曇首 子僧綽 孫儉 曾孫騫 騫子規 騫弟暕 暕子承 訓 僧綽弟僧虔 僧虔子慈 慈子泰 慈弟志 志弟子筠 志弟彬 寂

南史卷二十三

列傳第十三

王誕 兄子偃 偃子藻 藻 弟子瑩 瑩從弟亮　王華 從弟琨

王惠 從弟球　王彧 子絢 絢弟續 續孫克 彧 兄子蘊 奐 奐弟份 份孫 銓 錫 僉 通 勱 質 固

南史卷二十四

列傳第十四

王裕之 孫秀之 延之 阮韜 延之子綸之 曾孫峻 峻子琮
王鎮之 弟弘之 弘之孫晏 晏從弟思遠 王韶之
王悅之 王准之 曾孫清 清子猛 從弟逡之 珪之 族子素
南史卷二十五
列傳第十五
王懿
到彥之 孫撝 撝子沆 沆從兄漑 漑弟洽 洽子仲舉 垣護之 弟子崇祖 崇祖從兄榮祖 榮祖從父閎 閎弟子曇深
張興世 子欣泰
南史卷二十六
列傳第十六
袁湛 弟豹 豹子淑 淑兄子顗 顗從弟粲 顗弟子彖 彖從弟昂 馬仙琕 昂子君正 君正子樞 憲 君正弟敬 泌
南史卷二十七
列傳第十七

孔靖 孫琇之 琇之曾孫奐　孔琳之 孫覬

殷景仁 從祖弟淳

南史卷二十八

列傳第十八

褚裕之 弟淡之 玄孫球 裕之兄子湛之 湛之子彥回 彥回子賁 蓁 蓁子向 向子翔 彥回弟澄 從弟炤 炫 炫子澐 澐子蒙 蒙子玠

南史卷二十九

列傳第十九

蔡廓 子興宗 孫約 約弟撙 曾孫凝

南史卷三十

列傳第二十

何尚之 子偃 孫戢 偃弟子求 求弟點 點弟胤 胤從弟炯 尚之弟子昌寓 昌寓子敬容

南史卷三十一

列傳第二十一

張裕 子永 岱 岱兄子緒 緒子完 充 永子瓌 瓌子率 率弟盾 瓌弟稷 稷子嵊 稷從子種

南史卷三十二

列傳第二十二

張邵 子敷 孫沖 兄子暢 暢子融 融弟寶積 徐文伯 文伯從弟嗣伯

南史卷三十三

列傳第二十三

范泰 子曄　荀伯子 族子萬秋

徐廣 郗紹 廣兄子豁　鄭鮮之

裴松之 孫昭明 曾孫子野　何承天 曾孫遜

南史卷三十四

列傳第二十四

顏延之 子竣 從子師伯　沈懷文 子沖 從兄曇慶

周朗 族孫顒 顒子捨 捨弟子弘正 弘讓 弘直 弘直子確

南史卷三十五

列傳第二十五

劉湛

庾悅 族弟登之 登之弟仲文 仲文子弘遠 仲文族孫仲容 顧琛

顧覬之 孫憲之

南史卷三十六

列傳第二十六

羊欣 羊玄保 子戎 兄子希

沈演之 子勃 兄孫顗 演之從子憲 憲孫浚 江夷 子湛 曾孫斅 玄孫蒨 禄 五世孫紑 六世孫揔 夷弟
子智深

江秉之 孫謐

南史卷三十七

列傳第二十七
沈慶之 孫昭略 子文季 弟子文秀 從子攸之 攸之從孫僧昭
宗慤 從子夬
南史卷三十八
列傳第二十八
柳元景 元景弟子世隆 世隆子惔 惔弟惲 惲子偃 偃子盼 惲弟憕 憕弟忱 世隆從弟慶遠 慶遠子津 津子仲禮 敬禮
南史卷三十九
列傳第二十九
殷孝祖 族子琰
劉勔 子悛 孫靄 覽 遵 悛弟子苞 悛弟繪 繪子孝綽 孝綽子諒 孝綽弟潛 繪弟瑱
南史卷四十
列傳第三十

魯爽　薛安都 從子深
鄧琬 劉胡　宗越
吳喜　黃回

南史卷四十一

列傳第三十一

齊宗室
衡陽元王道度 繼子鈞　始安貞王道生
始安王遙光　曲江公遙欣 子幾
安陸昭王緬　新吳侯景先
南豐伯赤斧 子穎胄 穎達　衡陽公諶
臨汝侯坦之

南史卷四十二

列傳第三十二

齊高帝諸子上
豫章文獻王嶷 子子廉 子恪 子操 子範 子範子乾 子範弟子顯 子雲

南史卷四十三
列傳第三十三
齊高帝諸子下
臨川獻王映 長沙威王晃
武陵昭王曄 安成恭王暠
鄱陽王鏘 桂陽王鑠
始興簡王鑑 江夏王鋒
南平王銳 宜都王鏗
晉熙王銶 河東王鉉

南史卷四十四
列傳第三十四

齊武帝諸子

文惠太子長懋　竟陵文宣王子良 子昭胄
廬陵王子卿　魚復侯子響
安敬王子敬　晉安王子懋
南郡王子隆　建安王子真
西陽王子明　南海王子罕
巴陵王子倫　邵陵王子貞
臨賀王子岳　西陽王子文
衡陽王子峻　南康王子琳
湘東王子建　南郡王子夏

文惠諸子

巴陵王昭秀　桂陽王昭粲

明帝諸子

巴陵隱王寶義　江夏王寶玄
廬陵王寶源　鄱陽王寶寅
邵陵王寶攸　晉熙王寶嵩
桂陽王寶貞
南史卷四十五
列傳第三十五
王敬則　陳顯達
張敬兒　崔慧景
南史卷四十六
列傳第三十六
李安人 子元履　戴僧靜
桓康　焦度
曹武 子世宗　呂安國

周山圖　周盤龍 子奉叔

王廣之 子珍國 張齊

南史卷四十七

列傳第三十七

荀伯玉

崔祖思 祖思叔父景真 景真子元祖 宗人文仲

蘇侃　虞悰

胡諧之 范栢年　虞玩之

劉休　江祏 劉暄

南史卷四十八

列傳第三十八

陸澄

陸慧曉 子倕 孫繕 兄子閑 閑子絳 絳弟厥 厥弟襄 襄兄子雲公 雲公子瓊 瓊子從典 瓊從弟琰 琰弟瑜 瑜從兄

玠 從弟琛
陸杲 子罩

南史卷四十九

列傳第三十九

庾杲之 叔父華 王諶 從叔摛
何憲 孔遏 孔珪
劉懷珍 子靈哲 杳 歆 從父弟峻 懷珍從孫訏 劉沼 懷珍族弟善明 從子懷慰 懷慰子霽

南史卷五十

列傳第四十

劉瓛 弟璡 顯從弟轂 族子顯 明僧紹 子山賓
庾易 子黔婁 肩吾 於陵 劉虬 子之遴 虬從弟坦 之亨

南史卷五十一

列傳第四十一

梁宗室上
吳平侯景子勵 勸 勔 勃弟昌 昂 昱
長沙宣武王懿子業 孫孝儼 業弟藻 猷猷子韶 駿 猷弟朗 明
永陽昭王敷　衡陽宣王暢
桂陽簡王融子象 象子慥
臨川靜惠王宏宏子正仁 正義 正德 正德子見理 正德弟正則 正則弟正立 正立子賁 正立弟正表 正信

南史卷五十二

列傳第四十二

梁宗室下
安成康王秀秀子機 機弟推
南康元襄王偉偉子恪 恪弟恭恭子靜 恭弟祗
鄱陽忠烈王恢恢子範 範子嗣 範弟諮諮弟脩 脩弟泰
始興忠武王憺憺子亮 亮弟映映弟曄

南史卷五十三
列傳第四十三
梁武帝諸子
昭明太子統　豫章王綜
南康簡王績　廬陵茂王續
邵陵攜王綸　武陵王紀
南史卷五十四
列傳第四十四
梁簡文帝諸子
哀太子大器　尋陽王大心
臨川王大款　南海王大臨
南郡王大連　安陸王大春
桂陽王大成　汝南王大封

瀏陽公大雅　新興王大莊
西陽王大鈞　武寧王大威
皇子大訓　建平王大球
義安王大昕　綏建王大摯
樂良王大圜
元帝諸子
忠烈世子方等　貞惠世子方諸
愍懷太子方矩　始安王方略

南史卷五十五

列傳第四十五

王茂　曹景宗
席闡文　夏侯詳 子亶 夔 魚弘
吉士瞻　蔡道恭

楊公則　鄧元起 羅研 李膺

張惠紹 子登　馮道根

康絢　昌義之

南史卷五十六

列傳第四十六

張弘策 子緬 纘 綰　庾域 子子輿

鄭紹叔　呂僧珍

樂藹 子法才

南史卷五十七

列傳第四十七

沈約 子旋 孫衆　范雲 從兄縝

南史卷五十八

列傳第四十八

韋叡 兄纂 闡 叡子放 孫粲 放弟正 正子載 鼎 正弟稜 稜弟黯
裴邃 邃子之禮 兄子之高 之高弟之平 之平子忌 之高弟之橫
南史卷五十九
列傳第四十九
江淹 任昉
王僧孺
南史卷六十
列傳第五十
范岫 傅昭 弟映
孔休源 江革 子德藻
徐勉 許懋 子亨
殷鈞 宗人芸
南史卷六十一

列傳第五十一
陳伯之　陳慶之子昕　暄
蘭欽
南史卷六十二
列傳第五十二
賀瑒子革　弟子琛　司馬褧
朱异　顧協
徐摛子陵　陵子儉　份　儀　陵弟孝克　鮑泉鮑行卿　行卿弟客卿
南史卷六十三
列傳第五十三
王神念子僧辯　羊侃子球　鵾
羊鴉仁
南史卷六十四

列傳第五十四

江子一　胡僧祐
徐文盛　陰子春 子鏗
杜崱 兄岸 弟幼安 兄子龕　王琳
張彪

南史卷六十五

列傳第五十五

陳宗室諸王
永脩侯擬　遂興侯詳
宜黃侯慧紀　衡陽獻王昌 子伯信
南康愍王曇朗 子方泰 方慶
文帝諸子
始興王伯茂　鄱陽王伯山

新安王伯固　晉安王伯恭
廬陵王伯仁　江夏王伯義
武陵王伯禮　永陽王伯智
桂陽王伯謀

宣帝諸子

始興王叔陵　豫章王叔英
長沙王叔堅　建安王叔卿
宜都王叔明　河東王叔獻
新蔡王叔齊　晉熙王叔文
淮南王叔彪　始興王叔重
尋陽王叔儼　岳陽王叔愼
義陽王叔達　巴山王叔雄
武昌王叔虞　湘東王叔平

臨賀王叔敖　陽山王叔宣
西陽王叔穆　南安王叔儉
南郡王叔澄　沅陵王叔興
岳山王叔韶　新興王叔純
巴東王叔謨　臨海王叔顯
新會王叔坦　新寧王叔隆
新昌王叔榮　太原王叔匡
後主諸子
太子深　吳興王胤
南平王嶷　永嘉王彥
南海王虔　信義王祗
邵陵王兢　會稽王莊
東陽王恮　吳郡王蕃

錢塘王恬

南史卷六十六

列傳第五十六

杜僧明　周文育 子寶安

侯瑱　侯安都

歐陽頠 子紇　黃法𣰰

淳于量　章昭達

吳明徹 裴子烈

南史卷六十七

列傳第五十七

胡穎　徐度 子敬成

杜稜　周鐵虎

程靈洗 子文季　沈恪

陸子隆　錢道戢
駱文牙　孫瑒
徐世譜　周敷
荀朗　周炅
魯悉達 弟廣達　蕭摩訶 子世廉
任忠　樊毅 弟猛
南史卷六十八
列傳第五十八
趙知禮　蔡景歷 子徵
宗元饒　韓子高
華皎　劉師知
謝岐　毛喜
沈君理　陸山才

南史卷六十九
列傳第五十九
沈炯　虞荔 弟寄
傅縡 章華　顧野王 蕭濟
姚察
南史卷七十
列傳第六十
循吏
吉翰　杜驥
申恬　杜慧慶
阮長之　甄法崇 孫彬
傅琰 孫岐　虞愿
王洪軌 李珪之　沈瑀

范述曾　孫謙從子廉
何遠　郭祖深

南史卷七十一

列傳第六十一

儒林

伏曼容子暅 暅子挺　何佟之
嚴植之　司馬筠
卞華　崔靈恩
孔僉　盧廣
沈峻太史叔明 峻子文阿　孔子袪
皇侃　沈洙
戚衮　鄭灼張崖 陸詡 沈德威 賀德基
全緩　張譏

顧越 龔孟舒 沈不害
王元規 陸慶

南史卷七十二

列傳第六十二

文學

丘靈鞠 子遲 從孫仲孚 檀超 熊襄 超叔道鸞 吳邁遠
卞彬 諸葛勗 高爽 袁嘏 孫挹
丘巨源 孔廣 司馬憲 孔逭 袁仲明 虞通之 孫詵 虞龢
王智深 崔慰祖
祖沖之 子暅之 來嶷 孫皓
賈希鏡 袁峻
劉昭 子縚 緩 鍾嶸 兄岏 弟嶼
周興嗣 吳均 江洪

劉勰　何思澄 子朗 王子雲
任孝恭　顏協
紀少瑜　杜之偉
顏晃　岑之敬
何之元　徐伯陽
張正見　阮卓

南史卷七十三

列傳第六十三

孝義上

龔穎　劉瑜 董陽
賈恩　郭世通 子原平
嚴世期　吳逵
潘綜 陳遺 秦綿　張進之 俞僉 張楚

丘傑　師覺授

王彭　蔣恭

徐耕　嚴成　王道蓋　孫法宗

范叔孫　吳國夫　卜天與　張弘之等　天與弟天生

許昭先　余齊人

孫棘　妻許　錢延慶　徐元妻許

何子平　崔懷順

王虛之　顧昌衍　江柔之　江軻

吳慶之　蕭叡明　鮮于文宗　文宗姊文英

蕭矯妻羊　羊緝之女佩任　吳康之妻趙　蔣儁之妻黃　吳翼之母　丁永興概中里王氏女　諸暨屠氏女　吳興乘公濟妻

姚　吳郡范法恂妻褚

公孫僧遠　吳欣之

韓係伯　丘冠先

孫淡　華寶薛天生劉懷胤
解叔謙宗元卿庾震朱文濟匡昕鲁康祚謝昌寓
韓靈敏　劉渢弟溓　柳叔夜
封延伯陳玄子邵榮興文獻叔徐生之范安祖李聖伯范道根譚弘寶何弘湯黑頭王續祖郝道福
吳達之蔡曇智何伯璵　王文殊
樂頤之弟預沈昇之　江泌
庾道愍族孫沙彌沙彌子持

南史卷七十四

列傳第六十四

孝義下

滕曇恭徐普濟張悌等　陶季直
沈崇傃　荀匠
吉翂　甄恬

趙拔扈　韓懷明
褚脩
張景仁　宛陵女子　衛敬瑜妻王　劉景昕
陶子鏘　成景儁
李慶緒　謝藺 子貞
殷不害 弟不佞　司馬暠
張昭 弟乾 王知玄

南史卷七十五

列傳第六十五

隱逸上

陶潛　宗少文 孫測 從弟彧之
沈道虔　孔淳之
周續之　戴顒

翟法賜　雷次宗
郭希林　劉凝之
龔祈　朱百年
關康之 辛普明 樓惠明　漁父
褚伯玉　顧歡 盧度
杜京產 孔道徽 剡縣小兒 京產子栖

南史卷七十六

列傳第六十六

隱逸下

臧榮緒　吳苞 趙僧巖 孔嗣之 蔡薈
徐伯珍 婁幼瑜　沈麟士
阮孝緒　鄧郁
陶弘景 釋寶誌　諸葛璩

劉慧斐 兄慧鏡 慧鏡子曇淨　范元琰
庾詵　張孝秀
庾承先　馬樞

南史卷七十七

列傳第六十七

恩倖

戴法興 戴明寶　徐爰
阮佃夫　紀僧真
劉係宗　茹法亮
呂文顯　茹法珍 梅蟲兒
周石珍　陸驗 徐驎
司馬申　施文慶
沈客卿　孔範

南史卷七十八

列傳第六十八

夷貊上

海南諸國

林邑國　扶南國

西南夷

訶羅陁國　呵羅單國

婆皇國　波達國

闍婆達國　槃槃國

丹丹國　干陁利國

狼牙脩國　婆利國

中天竺國　天竺迦毗黎國

師子國

南史卷七十九

列傳第六十九

夷貊下

東夷

高句麗　百濟

新羅　倭

文身　大漢

扶桑

西戎

河南王　宕昌

鄧至　武興

諸蠻

荆雍州蠻　豫州蠻

西域
高昌　滑
呵跋檀　白題
龜茲　于闐
渴盤陁　末
波斯
北狄
蠕蠕
南史卷八十
列傳第七十
賊臣
侯景　王偉
熊曇朗　周迪

留異　陳寶應

南史目錄

南史目錄考證

齊本紀上第四武帝諱賾○賾監本訛牘今改正

列傳第八蕭思話附惠明弟惠基○弟監本訛子今改正

列傳第十一王弘子錫錫弟僧達○錫弟二字監本訛孫又僧祐子籍監本訛籍今俱改正

列傳第十三王彧附份孫銓錫僉通勱○監本孫訛弟勱訛勵今俱改正

列傳第十四王裕之附阮韜○阮監本訛元又王淮之下脫曾孫清清子猛六字從弟逡之下脫珪之二字今俱改正

列傳第十五到彥之附溉弟洽○監本脫溉弟二字今增入又張興世子欣泰訛欣爲與今改正

列傳第十七孔琳之孫覬○覬監本訛顗今從本傳

列傳第十八褚裕之附彥回子賁○賁監本訛賁又下蒙子玠監本訛介今俱改正

列傳第二十二張邵附融弟寶積○監本脫融弟二字又下文伯從弟嗣伯監
本脫從字今俱增入
列傳第二十五庾悅附登之弟仲文○弟監本訛子今改正
列傳第二十六羊玄保子戎兄子希○監本脫子戎兄子希五字今增入
列傳第二十七宗慤從子夬○夬監本訛史今改正
列傳第二十九劉勔附孝綽子諒孝綽弟潛○監本脫孝綽子諒孝綽弟七字
今從本傳增入
列傳第三十一安陸昭王絔○絔監本訛緬今改正
列傳第五十二賀瑒○瑒監本訛瑒今從梁書
列傳第五十五衡陽獻王昌○監本脫獻字今增入
文帝諸子○此下二十行缺今增正
列傳第六十三徐耕附嚴成王道蓋○監本缺嚴成王道蓋五字又卜天與下
缺張弘之等四字孫棘妻許下衍之字蕭叡明附鮮于文宗後缺文宗姊文

英五字蕭嬌妻羊附吳興乘公濟妻姚訛乘公爲公乘又公孫僧遠訛遠爲

達樂頤之弟預後沈昇之訛昇爲升今俱從本傳改正

列傳第六十四滕曇恭附徐普濟張悌等○監本滕訛藤脫等字又沈崇傃傃

訛素今俱改正

列傳第六十六劉惠斐兄慧鏡慧鏡子曇淨○淨監本訛琤今改正

列傳第六十九鄧至武興○此下十七行監本缺今從南本增入又南本滑訛

猾亦改正

南史目錄考證

南史卷一

唐　李延壽　撰

宋本紀上第一

宋高祖武皇帝諱裕字德輿小字寄奴彭城縣綏輿里人姓劉氏漢楚元王交之二十一世孫也彭城楚都故苗裔家焉晉氏東遷劉氏移居晉陵丹徒之京口里皇祖靖晉東安太守皇考翹字顯宗郡功曹帝以晉哀帝興寧元年歲在癸亥三月壬寅夜生神光照室盡明是夕甘露降于墓樹及長雄傑有大度身長七尺六寸風骨奇偉不事廉隅小節奉繼母以孝聞嘗游京口竹林寺獨臥講堂前上有五色龍章衆僧見之驚以白帝帝獨喜曰上人無妄言皇考墓在丹徒之候山其地秦史所謂曲阿丹徒閒有天子氣者也時有孔恭者妙善占墓帝嘗與經墓歎之曰此墓何如孔恭曰非常地也帝由是益自負行止時見二小龍附翼樵漁山澤同侶或亦覩焉及貴龍形更大帝素貧時人莫能知唯琅邪王謐獨深敬焉帝嘗負刁逵社錢三萬經時無以還被逵執謐以己錢代

償由是得釋後伐荻新洲見大虵長數丈射之傷明日復至洲裏聞有杵臼聲
往覘之見童子數人皆青衣於榛中擣藥問其故荅曰我王爲劉寄奴所射合
散傅之帝曰王神何不殺之荅曰劉寄奴王者不死不可殺帝叱之皆散仍收
藥而反又經客下邸逆旅會一沙門謂帝曰江表當亂安之者其在君乎帝先
患手創積年不愈沙門有一黄藥因留與帝旣而忽亡帝以黄散傅之其創一
傅而愈寶其餘及所得童子藥每遇金創傅之並驗初爲冠軍孫無終司馬晉
隆安三年十一月䄏賊孫恩作亂於會稽朝廷遣衛將軍謝琰前將軍劉牢之
東討牢之請帝參府軍事命與數十人覘賊遇賊衆數千帝便與戰所將人多
死而帝奮長刀所殺傷甚衆牢之子敬宣疑帝爲賊所困乃輕騎尋之旣而衆
騎並至遂平山陰恩遁入海四年五月恩復入會稽殺謝琰十一月牢之復東
征使帝戍句章句章城小人少帝每戰陷陣賊乃退還浹口時東伐諸將士卒
暴掠百姓皆苦之惟帝獨無所犯五年春恩頻攻句章帝屢破之恩復入海三
月恩北出海鹽帝築城于故海鹽賊日來攻城城內兵少帝乃選敢死士擊走

之時雖連勝帝深慮衆寡不敵乃一夜偃旗示以羸弱觀其懈乃奮擊大破之恩知城不可下進向滬瀆帝棄城追之海鹽令鮑陋遣子嗣之以吳兵一千爲前驅帝以吳人不習戰命之在後不從是夜帝多設奇兵兼置旗鼓明日戰伏發賊退嗣之追奔陷沒帝且退且戰麾下死傷將盡乃至向處止令左右解取死人衣以示暇賊疑尚有伏乃引去六月恩浮海至丹徒帝兼行與俱至奔擊大破之恩至建鄴知朝廷有備遂走鬱洲八月晉帝以帝爲下邳太守帝又追恩至鬱洲及海鹽頻破之恩自是饑饉奔臨海元興元年荊州刺史桓玄舉兵東下驃騎將軍司馬元顯遣牢之拒之帝又參其軍事玄至帝請擊之牢之不許乃遣子敬宣詣玄請和帝與東海何無忌並固諫不從玄剋建鄴以牢之爲會稽內史牢之懼招帝於廣陵舉兵帝曰人情去矣廣陵亦豈可得之牢之竟縊於新洲何無忌謂帝曰我將何之帝曰可隨我還京口玄必守臣節當與卿事之不然與卿圖之玄從兄脩以撫軍將軍鎮丹徒以帝爲中兵參軍孫恩自敗後懼見獲乃投水死於臨海餘衆推恩妹夫盧循爲主玄復遣帝東征二年

循奔永嘉帝追破之六月加帝彭城內史十二月桓玄簒位遷晉帝於尋陽桓脩入朝帝從至建鄴玄見帝謂司徒王謐曰昨見劉裕風骨不恆蓋人傑也每游集贈賜甚厚玄妻劉氏尚書令耽之女也聰明有智鑒嘗見帝因謂玄曰劉裕龍行虎步視瞻不凡恐必不為人下宜早為其所玄曰我方平蕩中原非裕莫可待關隴平定然後議之脩尋還京口帝託以金創疾動不堪步從乃與無忌同船共還建興復計及弟道規沛國劉毅平昌孟昶任城魏詠之高平檀憑之琅邪諸葛長人太原王元德隴西辛扈興東莞童厚之並同義謀時桓脩弟弘為青州刺史鎮廣陵道規為弘中兵參軍昶為州主簿乃令毅就昶謀共襲弘長人為豫州刺史刁逵左軍府參軍謀據歷陽相應元德厚之謀於建鄴攻玄剋期齊發三年二月乙卯帝託游獵與無忌詠之憑之毅從弟藩憑之從子韶祗隆道濟昶族弟懷玉等集義徒凡二十七人願從者百餘人丙辰候城門開無忌等義徒服傳詔服稱詔居前義衆馳入齊叫吏士驚散即斬脩以徇帝哭之甚慟厚加斂卹昶勸弘其日出獵未明開門出獵人昶道規毅等率壯士

五六十人因開門直入弘方噉粥卽斬之因收衆濟江義軍初剋京城脩司馬
刁弘率文武佐吏來赴帝登城謂曰郭江州已奉乘輿反正於尋陽我等並被
密詔誅逆黨今日賊玄之首已當梟於大航諸君非大晉之臣乎弘等信之而
退毅旣至帝命誅弘等毅兄邁先在建鄴事未發數日帝遣同謀周安穆報之
使爲內應邁甚懼安穆慮事發馳歸時玄以邁爲竟陵太守邁便下船欲之郡
是夜玄與邁書曰北府人情云何卿近見劉裕何所道邁謂玄已知其謀晨起
白之玄驚封邁爲重安侯又以不執安穆故殺之誅元德扈興厚之等乃遣頓
丘太守吳甫之右衞將軍皇甫敷北拒義軍先是帝造游擊將軍何澹之左右
見帝光曜滿室以告澹之澹之以白玄玄不以爲意至是聞義兵起甚懼或曰
裕等甚弱陛下何慮之深玄曰劉裕足爲一世之雄劉毅家無擔石之儲樗蒱
一擲百萬何無忌劉牢之之外甥酷似其舅共舉大事何謂無成時衆推帝爲
盟主以孟昶爲長史總後事檀憑之爲司馬百姓願從者千餘人軍次竹里移
檄都下曰夫成敗相因理不常泰狡焉肆虐或逼聖明自我大晉屢遘陽九隆

安以來皇家多故貞良弊於豺狼忠臣碎於虎口逆臣桓玄敢肆陵慢阻兵荆郢肆暴都邑天未忘難凶力寔繁踰年之間遂傾皇祚主上播越流幸非所神器沉辱七廟毀墜雖夏后之離浞殪有漢之遭莽卓方之於茲未足爲喻自玄篡逆于今歷載彌年亢旱人不聊生士庶疲於轉輸文武困於板築室家分析父子乖離豈惟大東有杼軸之悲摽梅有傾筐之怨而已哉仰觀天文俯察人事此而可存孰有可亡凡在有心誰不扼腕裕等所以叩心泣血不遑啓處者也是故夕寐宵興搜獎忠烈潛搆崎嶇過於履虎乘機奮發義不圖全輔國將軍劉毅廣武將軍何無忌鎭北主簿孟昶兗州主簿魏詠之寧遠將軍劉道規龍驤參軍劉藩振威將軍檀憑之等忠烈斷金精白貫日荷戈俟奮志在畢命益州刺史毛璩萬里齊契埽定荆楚江州刺史郭昶之奉迎主上宮于尋陽鎭北將軍王元德等並率部曲保據石頭揚武將軍諸葛長人收集義士已據歷陽征虜參軍庾賾之等潛相連結以爲內應同力協契所在蠭起即日斬僞徐州刺史安成王脩青州刺史弘義衆既集文武爭先咸謂不有一統則事無以

緝裕辭不獲命遂總軍要庶上憑祖宗之靈下罄義夫之節翦馘逋逆蕩清京華公侯諸君或世樹忠貞或身荷爵寵而並俛眉猾豎無由自效顧瞻周道寧不弔乎今日之舉良其會也裕以虛薄才非古人受任於既頹之運接勢於已替之機丹誠未宣感慨憤激望霄漢以永懷盼山川以增佇投檄之日神馳賊庭三月戊午遇吳甫之於江乘帝躬執長刀大呼卽斬甫之進至羅洛橋遇皇甫敷檀憑之戰敗死之衆退帝進戰彌厲又斬敷首初帝建大謀有工相者相帝與無忌等近當大貴惟云憑之無相至是憑之戰死帝知其事必捷玄聞敷等沒使桓謙屯東陵口卞範之屯覆舟山西己未義軍進至覆舟東張疑兵以油帔冠諸樹布滿山谷帝先馳之將士皆殊死戰無不一當百呼聲動天地因風縱火煙焰張天謙等大敗玄始雖遣軍而走意已決別遣領軍殷仲文具舟石頭聞謙敗輕船南逸庚申帝鎮石頭城立留臺總百官焚桓溫主於宣陽門外造晉新主於太廟遣諸將追玄命尚書王嘏率百官奉迎乘輿司徒王謐與衆議推帝領揚州帝固辭乃以謐爲錄尚書事領揚州刺史帝爲鎮軍將軍都

督八州諸軍事徐州刺史領軍將軍初晉陵人韋叟善相術桓脩令相帝當得
州不叟曰當得邊州刺史退而私於帝曰君相貴不可言帝笑曰若中當相用
爲司馬至是叟詣帝曰成王不負桐葉之信公亦應不忘司馬之言今不敢希
鎮軍司馬願得領軍佐於是用焉時諸葛長人失期爲刁逵執送未至而玄敗
玄經尋陽江州刺史郭昶之爲具乘輿法物初荊州刺史王綏以江左冠族又
桓氏之甥素甚陵帝至是及其父尚書左僕射愉有自疑志並及誅四月戊子
奉武陵王遵爲大將軍承制大赦惟桓氏一祖後不免桓玄之篡王謐佐命手
解安帝璽紱及義旗建衆謂謐宜誅惟帝素德謐保持之劉毅嘗因朝會問謐
璽紱所在謐益懼及王愉父子誅謐從弟諶謂謐曰王駒無罪而誅此是翦除
勝己兄既桓氏黨附求免得乎駒愉小字也謐懼奔曲阿帝牋白大將軍迎還
復其位玄挾天子走江陵又浮江東下與劉毅何無忌劉道規等遇於崢嶸洲
衆軍大破之玄黨殷仲文奉晉二皇后還建鄴玄復挾天子至江陵因走南郡
太守王騰之荊州別駕王康產奉天子入南郡府初益州刺史毛璩遣從孫祐

之與參軍費恬送弟喪下州璩弟子脩之時爲玄屯騎校尉誘玄入蜀至枚回洲恬與祐之迎射之益州督護馮遷斬玄傳首建鄴玄從子振逃於華容之涌中招集逆黨襲江陵城騰之康產皆被殺桓謙先匿沮川亦聚衆應振爲玄舉哀立喪庭謙率衆官奉璽綬于安帝劉毅何無忌進及桓振戰敗績于靈谿十月帝領青州刺史甲仗百人入殿義熙元年正月毅等至江津破桓謙桓振江陵平三月甲子晉帝至自江陵庚子詔進帝侍中車騎將軍都督中外諸軍錄尙書事帝固讓旋鎭丹徒九月乙巳加帝領兗州刺史盧循浮海破廣州獲刺史吳隱之卽以循爲廣州刺史以其黨徐道覆爲始興相二年三月進帝督交廣二州十月論匡復勳封帝豫章郡公邑萬戶賜絹三萬疋其餘封賞各有差三年十二月司徒錄尙書揚州刺史王謐薨四年正月徵帝入輔授侍中車騎將軍開府儀同三司揚州刺史錄尙書事徐兗二州刺史如故表解兗州先是帝遣冠軍劉敬宣伐蜀賊譙縱無功而還九月帝以敬宣挫退遜位不許十月乃降爲中軍將軍開府如故五年二月僞燕主慕容超大掠淮北三月帝抗表

北討以丹陽尹孟昶監中軍留府事乃浮淮入泗五月至下邳留船步軍進琅
邪所過築城留守超大將公孫五樓請斷大峴堅壁清野以待超不從初謀是
役議者以爲賊若嚴守大峴軍無所資何能自反帝曰不然鮮卑性貪略不及
遠既幸其勝且愛其穀必將引我且亦輕戰師一入峴吾何患焉及入峴帝舉
首指天曰吾事濟矣衆問其故帝曰師既過險士有必死之志餘糧栖畝軍無
匱乏之憂勝可必矣六月超留羸老守廣固使其廣甯王賀刺盧及公孫五樓
悉力據臨朐去城四十里有巨蔑水超告五樓急據之比至爲龍驤將軍孟龍
符所保五樓乃退大軍分車四千兩爲二翼方軌徐行車張幰御者執矟以騎
爲游軍軍令嚴肅比及臨朐賊騎交至帝命兗州刺史劉藩并州刺史劉道憐
等陷其陣日向昃戰猶酣帝用參軍胡藩策襲剋臨朐賊乃大奔超遁還廣固
獲其玉璽豹尾輦等送于都丙子剋廣固大城超固其小城乃設長圍以守之
館穀於青土停江淮轉輸七月超尚書郎張綱乞師於姚興自長安反太山太
守申宣執送之綱有巧思先是帝修攻具城上人曰汝不得張綱何能爲也及

至升諸樓車以示之城內莫不失色超既求救不獲綱反見虜乃求稱藩割大
峴爲界獻馬千匹不聽時姚興遣使聲言將涉淮左帝謂曰爾報姚興我定青
州將過函谷虜能自送今其時矣錄事參軍劉穆之遽入曰此言不足威敵容
能怒彼若鮮卑未拔西羌又至公何以待之帝乃笑曰此兵機也非子所及羌
若能救不有先聲是自彊也十月張綱修攻具成設飛樓縣梯木幔板屋冠以
牛皮弓矢無所用之劉毅遣上黨太守趙恢以千餘人來援帝夜潛遣軍會之
明旦恢衆五千方道而進每晉使將到輒復如之六年二月丁亥屠廣固超踰
城走追獲之斬于建康市殺其王公以下納生口萬餘馬二千匹初帝之北也
徐道覆勸盧循乘虛而出循不從道覆乃至番禺說循曰今日之機萬不可失
若剋京都劉公雖還無能爲也循從之是月寇南康廬陵豫章諸郡郡守皆奔
走時帝將鎮下邳進兵河洛及徵使至卽日班師鎮南將軍何無忌與道覆戰
敗死於豫章內外震駭朝議欲奉乘輿北走帝次山陽聞敗卷甲與數十人造
江上徵問知賊尚未至四月癸未帝至都劉毅自表南征帝以賊新捷鋒銳須

嚴軍偕進使劉藩止之毅不從五月壬午盧循敗毅于桑落洲及審帝凱入相視失色欲還尋陽平江陵據二州以抗朝廷道覆請乘勝遂下爭之旬日乃從于時北師始還傷痍未復戰士纔數千賊衆十餘萬舳艫亘千里孟昶諸葛長人懼欲擁天子過江帝曰今兵士雖少猶足一戰若其剋濟臣主同休如其不然不復能草間求活吾計決矣初帝征慕容超惟孟昶勸行丙辰昶乃表天子引罪仰藥而死時議者欲分兵屯守諸津帝曰賊衆我寡分其兵則測人虛實一處失利則沮三軍之心若聚衆石頭則衆力不分戊午帝移鎮石城乙丑賊大至帝曰賊若新亭直上且將避之若回泊蔡洲成禽耳徐道覆欲自新亭焚舟而戰循多疑少決每求萬全乃泊蔡洲以待軍潰帝登石頭以望見之悅庚辰賊設伏於南岸疑兵向白石帝率劉毅諸葛長人北拒焉留參軍徐赤特戍查浦戒令勿戰帝既北賊焚查浦而至張侯橋赤特與戰大敗賊進屯丹陽郡帝馳還石頭斬徐赤特解甲久之乃出陣於南塘七月庚申循自蔡洲退將還歸尋陽帝遣輔國將軍王仲德等追之使建威將軍孫處自海道襲番禺戒之

曰我十二月必破祆寇卿亦足至番禺先傾其巢窟也十月帝率舟師南伐使劉毅監太尉留府是月徐道覆寇江陵荊州刺史劉道規大破之道覆走還湓口十一月孫處至番禺剋其城盧循父嘏奔始興處撫其人以守十二月己卯大軍次大雷庚辰賊方江而下帝躬提幡鼓命衆軍齊力擊之軍中多萬鈞神弩所至莫不摧陷帝自於中流蹙之因風水之勢賊艦悉薄西岸岸上軍先備火具焚之大敗循還尋陽遂走豫章悉力柵左里丙申大軍次左里將戰帝麾之麾竿折幡沉于水衆咸懼帝笑曰昔覆舟之役亦如此今勝必矣攻其柵循單舸走衆皆降師旋晉帝遣侍中黄門勞師于行所七年正月己未振旅而歸改授大將軍揚州牧給班劍二十人本官並如故固辭凡南北征伐戰亡者並列上賻贈屍喪未反者遣主帥迎接致還本土二月盧循至番禺爲孫處所破收餘衆南走劉藩孟懷玉斬徐道覆于始興自晉中興以來朝綱弛紊權門兼幷百姓流離不得保其產業桓玄頗欲釐改竟不能行帝既作輔大示軌則豪彊肅然遠近禁止至是會稽餘姚唐亮復藏匿亡命千餘人帝誅亮免會稽內

史司馬休之晉帝又申前詔帝固辭於是改授太尉中書監乃受命奉送黃鉞交州刺史杜慧度斬盧循父子函七首送都先是諸州郡所遣秀才孝廉多非其人帝乃表申明舊例策試之荊州刺史劉道規疾患求歸八年四月改授豫州刺史以豫州刺史劉毅代之毅既有雄才大志與帝俱興復晉室自謂京城廣陵功足相抗雖權事推帝而心不服也厚自矜許朝士素望者並多歸之與尚書僕射謝混丹陽尹郗僧施並深相結及鎮江陵豫州舊府多割以自隨請僧施爲南蠻校尉帝知毅終爲異端心密圖之毅至西稱疾篤表求從弟兗州刺史藩以爲副貳帝僞許焉九月藩入朝帝命收藩及謝混並賜死自表討毅又假黃鉞率諸軍西征以前鎮軍將軍司馬休之爲平西將軍荊州刺史兗州刺史道憐鎮丹徒豫州刺史諸葛長人監太尉留府事加太尉司馬丹陽尹劉穆之建威將軍配以實力壬午發建鄴遣參軍王鎮惡龍驤將軍蒯恩前襲江陵剋之毅及黨與皆伏誅十一月帝至江陵分荊州十郡爲湘州帝仍進督焉以西陵太守朱齡石爲益州刺史使伐蜀晉帝進帝太傅揚州牧加羽葆鼓吹

班劍二十人九年二月乙丑帝至自江陵初諸葛長人貪淫驕橫帝每優容之劉毅既誅長人謂所親曰昔年醢彭越今年殺韓信禍其至矣將謀作亂帝剋期至都而每淹留不進公卿以下頻日奉候於新亭長人亦驟出既而帝輕舟密至已還東府矣長人到門引前却人閑語凡平生言所不盡者皆與及之長人甚悅帝已密命左右丁旿自幔後出於坐拉焉死於牀側輿屍付廷尉幷誅其弟黎人旿驍勇有力時人語曰勿跋扈付丁旿先是山湖川澤皆爲豪彊所奪百姓薪採漁釣皆責稅直至是禁斷之時人居未一帝上表定制於是依界土斷惟徐兗青三州居晉陵者不在斷例諸流寓郡縣多所併省以帝領鎮西將軍豫州刺史帝固讓太傅揚州牧及班劍奉還黃鉞七月朱齡石平蜀斬譙縱傳首建鄴九月晉帝以帝平齊定盧循功封帝次子義真爲桂陽縣公幷重申前命授帝太傅揚州牧加羽葆鼓吹班劍二十人將吏百僚敦勸乃受羽葆鼓吹班劍餘固辭十年息人簡役築東府城起府舍帝以荆州刺史司馬休之宗室之重又得江漢人心疑其有異志而休之子譙王文思在都招聚輕俠帝

執送休之命自爲其所休之表廢文思并與帝書陳謝十一年正月帝收休之
子文寶兄子文祖並賜死率衆西討復加黃鉞領荊州刺史以中軍將軍道憐
監留府事休之上表自陳并罪狀帝休之府錄事參軍韓延之有幹用才帝未
至江陵密書招之延之報書曰承親率戎馬遠履西偏闔境士庶莫不惶駭辱
疏知以譙王前事良增歎息司馬平西體國忠貞款懷待物以公有匡復之勳
家國蒙賴推德委誠每事詢仰譙王往以微事見劾猶自表遜位況以大過而
當默邪來示云處懷期物自有由來今伐人之君啗人以利真可謂處懷期物
者矣劉藩死於閶闔之門諸葛斃於左右之手甘言詫方伯襲之以輕兵遂使
席上靡款懷之士閫外無自信諸侯以爲得算良所恥也吾雖鄙劣嘗聞道於
君子以平西之至德寧可無授命之臣乎假天長喪亂九流渾濁當與臧洪游
於地下不復多云帝視書歎息以示將佐曰事人當如此三月軍次江陵初雍
州刺史魯宗之負力好亂且慮不爲帝容常爲讖曰魚登日輔帝室與休之相
結至是率其子竟陵太守軌會于江陵帝濟江休之衆潰與軌等奔襄陽江陵

平加領南蠻校尉將拜南蠻遇四廢日佐史鄭鮮之等白遷日不許下書開寬大之恩四月進軍襄陽休之等奔姚興晉帝復申前令授太傅揚州牧劍履上殿入朝不趨讚拜不名加前部羽葆鼓吹置左右長史司馬從事中郎四人封第三子義隆爲北彭城縣公八月甲子帝至自江陵奉還黃鉞固辭太傅州牧前部羽葆鼓吹其餘受命十二年正月晉帝詔帝依舊辟士加領平北將軍兗州刺史增督南秦凡二十二州帝以平北文武寡少不宜別置於是罷平北府以併太府三月加帝中外大都督初帝平齊仍有定關洛意遇盧循侵逼故寢及荆雍平乃謀外略會姚興死子泓新立兄弟相殺關中擾亂四月乙丑帝表伐關洛乃戒嚴北討加領征西將軍司豫二州刺史以世子爲徐兗二州刺史帝以義聲懷遠奉琅邪王北伐五月廬江霍山崩獲六鍾獻之天子癸巳加領北雍州刺史前後部羽葆鼓吹增班劍爲四十人八月乙巳率大衆進發以世子爲中軍將軍監太尉留府事尚書右僕射劉穆之爲左僕射領監軍中軍二府軍司入居東府總攝內外九月帝至彭城加領北徐州刺史十月衆軍至洛

圍金墉降之修復晉五陵置守衛十二月壬申晉帝加帝位相國總百揆揚州牧封十郡爲宋公備九錫之禮加璽紱遠游冠綠綟綬位在諸侯王上策曰朕以寡昧仰纘洪基夷羿乘釁蕩覆王室越在南鄙遷于九江宗祀絕饗人神無位提挈羣凶寄命江浦則我祖宗之烈奄墜于地七百之祚翦焉旣傾若涉巨海罔知攸濟天未絕晉誕育英輔振厥弛維再造區寓興亡繼絕俾昏作明元勳至德朕實攸賴今將授公典策其敬聽朕命乃者桓玄肆僭滔天泯夏拔本塞源顛蹶六位庶僚俛眉四方莫恤公精貫朝日氣陵虹蜺奮其靈武大殲羣慝剋復皇邑奉歆神祇此公之大節始於勤王者也授律羣后順流長騖薄伐崢嶸獻捷南郢大憝折首羣逆畢夷三光旋采舊物反正此又公之功也出藩入輔弘茲保弼阜財利用繁殖黎元編戸歲滋疆宇日啓導德明刑四境有截此又公之功也鮮卑負衆僭盜三齊介恃遐阻仍爲邊害公蒐乘秣馬夐入遠疆衝櫓四臨萬雉俱潰拓土三千申威龍漠此又公之功也盧循袄凶伺隙五嶺侵覆江豫矢及王城國議遷都之規家獻徙卜之計公乘轅南濟義形于色

運奇擄略英謨不世狡寇窮蚵喪旗宵遁俾我畿甸拯於將墜此又公之功也
追奔逐北揚旍江濆偏旅浮海指日遄至番禺之功俘級萬數左里之捷鳥散
魚潰元凶遠竄傳首萬里此又公之功也劉毅叛換負釁西夏陵上罔主志肆
姦暴公禦軌以刑消之不日罪人斯得荆衡寧晏此又公之功也譙縱怙亂寇
竊一隅王化阻閡三巴淪溺公指命偏帥授以長圖陵波憑湍致届井絡僭豎
伏鑕梁岷草偃此又公之功也馬休魯宗阻兵內侮驅率二方連旗稱亂公投
袂星言研其上略江津之師勢踰風電回斾沔川實繁震懾二叛奔迸荆雍來
蘇此又公之功也永嘉不競四夷擅華五都傾蕩山陵幽辱祖宗懷没世之憤
遺甿有匪風之思公遠齊阿衡納隍之仁近同小白滅亡之恥鞠旅陳師赫然
大號分命羣帥北徇司兗許鄭風靡鞏洛載清百年榛穢一朝掃滌此又公之
功也公有康宇內之勳重之以明德爰初發跡則奇謨冠古電擊彊祆則鋒無
前對聿寧東畿大造黔首若乃草昧經綸化融於歲計扶危靜亂道固於包桑
蠲削煩苛較若畫一淳風美化盈塞區寓是以絕域獻琛遐夷納贄王略所亘

九服率從雖文命之東漸西被咎繇之邁于種德何以尚茲朕聞先王之宰世也庸勳尊賢建侯胙土褒以寵章崇其徽物所以協輔皇室永隆藩屏故曲阜光啓遂荒徐宅營丘表海四履有聞其在襄王亦賴匡霸又命晉文備物光賜惟公道冠前烈勳高振古而殊典未飾朕甚懵焉今進授相國以徐州之彭城沛蘭陵下邳淮陽山陽廣陵兗州之高平魯泰山十郡封公爲宋公錫茲玄土苴以白茅爰定爾居用建冢社昔晉鄭啓藩入作卿士周召保傅出總二南內外之任公實兼之今命使持節兼太尉尚書左僕射晉寧縣五等男湛授相國印綬宋公璽紱使持節兼司空散騎常侍尚書陽遂鄉侯泰授宋公茅土金虎符第一至第五左竹使符第一至第十左相國位無不總禮絕朝班居常之名宜與事革其以相國總百揆去錄尚書之號上送所假節侍中貂蟬中外都督太傅太尉印綬豫章公印策進揚州刺史爲牧領征西將軍司豫北徐雍四州刺史如故公紀綱禮度萬國是式秉介蹈方罔有遷志是用錫公大路戎路各一玄牡二駟公抑末敦本務農重積采蘩寔殷稼穡惟阜是用錫公袞冕之服

赤舄副焉公閑邪納正移風改俗陶鈞品物如樂之和是用錫公軒縣之樂六佾之儛公宣美王化導揚休風華夷企踵遠人胥萃是用錫公朱戸以居公官方任能網羅幽滯九皐辭野髦士盈朝是用錫公納陛以登公當軸處中率下以義式遏寇讎滌除苛慝是用錫公虎賁之士三百人公明罰恤刑庶獄詳允放命干紀罔有攸縱是用錫公鈇鉞各一公龍驤鳳矯咫尺八紘括囊四海折衝無外是用錫公彤弓一彤矢百玈弓十玈矢千公温恭孝思致虔禋祀忠肅之志儀刑四方是用錫公秬鬯一卣圭瓚副焉宋國置丞相以下一遵舊儀欽哉其祗服往命茂對天休簡恤庶邦敬敷顯德以終我高祖之嘉命置宋國侍中黃門侍郎尚書左丞相大使奉迎抱罕虜乞伏熾盤遣使謁帝求効力討姚泓拜爲平西將軍河南公十三年正月帝以舟師進討留彭城公義隆鎮彭城軍次陳留城經張良廟下令以時修飾棟宇致薦焉晉帝追贈帝祖爲太常父爲特進左光祿大夫讓不受二月冠軍將軍檀道濟等軍次潼關三月庚辰帝率大軍入河五月帝至洛陽謁晉五陵七月至陝龍驤將軍王鎮惡舟師自河

浮渭八月扶風太守沈田子大破姚泓軍於藍田王鎮惡剋長安禽姚泓始義
熙九年歲鎮熒惑太白聚東井至是而關中平九月帝至長安長安豐稔帑藏
盈積帝先收其彝器渾儀土圭記里鼓指南車及秦始皇玉璽送之都其餘珍
寶珠玉悉以班賜將帥遷姚宗于江南送泓斬于建康市謁漢長陵大會文武
於未央殿十月晉帝詔進宋公爵爲王加十郡益宋國并前爲二十郡其相國
揚州牧領征西將軍司豫北徐雍四州刺史如故帝欲息駕長安經略趙魏十
一月前將軍劉穆之卒乃歸十二月庚子發自長安以桂陽公義真爲雍州刺
史鎮長安留腹心將佐以輔之十四年正月壬戌帝至彭城解嚴息甲以輔國
將軍劉遵考爲并州刺史領河東太守鎮蒲坂帝解司州領徐冀二州刺史固
讓進爵時漢中成固縣漢水崖際有異聲如雷俄頃岸崩有銅鍾十二出自潛
壤鞏縣人宗曜於其田所獲嘉禾九穗同莖帝以獻晉帝以歸于我帝沖讓乃
止六月丁亥受相國宋公九錫之命下令赦國內殊死以下詔崇豫章太夫人
爲宋公太妃世子爲中軍將軍副貳相國府百官悉依天朝之制又詔宋國所

封十郡之外悉得除用先是安西中兵參軍沈田子殺安西司馬王鎮惡諸將
殺安西長史王脩關中亂十月帝遣右將軍朱齡石代安西將軍桂陽公義真
爲雍州刺史義真還爲赫連勃勃所追大敗僅以身免諸將帥及齡石並沒十
二月晉安帝崩大司馬琅邪王卽帝位元熙元年正月晉帝詔徵帝入輔又申
前令公進爵爲王以徐州之海陵北東海北譙北梁豫州之新蔡兗州之北陳
留司州之陳郡汝南頴川滎陽十郡增宋國七月乃受命赦國內五歲刑以下
還都壽陽九月解揚州十二月晉帝命帝冕十有二旒建天子旌旗出警入蹕
乘金根車駕六馬備五時副車置旄頭雲罕樂儛八佾設鍾簴宮縣進王太妃
爲太后王妃爲王后世子爲太子王子王孫爵命之號一如舊儀二年正月帝
表讓殊禮竟陵郡江濱自開出古銅禮器十餘枚帝獻之晉帝讓不受於是歸
諸瑞物藏於相府四月詔遣敦勸兼徵帝入輔六月壬戌帝至都甲寅晉帝禪
位于宋有司草詔旣成請書之天子卽便操筆謂左右曰桓玄之時天命已改
重爲劉公所延將二十載今日之事本所甘心甲子遣使奉策曰咨爾宋王夫

玄古權輿悠哉邈矣其詳靡得而聞爰自書契降逮三五莫不以上聖君四海止戈定大業然則帝王者宰物之通器君道者天下之至公也昔在上葉深鑒玆道是以天祿既終唐虞弗得傳其嗣符命來格舜禹不獲全其謙所以經緯三才澄序彝化作範振古垂風萬葉莫尚於玆自是厥後歷代彌劭漢既嗣德於放勛魏亦方軌於重華諒以協謀乎人鬼而以百姓爲心者也昔我祖宗欽明辰居其極而明晦代序盈虧有期翦商兆禍非惟一世曾是弗克矧伊在今天之所廢有自來矣惟王體上聖之姿包二儀之德明齊日月道合四時乃者社稷傾覆王拯而存之中原蕪梗又濟而復之自負固不賓于紀放命肆逆滔天竊據萬里靡不潤之以風雨震之以雷霆九伐之道既敷八法之化自理豈伊博施於人濟斯黔庶固已義洽四海道感八荒者矣至於上天垂象四靈効徵圖讖之文既明人神之望已改百工歌於朝庶人頌乎野億兆抃踴傾佇惟新自非百姓樂推天命攸集豈伊在予所得獨專是用仰祇皇靈俯順羣議敬禪神器授帝位于爾躬大祚其窮天祿永終於戲王其允執其中敬遵典訓副

率土之嘉願恢洪業於無窮時膺休祐以答三靈之眷望又遣使持節兼太保散騎常侍光祿大夫謝澹兼太尉尚書劉宣範奉璽書歸皇帝璽綬受終之禮一如唐虞漢魏故事帝奉表陳讓晉帝已遜于琅邪王第表不獲通於是陳留王虔嗣等二百七十人及宋臺羣臣並上表勸進猶不許太史令駱達陳天文符應曰案晉義熙元年至元熙元年太白晝見經天凡七占曰太白經天人更主異姓興義熙七年五虹見于東方占曰五虹見天子黜聖人出九年鎮星歲星太白熒惑聚于東井十三年鎮星入太微占曰鎮星守太微有立王有徙王元熙元年冬黑龍四登于天易傳曰冬龍見天子亡社稷大人受命冀州道人釋法稱告其弟子曰嵩神言江東有劉將軍漢家苗裔當授天命吾以璧三十二鎮金一餅與之劉氏卜世之數也漢建武至建安末一百九十六年而禪魏魏自黃初至咸熙末四十六年而禪晉晉自太始至今百五十六年三代揖讓咸窮於六又漢光武社于南陽漢末而其樹死劉備有蜀迺應之而與及晉季年舊根始萌至是而盛矣若此者有數十條羣臣又固請乃從之

永初元年夏六月丁卯皇帝卽位於南郊設壇柴燎告天曰皇帝臣裕敢用玄
牡昭告于皇皇后帝晉以卜世告終曆數有歸欽若景運以命于裕夫樹君宰
世天下爲公德充帝王樂推攸集越俶唐虞降暨漢魏靡不以爲上哲格文祖
元勳陟帝位故能大拯黔首垂訓無窮晉自東遷四維不振宰輔焉依爲日已
久難棘隆安禍成元興遂至帝主遷播宗祀堙滅裕雖地非齊晉衆無一旅仰
憤時難俯悼横流投袂一起則皇祀剋復及危而能持顚而能扶姦宄具殲僭
僞亦滅誠興廢有期否終有數至於大造晉室撥亂濟時因藉時來寔尸其重
加以殊俗慕義重譯來庭正朔所暨咸服聲教至乃三靈垂象山川告祥人神
協祉歲月滋著是以羣公卿士億兆夷人僉曰皇靈降鑒於上晉朝款誠於下
天命不可以久淹宸極不可以暫曠遂逼羣議恭茲大禮猥以寡德託于兆人
之上雖仰畏天威略是小節顧深永懷祗懼若霣敬簡元日升壇受禪告類上
帝用酬萬國之情克隆天保永祚于有宋惟明靈是饗禮畢備法駕幸建康宮
臨太極前殿大赦改元賜人爵二級鰥寡孤獨不能自存者人穀五斛逋租宿

責勿收其犯鄉論清議贓污淫盜一皆蕩滌長徒之身特皆原遣亡官失爵禁
錮奪勞一依舊準封晉帝爲零陵王全食一郡載天子旌旗乘五時副車行晉
正朔郊祀天地禮樂制度皆用晉典上書不爲表答表不稱詔宮于故秣陵追
尊皇考爲孝穆皇帝妣爲穆皇后尊王太后爲皇太后詔曰夫微禹之感歎深
後昆愛人懷樹猶或勿翦雖在異代義無廢絕降殺之儀一依前典可降始興
公爲縣公廬陵公爲柴桑縣公始安公爲荔浦縣侯長沙公爲醴陵縣侯康樂
公卽降爲縣侯奉王導謝安溫嶠陶侃謝玄之祀其宣力義熙者一仍本秩庚
午以司空道憐爲太尉封長沙王立南郡公義慶爲臨川王又詔論戰亡追贈
及酬賞除復之科乙亥封皇子桂陽公義眞爲廬陵王彭城公義隆爲宜都王
義康爲彭城王丁丑使使巡行四方旌賢舉善問人疾苦獄訟虧濫政刑乖愆
傷化擾俗未允人聽者皆具以聞戊寅詔增百官奉己卯改晉泰始曆爲永初
曆社以子臘以辰秋七月丁亥原放劫賊餘口沒在臺府者諸流徙之家並聽
還本又以市稅繁苦優量減降從征關洛殞身不反者贍賜其家己丑陳留王

曹虔嗣蕘辛卯復置五校三將官增殿中將軍員二十人餘在員外戊戌征西大將軍開府儀同三司楊盛進號車騎大將軍甲辰鎮西將軍李歆進號征西大將軍平西將軍乞伏熾盤進號安西大將軍征東將軍高句麗王高璉進號征東大將軍鎮東將軍百濟王扶餘映進號鎮東大將軍置東宮宂從僕射旅賁中郎將官戊申遷神主於太廟車駕親奉壬子詔改權制率從寬簡八月辛酉詔舊郡縣以北爲名者悉除之寓立於南者聽以南爲號戊辰詔曰彭城桑梓敦本斯隆宜同豐沛其沛郡下邳各復租布三十年辛未追諡妃臧氏爲敬皇后陵曰永寧癸酉立王太子義符爲皇太子乙亥赦見罪人閏月壬午置晉帝諸陵守衛其名賢先哲詳加灑掃丁酉林邑國遣使朝貢九月壬子置東宮殿中將軍十人員外二十人壬申置都官尚書是歲魏明元皇帝太常五年西涼亡

二年春正月辛酉祀南郊大赦丙寅斷金銀塗以揚州刺史廬陵王義真爲司徒以尚書僕射徐羡之爲尚書令揚州刺史己卯禁喪事用銅釘罷會稽郡府

二月己丑策試州郡秀孝于延賢堂倭國遣使朝貢三月乙丑初限荊州府置
將不得過二千人吏不得過一萬人州置將不得過五百人吏不得過五千人
兵士不在此限夏四月己卯初禁淫祀除諸房廟其先賢以勳德立祠者不在
此例戊辰聽訟於華林園五月己酉置東宮屯騎步兵翊軍三校尉官秋七月
己巳地震九月己丑零陵王殂宋志也車駕率百僚臨于朝堂三日如魏明帝
服山陽公故事使兼太尉持節護喪事葬以晉禮冬十月己亥以涼州胡帥大
且渠蒙遜爲鎮軍大將軍開府儀同三司涼州刺史十一月辛亥葬晉恭皇帝
于沖平陵車駕率百官瞻送
三年春正月甲辰朔詔刑罪無輕重悉原之癸丑以尚書令揚州刺史徐羨之
爲司空錄尚書事刺史如故進江州刺史王弘衞將軍開府儀同三司以太子
詹事傅亮爲尚書僕射二月丙戌有星孛于虛危三月上不豫太尉長沙王道
憐司空徐羨之尚書僕射傅亮領軍將軍謝晦護軍將軍檀道濟並入侍醫藥
羣臣請祈禱神祇上不許惟使侍中謝方明以疾告廟而已丁未以廬陵王義

眞爲侍中車騎將軍開府儀同三司南豫州刺史己未上疾瘳大赦夏四月乙
亥封仇池公楊盛爲武都郡王五月上疾甚召太子戒之曰檀道濟雖有幹略
而無遠志非如兄韶有難御之氣徐羨之傅亮當無異圖謝晦常從征伐頗識
機變若有異必此人也小却可以會稽江州處之又爲手詔朝廷不須復有別
府宰相帶揚州可置甲士千人若大臣中任要宜有爪牙以備不祥人者可以
臺見留隊給之有征討悉配以臺見軍隊行還復舊後世若有幼主朝事一委
任宰相母后不煩臨朝仗旣不許入臺殿門要重人可詳給班劒癸亥上崩于
西殿時年六十七月己酉葬丹陽建康縣蔣山初寧陵羣臣上謚曰武皇帝廟
號高祖上清簡寡欲嚴整有法度未嘗視珠玉輿馬之飾後庭無紈綺絲竹之
音初朝廷未備音樂長史殷仲文以爲言帝曰日不暇給且所不解仲文曰屢
聽自然解之帝曰政以解則好之故不習耳寧州嘗獻虎魄枕光色甚麗價盈
百金時將北伐以虎魄療金創上大悅命碎分賜諸將平關中得姚興從女有
盛寵以之廢事謝晦諫卽時遣出財帛皆在外府內無私藏宋臺建有司奏東

西堂施局腳牀金塗釘上不許使用直腳牀釘用鐵廣州嘗獻入筒細布一端
八丈帝惡其精麗勞人卽付有司彈太守以布還之幷制嶺南禁作此布帝素
有熱病幷患金創末年尤劇坐臥常須冷物後有人獻石牀寢之極以爲佳乃
歎曰木牀且費而況石邪卽令毀之制諸主出適遣送不過二十萬無錦繡金
玉內外奉禁莫不節儉性尤簡易嘗著連齒木屐好出神武門內逍遙左右從
者不過十餘人時徐羨之住西州嘗思羨之便步出西掖門羽儀絡驛追隨已
出西明門矣諸子旦問起居入閤脫公服止著裙帽如家人之禮焉微時躬耕
於丹徒及受命耨耜之具頗有存者皆命藏之以留於後及文帝幸舊宮見而
問焉左右以實對文帝色慚有近侍進曰大舜躬耕歷山伯禹親事土木陛下
不覩列聖之遺物何以知稼穡之艱難何以知先帝之至德乎及孝武大明中
壞上所居陰室於其處起玉燭殿與羣臣觀之牀頭有土障壁上挂葛燈籠麻
繩拂侍中袁顗盛稱上儉素之德孝武不答獨曰田舍公得此以爲過矣故能
光有天下克成大業盛矣哉

少帝諱義符小字車兵武帝長子也母曰張夫人晉義熙二年生帝於京口時武帝年踰不惑尚未有男及帝生甚悅年十歲拜豫章公世子帝膂力絕人善騎射解音律宋臺建拜宋世子元熙元年進爲宋太子武帝受禪立爲皇太子永初三年五月癸亥武帝崩是日太子卽皇帝位大赦制服三年尊皇太后曰太皇太后六月壬申以尚書僕射傅亮爲中書監尚書令司空徐羨之領軍將軍謝晦及亮輔政戊子太尉長沙王道憐薨秋九月丁未有司奏武皇帝配南郊武敬皇后配北郊冬十一月戊午有星孛于營室十二月庚戌魏軍剋滑臺景平元年春正月己亥朔大赦改元文武賜位二等辛丑祀南郊魏軍攻金墉城癸卯河南郡失守乙卯有星孛于東壁二月丁丑太皇太后崩鎮軍大將軍大且渠蒙遜河南鮮卑吐谷渾阿豺並遣使朝貢庚辰進蒙遜驃騎大將軍封河西王以阿豺爲安西將軍沙州刺史封澆河公二月壬寅孝懿皇后祔葬于興寧陵是月高麗國遣使朝貢夏閏四月己未魏軍剋虎牢秋七月癸酉尊所生張夫人爲皇太后丁丑赦五歲刑以下冬十月己未有星孛于氐是歲魏明

元皇帝崩

二年春二月己卯朔日有蝕之廢南豫州刺史廬陵王義真爲庶人徙新安郡乙巳大風天有雲五色占者以爲有兵執政使使者誅皇弟義真于新安高麗國遣使朝貢時帝居處所爲多乖失夏五月己酉皇太后令暴帝過惡廢爲營陽王一依漢昌邑晉海西故事奉迎鎭西將軍宜都王義隆入纂皇統始徐羨之傅亮將廢帝諷王弘檀道濟求赴國討弘等來朝使中書舍人邢安泰潘盛爲內應是旦道濟謝晦領兵居前羨之等隨後因東掖門開入自雲龍門盛等先戒宿衞莫有禦者時帝於華林園爲列肆親自酤賣又開瀆聚土以象破岡埭與左右引船唱呼以爲歡樂夕游天泉池卽龍舟而寢其朝未興兵士進殺二侍者於帝側傷帝指扶出東閤就收璽綬羣臣拜辭送于東宮遂幽于吳郡是日赦死罪以下太后令奉還璽紱檀道濟入守朝堂六月癸丑徐羨之等使中書舍人邢安泰弒帝於金昌亭帝有勇力不卽受制突走出昌門追以門關踣之致殞時年十九

論曰晉自社稷南遷王綱弛紊朝權國命遞歸台輔君道雖存主威久謝桓溫雄才蓋世勳高一時移鼎之業已成天人之望將改自斯以後帝道彌昏道子開其禍端元顯成其釁末桓玄乘時藉運加以先資革命受終人無異望宋武地非齊晉衆無一旅曾不浹旬夷凶翦暴誅內清外功格上下若夫樂推所歸謳歌所集校之魏晉可謂收其實矣然武皇將涉知命弱嗣方育顧有慈顏前無嚴訓少帝體易染之質稟可下之姿外物莫犯其心所欲必從其志嶮縱非學而能危亡不期而集其至顛沛非不幸也悲哉

南史卷一

南史卷一考證

宋高祖紀裕字德輿○輿監本訛與今從宋書

昨見劉裕風骨不恆蓋人傑也○恆監本訛其今從南本改正

盼山川以增佇○盼監本訛盻今改正

桓玄頗欲釐改竟不能行○行監本訛付今改正

毅至西稱疾篤表求從弟兗州刺史藩以為副貳○監本脫稱字今從各本增入

封帝次子義真為桂陽縣公○陽監本訛楊今改從宋書

辛卯復置五校三將官增殿中將軍員二十人○增監本訛贈今改正

是歲魏明元皇帝太常五年○太魏書作泰

二年春正月○二監本訛五今改正

少帝紀突走出昌門追以門關踣之○關監本訛開今改從宋書

南史卷一考證

南史卷二

唐　李延壽　撰

宋本紀中第二

太祖文皇帝諱義隆小字車兒武帝第三子也晉義熙三年生於京口十一年封彭城縣公永初元年封宜都郡王位鎮西將軍荊州刺史加都督時年十四長七尺五寸博涉經史善隸書是歲來朝會武帝當聽訟仍遣上訊建康獄因辯斷稱旨武帝甚悅景平初有黑龍見西方五色雲隨之二年江陵城上有紫雲望氣者皆以爲帝王之符當在西方其年少帝廢百官議所立徐羨之傳亮等以禎符所集備法駕奉迎入奉皇統行臺至江陵尚書令傳亮奉表進璽紱州府佐史並稱臣請題榜諸門一依宮省上皆不許教州府國紀綱宥所統內見刑是時司空徐羨之等新有弒害及鑾駕西迎人懷疑懼惟長史王曇首司馬王華南蠻校尉到彥之共期朝臣未有異志帝曰諸公受遺不容背貳且勞臣舊將內外充滿今兵力又足以制物夫何所疑甲戌乃發江陵命王華知州

府留鎭陝西令到彥之監襄陽車駕在道有黑龍躍負上所乘舟左右莫不失
色上謂王曇首曰此乃夏禹所以受天命我何德以堪之及至都羣臣迎拜於
新亭先謁初寧陵還次中堂百官奉璽紱沖讓未受勸請數四乃從之
元嘉元年秋八月丁酉皇帝卽位于中堂備法駕入宮御太極前殿大赦改元
文武賜位二等戊戌拜太廟詔追復廬陵王先封奉迎靈柩辛丑謁臨川烈武
王陵癸卯進司空徐羨之位司徒江州刺史王弘位司空尙書令傅亮左光祿
大夫開府儀同三司甲辰追尊所生胡婕妤爲章皇太后封皇弟義恭爲江夏
王義宣爲竟陵王義季爲衡陽王己酉減荊湘二州今年稅布之半九月丙子
立妃袁氏爲皇后是歲魏太武皇帝始光元年
二年春正月丙寅司徒徐羨之尙書令傅亮奉表歸政上始親覽萬機辛未祀
南郊大赦秋八月乙酉驃騎將軍南徐州刺史彭城王義康以本號開府儀同
三司改授司空王弘車騎大將軍開府儀同三司冬十一月庚午以武都王世
子楊玄爲北秦州刺史襲封武都王是歲赫連屈丐死

三年春正月丙寅司徒徐羨之尚書令傅亮有罪伏誅遣中領軍到彥之征北將軍檀道濟討荊州刺史謝晦上親率六師西征大赦丁卯以江州刺史王弘爲司徒錄尚書事二月戊午以金紫光祿大夫王敬弘爲尚書左僕射豫章太守鄭鮮之爲右僕射戊辰到彥之檀道濟大破謝晦於隱磯丙子車駕自蕪湖反旆己卯禽晦於延頭送都伏誅夏五月乙未以征北將軍南兗州刺史檀道濟爲征南大將軍開府儀同三司江州刺史乙巳驃騎大將軍涼州牧大且渠蒙遜改爲車騎大將軍詔大使巡行四方觀省風俗丙午臨延賢堂聽訟自是每歲三訊秋旱且蝗冬十二月前吳郡太守徐佩之謀反伏誅

四年春正月乙亥朔曲赦建鄴百里內辛巳祀南郊二月乙卯行幸丹徒謁京陵三月丙子宴丹徒宮帝鄉父老咸與焉蠲丹徒今年租布原五歲刑以下丁亥車駕還宮戊子尚書右僕射鄭鮮之卒壬寅採富陽令諸葛闡議禁斷夏至日五絲命縷之屬夏五月都下疾疫遣使存問給醫藥死無家屬者賜以棺器

六月癸卯朔日有蝕之

五年春正月乙亥詔以陰陽愆序求讜言甲申臨玄武館閱武戊子都下大火
遣使巡慰振恤夏六月庚戌司徒王弘降爲衞將軍開府儀同三司都下大水
乙卯遣使檢行振贍十二月天竺國遣使朝貢是歲魏神䴥元年大武皇帝伐
赫連昌滅之乞伏熾盤死
六年春正月辛丑祀南郊癸丑以荆州刺史彭城王義康爲司徒錄尚書事三
月丁巳立皇子劭爲皇太子戊午大赦賜文武位一等夏四月癸亥以尚書左
僕射王敬弘爲尚書令丹陽尹臨川王義慶爲尚書左僕射吏部尚書江夷爲
右僕射五月壬辰朔日有蝕之秋七月百濟國遣使朝貢冬十一月己丑朔日
有蝕之星晝見十二月西河河南國並遣使朝貢
七年春二月壬戌雪且雷三月戊子遣左將軍到彥之侵魏夏六月己卯封氐
楊難當爲武都王冬十月戊午立錢署鑄四銖錢戊寅魏剋金墉城十一月癸
未又剋武牢壬辰遣征南大將軍檀道濟拒魏右將軍到彥之自滑臺奔退十
二月都下火延燒于太社北墻是歲馮跋死倭百濟呵羅單林邑呵羅他師子

等國並遣使朝貢吳興晉陵義興大水遣使巡行振恤
八年春二月辛酉魏剋滑臺癸酉檀道濟引軍還自是河南復亡三月大雩夏
六月己丑大赦旱故又大雩閏六月乙巳遣使省行獄訟餉息徭役
九年春二月辛卯詔曰故太傅長沙景王故大司馬臨川烈武王故司徒南康
文宣公穆之衞將軍華容公弘征南大將軍永脩公道濟故左將軍龍陽侯鎮
惡或履道廣深執德沖邈或雅量高劭風鑒明遠或識準弘正才略開邁咸文
德以弘帝載武功以隆景業而太常未銘從祀闕享𥧌寐屬慮永言與懷便宜
配祭廟庭勒功天府三月庚戌進衞將軍王弘爲太保丁巳加江州刺史檀道
濟爲司空夏五月壬申新除太保王弘薨六月癸未置積射彊弩將軍官乙未
以征西將軍沙州刺史吐谷渾慕璝爲征西大將軍西秦河二州刺史隴西王
壬寅以撫軍將軍江夏王義恭爲征北將軍開府儀同三司南兗州刺史秋七
月庚午以領軍將軍殷景仁爲尚書僕射冬十二月庚寅立皇子紹爲廬陵王
奉孝獻王祀江夏王義恭子朗爲南豐王奉營陽王祀是歲魏延和元年

十年春正月甲寅改封竟陵王義宣爲南譙王己未大赦夏林邑闍婆娑州訶羅單國並遣使朝貢秋七月戊戌曲赦益梁秦三州冬十一月氐楊難當據有梁州是月且渠蒙遜死

十一年夏四月梁秦二州刺史蕭思話破氐梁州平五月丁卯曲赦梁南秦二州劍閣以北戊寅以大且渠茂虔爲征西大將軍梁州刺史封西河王是歲林邑扶南訶羅單國並遣使朝貢

十二年春正月辛酉大赦辛未祀南郊癸酉封馮弘爲燕王夏四月丙辰詔內外舉士都下地震六月禁酒師子國遣使朝貢丹陽淮南吳吳興義興大水都下乘船己酉以徐豫南兗三州會稽宣城二郡米穀百萬斛賜五郡遭水人秋七月辛酉闍婆娑達扶南國並遣使朝貢八月乙亥原除遭水郡諸逋負九月蜀賊張尋爲寇是歲魏太延元年

十三年春正月癸丑朔上有疾不朝會三月己未誅司空江州刺史檀道濟庚申大赦夏六月高麗武都等國並遣使朝貢秋七月己未零陵王太妃殂追崇

爲晉皇后葬以晉禮九月癸丑立皇子濬爲始興王駿爲武陵王是歲馮弘奔
高麗
十四年春正月辛卯祀南郊大赦戊戌鳳凰二見于都下衆鳥隨之改其地曰
鳳凰里夏四月蜀賊張尋趙廣降遷之建鄴冬十二月辛酉初停賀雪河南西
河訶羅單國並遣使朝貢
十五年春正月以平東將軍吐谷渾慕延爲鎮西將軍秦河二州刺史封隴西
王秋七月辛未地震新作東宮是歲武都河南高麗倭扶南林邑等國並遣使
朝貢立儒學館于北郊命雷次宗居之
十六年春正月戊寅閱武于北郊庚寅進彭城王義康爲大將軍領司徒以開
府儀同三司江夏王義恭爲司空夏六月己酉改封隴西王吐谷渾慕延爲河
南王秋八月庚子立皇子鑠爲南平王九月魏滅且渠茂虔冬十二月乙亥皇
太子冠大赦是歲武都河南林邑高麗等國並遣使朝貢上好儒雅又命丹陽
尹何尙之立玄素學著作佐郎何承天立史學司徒參軍謝元立文學各聚門

徒多就業者江左風俗於斯爲美後言政化稱元嘉焉
十七年夏四月戊午朔日有蝕之秋七月壬子皇后袁氏崩八月徐兗青冀四州大水遣使振恤九月壬子葬袁皇后于長寧陵冬十月戊午前丹陽尹劉湛有罪伏誅大赦文武賜爵一級以大將軍領司徒錄尚書事彭城王義康爲江州刺史大將軍如故甲戌以司空江夏王義恭爲司徒錄尚書事十一月尚書僕射揚州刺史殷景仁卒十二月癸亥以光祿大夫王球爲尚書僕射戊辰武都河南百濟等國並遣使朝貢是歲魏太平眞君元年
十八年春三月庚子雨雹戊申置尚書刪定郎官夏五月壬午衞將軍南兗州刺史臨川王義慶征北將軍南徐州刺史南譙王義宣並開府儀同三司甲申河水汎溢害居人六月戊辰遣使巡行賑贍冬十一月戊子尚書僕射王球卒己亥以丹陽尹孟顗爲尚書僕射氐楊難當寇漢川十二月晉寧太守爨松子舉兵反寧州刺史徐循討平之是歲河南蕭特高麗蘇摩黎林邑等國並遣使來朝貢

十九年夏四月甲戌上以久疾愈始奉初祠大赦五月庚寅梁秦二州刺史劉真道龍驤將軍裴方明破楊難當仇池平閏月都下水遣使巡行賑恤六月以大且渠無諱爲征西大將軍涼州刺史封西河王秋七月甲戌晦日有蝕之九月丙辰有客星在北斗因爲彗入文昌貫五車埽畢拂天節經天苑季冬乃滅冬十二月丙申詔奉聖之胤速議承襲及令脩廟四時饗祀并命蠲近墓五家供洒埽栽松柏六百株是歲蠕蠕河南扶南婆皇國並遣使朝貢西涼武昭王孫李寶始歸于魏

二十年春正月辛亥祀南郊二月甲申閱武於白下魏軍剋仇池夏四月甲午立皇子誕爲廣陵王秋七月癸丑以楊文德爲征西將軍北秦州刺史封武都王冬十月雷十二月壬午置藉田是歲河西高麗百濟倭國並遣使朝貢自去歲至是諸州郡水旱傷稼人大饑遣使開倉賑恤

二十一年春正月己亥南徐南兗南豫州揚州之浙江西並禁酒辛酉親耕藉田大赦二月己丑司徒錄尚書事江夏王義恭進位太尉領司徒辛卯立皇子

宏爲建平王秋八月戊辰以荆州刺史衡陽王義季爲征北大將軍開府儀同
三司南兗州刺史九月甲辰以大且渠安周爲征西將軍涼州刺史封河西王
冬十月己亥命刺史郡守脩東耕丙子雷且雹
二十二年春正月辛卯朔改用御史中丞何承天元嘉新曆二月甲戌立皇子
禕爲東海王昶爲義陽王秋七月己未以尚書僕射孟顗爲左僕射中護軍何
尚之爲右僕射九月己未開酒禁癸酉宴于武帳堂上將行敕諸子且勿食至
會所賜饌日旰食不至有飢色上誡之曰汝曹少長豐佚不見百姓艱難今使
爾識有飢苦知以節儉期物冬十二月乙未太子詹事范曄謀反及黨與皆伏
誅丁酉免大將軍彭城王義康爲庶人絕屬籍是冬浚淮起湖熟廢田千餘頃
二十三年夏四月丁未大赦六月癸未朔日有食之交州刺史檀和之伐林邑
國剋之是歲大有年築北堤立玄武湖於樂游苑北與景陽山于華林園役重
人怨
二十四年春正月甲戌大赦賜文武位一等夏四月河濟俱清六月都下疫癘

使巡省給醫藥以貸貴制大錢一當兩秋八月乙未徐州刺史衡陽王義季薨

冬十一月甲寅立皇子渾爲汝陽王是歲徐兗青冀四州大水

二十五年春閏二月己酉大蒐於宣武場三月庚辰校獵夏四月乙巳新作閶闔廣莫二門改先廣莫門曰承明開陽門曰津陽五月乙卯罷當兩大錢六月庚戌零陵王司馬元瑜薨丙寅加荆州刺史南譙王義宣位司空八月甲子立皇子彧爲淮陽王九月辛未以尚書右僕射何尚之爲左僕射冬青州城南遠望見地中如水有影謂之地鏡

二十六年春正月辛巳祀南郊二月己亥幸丹徒謁京陵三月丁巳宴于丹徒宮大赦復丹徒縣僑舊今歲租布之半行所經過蠲田租之半癸亥使祭晉故司空忠肅公何無忌墓壬午至自丹徒丙戌婆皇國王辰婆達國並遣使朝貢

冬十月庚子改封廣陵王誕爲隨郡王癸卯彗星見于太微甲辰以揚州刺史始興王濬爲征北將軍開府儀同三司徐兗二州刺史

二十七年春正月辛卯百濟國遣使朝貢二月魏軍攻縣瓠以軍興減百官奉

祿三分之一三月乙丑淮南太守諸葛闡求減奉祿同內百官於是諸州郡縣
丞尉並悉同減戊寅罷國子學秋七月庚午遣寧朔將軍王玄謨拒魏太尉江
夏王義恭出次彭城總統諸軍冬十一月丁未大赦十二月庚午魏太武帝率
大衆至瓜步聲欲度江都下震懼成荷擔而立壬午內外戒嚴緣江六七百里
舳艫相接始議北侵朝士多有不同至是帝登烽火樓極望不悅謂江湛曰北
伐之計同議者少今日士庶勞怨不得無慚貽大夫之憂在予過矣甲申使饋
百牢于魏
二十八年春正月丁亥魏太武帝自瓜步退歸俘廣陵居人萬餘家以北徐豫
青冀二兗六州殺略不可勝算所過州郡赤地無餘二月甲戌降太尉領司徒
江夏王義恭爲驃騎將軍開府儀同三司壬午幸瓜步是日解嚴三月乙酉車
駕還宮丙申拜初寧陵大旱夏四月癸酉婆達國遣使朝貢乙卯彗星見于昴
是月都下疾疫使巡視給醫藥五月乙酉亡命司馬順則自號齊王據梁鄒城
丁巳婆皇國戊戌河南國並遣使朝貢戊申以尚書左僕射何尚之爲尚書令

太子詹事徐湛之爲左僕射護軍將軍壬子彗星見太微中對帝坐秋七月甲辰進安東將軍倭王綏濟爲安東大將軍八月癸酉梁鄒平斬司馬順則是秋猛獸入郭內爲災冬十月癸亥高麗國遣使朝貢十一月壬寅曲赦二兗徐豫青冀六州徙彭城流人於瓜步淮西流人於姑熟合萬許家是歲魏正平元年二十九年春正月甲午詔經寇六州仍逢災澇可量加救贍二月乙卯雷且雪戊午立皇子休仁爲建安王三月壬午大風拔木都下火夏四月戊午訶羅單國遣使朝貢秋七月壬辰改封汝陰王渾爲武昌王淮陽王彧爲湘東王丁酉省大司農太子僕廷尉監官九月乙亥以平西將軍吐谷渾拾寅爲安西將軍秦河二州刺史封河南王冬十一月壬寅揚州刺史廬陵王紹薨十二月戊辰黃霧四塞辛未以南兗州刺史江夏王義恭爲大將軍南徐州刺史錄尚書如故是歲魏中常侍宗愛構逆太武皇帝崩乃奉南安王余爲帝改元爲承平後又賊余於是殿中尚書長孫渴侯尚書陸麗奉皇孫是爲文成皇帝改元曰興安

三十年春正月乙亥朔會羣臣於太極前殿有青黑氣從東南來覆映宮上戊寅以司空荆州刺史南譙王義宣爲司徒中軍將軍揚州刺史壬午以南徐州刺史始興王濬爲衛將軍開府儀同三司荆州刺史戊子使江州刺史武陵王駿統衆軍伐西陽蠻二月甲子元凶劭搆逆帝崩于合殿時年四十七謚景皇帝廟號中宗三月癸巳葬長寧陵孝武帝踐阼追改謚曰文帝廟號太祖帝聰明仁厚雅重文儒躬勤政事孜孜無怠加以在位日久惟簡靖爲心于時政平訟理朝野悅睦自江左之政所未有也又性存儉約不好奢侈車府令嘗以輦篷故請改易之又輦席舊以烏皮緣故欲代以紫皮上以竹篷未至於壞紫色貴並不聽改其率素如此云

世祖孝武皇帝諱駿字休龍小字道人文帝第三子也元嘉七年八月庚午夜生有光照室少機穎神明爽發讀書七行俱下才藻甚美雄決愛武長於騎射十二年立爲武陵王二十二年累遷雍州刺史自晉江左以來襄陽未有皇子重鎮時文帝欲經略關河故有此授及魏太武大舉至淮南時帝鎮彭城魏使

尚書李孝伯至帝遣長史張暢與語而帝改服觀之孝伯目帝不輟及出謂人曰張侯側有人風骨覩瞻非常士也二十八年爲都督江州刺史時緣江蠻爲寇文帝遣太子步兵校尉沈慶之等伐之使上總統衆軍三十年正月出次西陽之五洲會元凶弒逆上率衆入討荊州刺史南譙王義宣雍州刺史臧質並舉義兵三月乙未建牙于軍門是時多不悉舊儀有一翁班白自稱少從武帝征伐頗悉其事因使指麾事畢忽失所在自冬至春常東北風連陰不霽其日牙立之後風轉而西南景色開霽有紫雲二蔭于牙上四月辛酉上次溧州丙寅次江寧丁卯大將軍江夏王義恭來奔奉表上尊號戊辰上至新亭己巳卽皇帝位大赦改文帝號謚以大將軍江夏王義恭爲太尉南徐州刺史庚午以荊州刺史南譙王義宣爲中書監丞相揚州刺史並錄尚書六條事以安東將軍隨王誕爲衞將軍荊州刺史加雍州刺史臧質車騎將軍並開府儀同三司以江州刺史撫軍將軍蕭思話爲尚書左僕射壬申以征虜將軍王僧達爲右僕射改新亭爲中興亭夏五月乙亥輔國將軍朱脩之剋東府丙申剋建鄴二

凶及同逆並伏誅庚辰詔分遣大使巡省方俗是日解嚴辛巳幸東府城甲申
尊所生路淑媛爲皇太后乙酉立妃王氏爲皇后壬辰以太尉江夏王義恭爲
太傅領大司馬甲午謁初寧陵曲赦建鄴二百里內并蠲今年租稅戊戌以撫
軍將軍南平王鑠爲司空建平王宏爲尚書左僕射六月丙午車駕還宮初置
殿門及上閤門屯兵庚午以丹陽尹褚湛之爲尚書右僕射庚申詔有司論功
班賞各有差辛酉安西將軍西秦河二州刺史吐谷渾拾寅進號鎮西大將軍
開府儀同三司辛未改封南譙王義宣爲南郡王隨王誕爲竟陵王閏月丙子
遣兼散騎常侍樂詢等十五人巡行風俗庚申加太傅江夏王義恭錄尚書事
以荊州刺史竟陵王誕爲侍中驃騎大將軍開府儀同三司揚州刺史甲申蠲
尋陽西陽郡租布三年是月置衛尉官秋七月辛丑朔日有蝕之辛酉詔崇儉
約禁淫侈己巳司空南平王鑠薨以侍中南郡王世子恢爲尚書右僕射冬十
月癸未聽訟於閱武堂十一月丙辰停臺省衆官朔望問記丙寅高麗國遣使
朝貢十二月甲戌省都水使者官置水衡令官癸未以將置東宮省太子率更

令步兵翊軍校尉旅賁中郎將冗從僕射左右積弩將軍官中庶子中舍人庶子舍人洗馬各減舊員之半

孝建元年春正月己亥朔祀南郊大赦改元壬戌更鑄四銖錢丙寅立皇子子業爲皇太子賜天下爲父後者爵一級是月起正光殿二月庚子豫州刺史魯爽車騎將軍江州刺史臧質丞相荊州刺史南郡王義宣兗州刺史徐道寶舉兵反壬午曲赦豫州三月癸亥內外戒嚴夏五月甲寅義宣等攻梁山左衞將軍王玄謨大破之己未解嚴癸亥以吳興太守劉延孫爲尚書右僕射六月戊辰臧質走至武昌爲人所斬傳首建鄴甲戌撫軍將軍柳元景進號撫軍大將軍及鎮北大將軍沈慶之並開府儀同三司癸未罷南蠻校尉官戊子省錄尚書官庚寅義宣於江陵賜死秋七月丙申朔日有蝕之既丙辰大赦賜文武爵一級冬十月戊寅詔開建仲尼廟制同諸侯之禮詳擇爽塏厚給祭秩十一月癸卯復置都水使者官始課南徐州僑人租是歲魏興光元年

二年春二月己丑婆皇國遣使朝貢丙寅以南兗州刺史沈慶之爲左光祿大

夫開府儀同三司夏四月壬申河南國遣使朝貢五月乙未熒惑入南斗戊戌以湘州刺史劉遵考爲尚書右僕射六月甲子以國哀除釋大赦秋七月癸巳立皇弟休祐爲山陽王休茂爲海陵王休業爲鄱陽王己酉槃槃國遣使朝貢八月庚申雍州刺史武昌王渾有罪廢爲庶人自殺辛酉斤陀利國遣使朝貢三吳饑詔所在振貸九月丁亥閱武於宣武場冬十月壬午以揚州刺史竟陵王誕爲司空南徐州刺史以尚書左僕射建平王宏爲尚書令十一月辛亥高麗國遣使朝貢是歲魏太安元年

三年春正月庚寅立皇弟休範爲順陽郡王休若爲巴陵郡王戊戌立皇子子尚爲西陽郡王辛丑祀南郊以驃騎將軍建昌忠公到彥之衞將軍左光祿大夫新建文宣侯王華豫寧文侯王曇首配饗文帝廟庭壬子皇太子納妃甲寅大赦羣臣上禮二月丁丑制朔望臨西堂接羣下受奏事閏三月癸酉鄱陽王休業薨夏四月甲子初禁人車及酒肆器用銅五月辛酉制荊徐兗豫雍青冀七州統內家有馬一匹者蠲復一丁秋九月壬戌以丹陽尹劉遵考爲尚書左

僕射冬十月丙午太傅江夏王義恭進位太宰領司徒
大明元年春正月辛亥朔大赦改元庚午都下雨水辛未遣使檢行賜以樵米
三月壬戌制大臣加班劍者不得入宮城門夏四月都下疾疫丙申遣使巡賜
給醫藥死而無收斂者官爲斂埋五月吳興義與大水人飢乙卯遣使開倉振
恤癸酉聽訟于華林園自是非巡狩軍役則車駕歲三臨訊丙寅芳春琴堂東
西有雙橘連理景陽樓上層西南梁栱閒有紫氣清暑殿西甍鴟尾中央生嘉
禾一株五莖改景陽樓爲慶雲樓清暑殿爲嘉禾殿芳香琴堂爲連理堂乙亥
以輔國將軍梁瑾葱爲河州刺史封宕昌王秋七月辛未土斷雍州諸僑郡縣
九月建康秣陵二縣各置都官從事一人司水火劫盜冬十月甲辰以百濟王
餘慶爲鎮東大將軍十二月丁亥改封順陽王休範爲桂陽王
二年春正月辛亥祀南郊丙辰復郡縣田秩幷九親祿奉壬戌拜初寧陵二月
丙戌衞將軍尚書令建平王宏以本號開府儀同三司以丹陽尹褚湛之爲尚
書左僕射三月丁未尚書令建平王宏薨乙卯以田農要月命太官停殺牛夏

四月甲申立皇子子綏爲安陸王辛丑地震六月戊寅增置吏部尚書一人省五兵尚書官丁亥加左光祿大夫何尚之開府儀同三司秋八月丙戌中書令王僧達下獄死九月壬戌襄陽大水遣使巡行振恤庚午置武衛將軍武騎常侍官冬十二月己亥制諸王及妃主庶姓位從公者喪事聽設凶門餘悉斷是歲河南高麗林邑等國並遣使朝貢

三年春正月己丑以領軍將軍柳元景爲尚書令二月乙卯以揚州所統六郡爲王畿以東揚州爲揚州甲子復置廷尉監官夏四月乙卯司空南兗州刺史竟陵王誕有罪貶爵誕不受命據廣陵反以沈慶之爲車騎大將軍開府儀同三司南兗州刺史討誕秋八月己巳剋廣陵城斬誕悉誅城內男丁以女口爲軍賞是日解嚴辛未大赦丙子以丹陽尹劉秀之爲尚書右僕射丙戌加南兗州刺史沈慶之位司空九月壬辰於玄武湖北立上林苑甲午移南郊壇於牛頭山以正陽位冬十一月甲子立皇后蠶宮於西郊十二月辛酉置謁者僕射官是歲婆皇河西高麗肅愼等國各各遣使朝貢西域獻儛馬

四年春正月辛未祀南郊甲戌宕昌國遣使朝貢乙亥親耕藉田大赦庚寅立皇子子勛爲晉安王子房爲尋陽王子頊爲歷陽王子鸞爲襄陽王三月甲申皇后親桑于西郊夏四月丙午詔四時供限詳減大半辛亥太宰江夏王義恭等表請封岱宗詔不從辛丑詔以都下疾疫遣使存問幷給醫藥其亡者隨宜賑恤五月丙戌尚書左僕射褚湛之卒秋七月甲戌光祿大夫開府儀同三司何尚之薨八月雍州大水甲寅遣加賑恤九月丁亥改封襄陽王子鸞爲新安王冬十月庚寅遣新除司空沈慶之討緣江蠻十一月戊辰改細作署令爲左右御府令丙戌復置大司農官十二月辛丑幸廷尉寺宥繫囚魏遣使通和丁未幸建康縣原放獄囚倭國遣使朝貢是歲魏和平元年

五年春正月戊午朔華雪降散爲六出上悅以爲瑞二月癸巳閱武軍幢以下普加班錫多所原宥三月甲戌行幸江乘遣祭故太保王弘光祿大夫王曇首墓夏四月癸巳改封西陽王子尙爲豫章王丙申加尚書令柳元景左光祿大夫開府儀同三司丙午雍州刺史海陵王休茂殺司馬庾深之舉兵反參軍尹

玄慶起義斬之傳首建鄴五月起明堂於國學南丙巳之地癸亥制帝室朞親官非祿官者月給錢十萬秋七月丁卯高麗國遣使朝貢庚午曲赦雍州八月戊子立皇子子仁爲永嘉王子子真爲始安王己丑詔以來歲脩葺庠序旌延國胄庚寅制方鎮所假白板郡縣年限依臺除食祿三分之一不給送故衞將軍東海王禕以本號開府儀同三司九月甲寅日有蝕之丁卯行幸瑯邪郡原遣囚繫庚午河濟清閏月丙申初立馳道自閶闔門至于朱雀門又自承明門至于玄武湖壬寅改封歷陽王子頊爲臨海王冬十月甲寅以南徐州刺史劉延孫爲尚書左僕射十二月壬申以領軍將軍劉遵考爲尚書右僕射甲戌制天下人戶歲輸布四疋

六年春正月辛卯祀南郊是日又宗祀文皇帝于明堂以配上帝大赦乙未置五官中郎將左右中郎將官二月乙卯復百官祿三月庚寅立皇子子元爲邵陵王壬寅以倭世子興爲安東將軍倭國王夏四月庚申新作大航門五月丙戌置淩室于覆舟山脩藏冰之禮六月辛酉尚書左僕射劉延孫卒秋七月甲

申地震有聲如雷兗州尤甚於是魯郡山搖者二乙未立皇子子雲爲晉陵王八月乙丑置清臺令官九月制沙門致敬人主乙未以尚書右僕射劉遵考爲左僕射以丹陽尹王僧朗爲右僕射冬十月丁卯詔上林苑內士庶丘墓欲還合葬者勿禁十一月己卯陳留王曹虔秀薨

七年春正月癸未詔剋日於玄武湖大閱水師幷巡江右講武校獵丁亥以右衞將軍顏師伯爲尚書左僕射二月甲寅車駕巡南豫南兗二州丁巳校獵烏江己未登烏江縣六合山壬戌大赦行幸所經無出今年租布賜人爵一級女子百戶牛酒郡守邑宰及人夫從蒐者普加霑賚又詔蠲歷陽郡租輸三年遣使巡慰問人疾苦癸亥行幸尉氏觀温泉壬申車駕至都拜二廟乃還宮夏四月甲子詔自今非臨軍戰陣一不得專殺其罪人重辟者皆依舊先上須報有司嚴加聽察犯者以殺人罪論五月丙子詔自今刺史守宰動人與軍皆須守詔施行惟邊隅外警及姦釁內發變起倉卒者不從此例六月戊申蠕蠕高麗等國並遣使朝貢秋七月乙亥進高麗王高璉位車騎大將軍開府儀同三司

八月乙丑立皇子子孟爲淮南王子產爲臨賀王車駕幸建康秣陵縣訊獄因

九月庚寅以南徐州刺史新安王子鸞爲兼司徒乙未幸廷尉訊獄因丙申立

皇子子嗣爲東平王冬十月壬寅皇太子冠賜王公以下帛各有差戊申車駕

巡南豫州奉太后以行癸丑行幸江寧縣訊縣因加車騎將軍揚州刺史豫章

王子尙開府儀同三司癸亥以開府儀同三司東海王禕爲司空加中軍將軍

義陽王昶開府儀同三司己巳校獵於姑熟十一月丙子曲赦南豫州殊死以

下巡幸所經詳減今歲田租乙酉詔祭晉大司馬桓溫征西將軍毛璩墓上於

行所訊溧陽永世丹陽縣因癸巳祀梁山大閱水師於中江有白雀二集華蓋

有司奏改元爲神雀詔不許乙未原放行獄徒繫浙江東諸郡大旱十二月壬

寅遣使開倉賑恤聽受雜物當租丙午行幸歷陽甲寅大赦賜歷陽郡女子百

戶牛酒蠲郡租十年己未加太宰江夏王義恭尙書令於博望梁山立雙闕癸

未至自歷陽

八年春正月辛巳祀南郊是日還宗祀文帝于明堂甲戌詔曰東境去歲不稔

宜廣商貨遠近販鬻米粟者可停道中雜稅其以仗自防悉勿禁夏閏五月壬寅以太宰江夏王義恭領太尉庚申帝崩於玉燭殿時年三十五七月丙午葬于丹陽秣陵縣巖山景寧陵帝末年爲長夜之飲每旦寢興盥漱畢仍復命飲俄頃數斗憑几惛睡若大醉者或外有奏事便肅然整容無復酒色外內服其神明莫敢弛惰

前廢帝諱子業小字法師孝武帝長子也元嘉二十六年正月甲申生孝武鎮尋陽帝留都下三十年孝武入伐元凶因帝於侍中下省將加害者數矣卒得無恙及孝武踐阼立爲皇太子始末之東宮中庶子二率並入直永福省大明二年出東宮七年加元服八年閏五月庚午孝武崩其日太子即皇帝位大赦加驃騎大將軍柳元景尙書令甲子置錄尙書官以太宰江夏王義恭錄尙書事加驃騎大將軍柳元景開府儀同三司秋七月庚戌婆皇國遣使朝貢崇皇太后爲太皇太后皇后曰皇太后乙卯罷南北二馳道改孝建以來所變制度還依元嘉丙辰追崇獻妃爲獻皇后八月乙丑皇太后崩九月乙卯文穆皇后

祔葬景寧陵冬十二月乙酉以尙書右僕射顏師伯爲尙書僕射壬辰以王畿諸郡爲揚州以揚州爲東揚州癸巳加車騎將軍揚州刺史豫章王子尙位司徒去歲及是歲東諸郡大旱甚者米一斗數百都下亦至百餘餓死者十六七孝建以來又立錢署鑄錢百姓因此盜鑄錢轉僞小商貨不行

景和元年春正月乙未朔大赦改元爲永光乙巳省諸州臺傳二月乙丑減州郡縣田祿之半庚寅鑄二銖錢夏五月魏文成皇帝崩秋八月庚午以尙書僕射顏師伯爲左僕射吏部尙書王景文爲右僕射癸酉帝自率宿衞兵誅太宰江夏王義恭尙書令柳元景左僕射顏師伯廷尉劉德願改元爲景和甲戌以司徒揚州刺史豫章王子尙領尙書令乙亥帝釋素服御錦衣以始興公沈慶之爲大尉庚辰以石頭城爲長樂宮東府城爲未央宮甲申以北邸爲建章宮南第爲長楊宮己丑復立南北二馳道九月癸巳幸湖熟奏鼓吹戊戌還宮帝自以爲昔在東宮不爲孝武所愛及卽位將掘景寧陵太史言於帝不利而止乃縱糞於陵肆罵孝武帝爲齇奴又遣發殷貴嬪墓忿其爲孝武所寵初貴嬪

蕘武帝爲造新安寺乃遣壞之又欲誅諸遠近僧尼辛丑免南徐州刺史新安王子鸞爲庶人賜死丁未加衞將軍湘東王彧開府儀同三司己酉車駕討徐州刺史義陽王昶內外戒嚴昶奔魏戊午解嚴開百姓鑄錢冬十月癸亥曲赦徐州丁卯東陽太守王藻下獄死以文帝第十女新蔡公主爲貴嬪夫人改姓謝氏以武賁鈒戟鸞輅龍旂出警入蹕矯言公主薨空設喪事焉乙酉以豫州刺史山陽王休祐爲鎮軍大將軍開府儀同三司十一月壬辰寧朔將軍何邁下獄死癸巳殺新除太尉沈慶之壬寅立皇后路氏四廂奏樂曲赦揚南徐二州丁未皇子生少府劉曚之子也大赦贓污淫盜悉皆原蕩賜爲父後者爵一級壬子以護軍將軍建安王休仁爲驃騎大將軍開府儀同三司戊午南平王敬猷廬陵王敬先安南侯敬深並賜死時帝凶悖日甚誅殺相繼內外百官不保首領先是訛言湘中出天子帝將南巡荊湘以厭之期旦誅除四叔然後發引是夜湘東王彧與左右阮佃夫王道隆李道兒密結帝左右壽寂之姜產之等十一人謀共廢帝先是帝好遊華林園竹林堂使婦人倮身相逐有一婦人

不從命斬之經少時夜夢游後堂有一女子罵曰帝悖虐不道明年不及熟矣帝怒於宮中求得似所夢者一人戮之其夕復夢所戮女罵曰汝枉殺我已訴上帝至是巫覡云此堂有鬼帝與山陰公主及六宮綵女數百人隨羣巫捕鬼屏除侍衛帝親自射之事畢將奏靡靡之聲壽寂之懷刀直入姜產之爲副諸姬迸逸廢帝亦走追及之大呼寂寂如此者三手不能舉乃崩於華光殿時年十七太皇太后令奉湘東王彧纂承皇統於是葬帝於丹陽秣陵縣南郊壇西帝蠡目鳥喙長頸銳下幼而狷急在東宮每爲孝武所責孝武西巡帝啓參承起居書迹不謹上詰讓之曰書不長進此是一條耳聞汝比素業都懈狷戾日甚何以頑固乃爾初踐阼受璽紱傲然無哀容蔡興宗退而歎曰昔魯昭不戚叔孫請死國家之禍其在此乎帝始猶難諸大臣及戴法興等既殺法興諸大臣莫不震懾於是又誅羣公元凱以下皆被毆捶牽曳內外危懼殿省騷然太后疾篤遣呼帝帝曰病人間多鬼可畏那可往太后怒語侍者曰將刀來破我腹那得生寧馨兒及太后崩後數日帝夢太后謂曰汝不仁不孝本無人君之

相子尙愚悖如此亦非運祚所及孝武險虐滅道怨結人鬼兒子雖多並無天
命大命所歸應還文帝之子故帝聚諸叔都下慮在外爲患山陰公主淫恣過
度謂帝曰妾與陛下雖男女有殊俱託體先帝陛下後宮數百妾惟駙馬一人
事不均平一何至此帝乃爲立面首左右三十人進爵會稽郡長公主秩同郡
王湯沐邑二千戶給鼓吹一部加班劍二十人帝每出公主與朝臣常共陪輦
帝少好讀書頗識古事粗有文才自造孝武帝誄及雜篇章往往有辭采以魏
武有發丘中郎將摸金校尉乃置此二官以建安王休仁山陽王休祐領之其
餘事迹分見諸列傳
論曰文帝幼年特秀自稟君德及正位南面歷年長久綱維備舉條禁明密罰
有恆科爵無濫品故能內清外晏四海謐如而授將遣師事乖分閫才謝光武
而遙制兵略至於攻戰日時咸聽成旨雖覆師喪旅將非韓白而延寇蹙境抑
此之由及至言泄衾衽難結凶豎雖禍生非慮蓋亦有以而然夫盡人命以自
養蓋惟桀紂之行觀夫大明之世其將盡人命乎雖周公之才之美亦當終之

以亂由是言之得歿亦爲幸矣至如廢帝之事行著于篇假以中才之君有一

於此足以致霣況乎兼斯衆惡不亡其可得乎

南史卷二

南史卷二考證

文帝紀冬十一月庚午以武都王世子楊玄爲北秦州刺史○南本無王字誤

是冬浚淮起湖熟廢田千餘頃○田監本訛四今改從南本

冬十月庚子改封廣陵王誕爲隨郡王○庚監本訛甲下文九月内有癸卯甲

辰則誤可知矣今改從各本

八月癸酉梁鄒平斬司馬順則○酉監本作亥今各本俱作酉故從之

淮陽王彧爲湘東王○彧監本訛或今改正

是爲文成皇帝改元曰興安○安監本誤元今改正

孝武皇帝紀文帝第三子也○三監本訛二宋書文帝十九男元凶劭居長始

興王濬第二孝武帝次之今改正

史臣論有一於此足以致霣○足監本訛異今改從南本

南史卷二考證

南史卷三

唐　李延壽撰

宋本紀下第三

太宗明皇帝諱彧字休景小字榮期文帝第十一子也元嘉十六年十月生二十五年封淮陽王二十九年改封湘東王孝武踐阼累遷鎮軍將軍雍州刺史是歲入朝時廢帝疑畏諸父以上付廷尉明日將加禍害上乃與腹心阮佃夫李道兒等密謀時廢帝左右直閤將軍宋越譚金童太一等是夜並外宿佃夫道兒因結壽寂之等十一月十九日弒廢帝於後堂建安王休仁便稱臣奉引升西堂登御坐事出倉卒上失履跣猶著烏紗帽休仁呼主衣以白紗代之未卽位凡衆事悉稱令書己未司徒豫章王子尚山陰公主並賜死宋越譚金童太一伏誅十二月庚申朔令書以東海王禕爲中書監太尉以晉安王子勛爲車騎將軍開府儀同三司癸亥以建安王休仁爲司徒尚書令揚州刺史乙丑改封安陸王子綏爲江夏王

泰始元年卽大明九年也魏和平六年冬十二月丙寅皇帝卽位于太極前殿

大赦改元辛未改封臨賀王子產爲南平王晉熙王子輿爲廬陵王壬申以王
景文爲尚書僕射乙亥追尊所生沈婕妤曰宣皇太后戊寅改太皇太后爲崇
憲太后立皇后王氏罷二銖錢江州刺史晉安王子勛舉兵反鎮軍長史袁顗
赴之鄧琬爲其謀主壬午謁太廟甲申郢州刺史安陸王子綏會稽太守尋陽
王子房臨海王子頊並舉兵同逆
二年春正月乙未晉安王子勛僭卽僞位於尋陽年號義嘉壬辰徐州刺史薛
安都舉兵反甲午內外戒嚴司徒建安王休仁都督諸軍南討丙戌徐州刺史
申令孫司州刺史龐孟虯豫州刺史殷琰青州刺史沈文秀冀州刺史崔道固
湘州行事何慧文廣州刺史袁曇益州刺史蕭惠開梁州刺史柳元怡並同逆
丙午車駕親御六軍頓中興堂辛亥南豫州刺史山陽王休祐改爲豫州刺史
西討吳郡太守顧琛吳興太守王曇生義興太守劉延熙晉陵太守袁標山陽
太守程天祚並舉兵反鎮東將軍巴陵王休若統軍東討壬子崇憲皇太后崩

二月乙丑以蔡興宗爲尙書右僕射壬申吳興太守張永右將軍蕭道成東討平晉陵丁亥建武將軍吳喜公率諸軍破賊於吳興會稽平定三郡同逆皆伏誅輔國將軍蕭道成前鋒北討輔國將軍劉勔前鋒西討劉胡衆四萬據赭圻三月庚寅撫軍將軍殷孝祖攻赭圻死之以輔國將軍沈攸之代爲南討前鋒賊衆稍盛袁顗頓鵲尾連營至濃湖衆十餘萬丙申南徐州刺史桂陽王休範總統北討諸軍事戊戌貶尋陽王子房爵爲松滋縣侯癸卯令人入米七百石者除郡減此各有差壬子斷新錢專用古錢夏五月甲寅葬崇憲皇太后於脩寧陵秋七月丁酉以仇池太守楊僧嗣爲北秦州刺史封武都王八月己卯司徒建安王休仁率衆軍大破賊斬僞尙書僕射袁顗進討江郢荆湘雍五州平之晉安王子勛安陸王子綏臨海王子頊邵陵王子元並賜死同黨皆伏誅諸將帥封賞各有差九月癸巳六軍解嚴戊戌以王玄謨爲左光祿大夫開府儀同三司領護軍將軍冬十月乙卯永嘉王子仁始安王子真淮南王子孟南平王子產廬陵王子輿松滋侯子房並賜死丁卯以沈攸之爲中領軍與張永俱

北討戊寅立皇子昱爲皇太子十一月壬辰立建平王景素子延年爲新安王
十二月薛安都要引魏軍張永沈攸之大敗於是遂失淮北四州及豫州淮西
地是歲魏大安元年
三年春正月庚子以農役將興詔太官停宰牛癸卯曲赦豫南豫二州閏正月
庚午都下大雨雪遣使巡行振貸各有差二月甲申爲戰亡將士舉哀丙申曲
赦青冀二州夏四月丙戌詔以故丞相江夏文獻王故太尉巴東忠烈公柳元
景故司空始興襄公沈慶之故征西將軍洮陽肅侯宗慤陪祭孝武廟庭庚子
立桂陽王休範第三子德嗣爲廬陵王立侍中劉韜第三子銑爲南豐王以奉
廬江昭王南豐哀王祀五月丙辰詔宣太后崇寧陵禁內墳瘞遷徙者給葬直
蠲復其家壬戌以太子詹事袁粲爲尚書僕射秋八月壬寅以中領軍沈攸之
行南兗州刺史率衆北伐九月戊午以皇后六宮以下雜衣千領金釵千枚賜
北伐將士冬十月壬午改封新安王延年爲始平王辛丑以鎮西大將軍西秦
河二州刺史吐谷渾拾寅爲征西大將軍十一月立建安王休仁第二子伯猷

爲江夏王是歲魏皇興元年
四年春正月丙辰朔雨草于宮乙亥零陵王司馬勗薨二月乙巳左光祿大夫開府儀同三司王玄謨薨三月交州人李長仁據州叛袄賊攻廣州殺刺史羊希龍驤將軍陳伯紹討平之夏四月丙申改封東海王禕爲廬江王山陽王休祐爲晉平王秋九月戊辰詔定黥刖之制有司奏自今凡劫竊執官仗拒戰邏司攻剽亭寺及傷害吏人并監司將吏自爲劫皆不限人數悉依舊制斬刑若遇赦黥及兩頰劫字斷去兩脚筋徙付交梁寧州五人以下止相逼奪者亦依黥作劫字斷去兩脚筋徙付遠州若遇赦原斷徒猶黥面依舊補冶士家口應及坐悉依舊詰讁及上崩其例乃寢庚午上備法駕幸東宮冬十月癸酉朔日有蝕之發諸州兵北伐
五年春正月癸亥親耕藉田乙丑魏剋青州執刺史沈文秀以歸二月丙申以廬江王禕爲車騎將軍開府儀同三司南豫州刺史夏六月辛未立晉平王休祐子宣曜爲南平王秋七月壬戌改輔國將軍爲輔師將軍九月甲寅立長沙

王纂子延之爲始平王冬十月丁卯朔日有蝕之十一月丁未魏人來聘十二
月庚申分荆益之五郡置三巴校尉
六年春正月乙亥初制間二年一祭南郊間一年一祭明堂夏四月癸亥立皇
子爕爲晉熙王六月癸卯以王景文爲尚書左僕射揚州刺史以袁粲爲右僕
射己未改臨賀郡爲臨慶郡秋七月丙戌臨慶王智井薨九月戊寅立總明觀
徵學士以充之置東觀祭酒訪舉各一人舉士二十人分爲儒道文史陰陽五
部學言陰陽者遂無其人冬十月辛卯立皇子贊爲武陵王十二月癸巳以邊
難未息制父母隔在異域者悉使婚宦
七年春正月甲戌置散騎奏舉郎二月癸丑征西將軍荆州刺史巴陵王休若
進號征西大將軍及征南大將軍江州刺史桂陽王休範竝開府儀同三司甲
寅南徐州刺史晉平王休祐薨三月辛酉魏人來聘夏五月戊午鴆司徒建安
王休仁庚午以袁粲爲尚書令褚彥回爲右僕射丙戌追免晉平王休祐爲庶
人秋七月丁巳罷散騎奏舉郎乙丑江州刺史巴陵王休若賜死八月戊子以

皇子躋繼江夏文獻王義恭庚寅帝疾間戊戌立皇子準爲安成王是歲魏孝文帝延興元年

泰豫元年春正月甲寅朔上以疾未痊故改元丁巳巨人跡見西池冰上夏四月己亥上疾大漸加江州刺史桂陽王休範位司空以劉勔爲尚書右僕射蔡興宗爲征西將軍開府儀同三司荊州刺史沈攸之進號安西將軍袁粲褚彥回劉勔蔡興宗沈攸之入閤被顧命是日上崩于景福殿時年三十四五月戊寅葬臨沂縣莫府山高寧陵帝好讀書愛文義在藩時撰江左以來文章志又續衞瓘所注論語二卷及即大位舊臣才學之士多蒙引進末年好鬼神多忌諱言語文書有禍敗凶喪疑似之言應回避者犯即加戮改騧馬字爲馬邊瓜以騧字似禍故也嘗以南苑借張永云且給三百年期盡更請宣陽門謂之白門上以白門不祥諱之尚書右丞江謐嘗誤犯上變色曰白汝家門路太后停屍漆床移出東宮上幸宮見之怒免中庶子以之坐死者數十人內外常慮犯觸人不自保移床脩壁先祭土神使文士爲祝策如大祭饗阮佃夫楊運長王

道隆皆擅威權言為詔敕郡守令長一缺十除內外混然官以賄命王阮家富於公室中書舍人胡母顥專權奏無不可時人語曰禾絹閉眼諾胡母大張囊禾絹謂上也及泰始泰豫之際左右失旨往往有剝剒斷截禁中懍懍若踐刀劍夜夢豫章太守劉愔反遣就郡殺之軍旅不息府藏空虛內外百官並斷祿奉在朝造官者皆市井傭販之子而又令小黃門於殿內埋錢以為私藏以蜜漬鱁鮧一食數升噉腊肉嘗至二百獸奢費過度每所造制必為正御三十副御次副又各三十須一物輒造九十枚天下騷然民不堪命宋氏之業自此衰矣

後廢帝諱昱字德融明帝長子也大明七年正月辛丑生於衞尉府帝母陳氏李道兒妾明帝納之故人呼帝為李氏子帝亦自稱李將軍明帝諸子在孕皆以周易筮之卽以所得卦為小字故帝小字慧震泰始二年立為皇太子六年出東宮又制太子元正朝賀服袞冕九章衣明帝崩庚子太子卽皇帝位大赦尚書令袁粲護軍將軍褚彥回共輔朝政班劍依舊入殿六月乙巳尊皇后曰

皇太后立皇后江氏秋七月戊辰拜帝所生陳貴妃爲皇太妃八月戊午中書監左光祿大夫開府儀同三司蔡興宗薨冬十一月己亥新除郢州刺史劉彥節爲尚書左僕射

元徽元年春正月戊寅大赦改元詔自元年以前徒放者並聽還本土魏人來聘夏六月乙卯壽陽大水秋八月都下旱庚午陳留王曹銑薨九月丁亥立衡陽王嶷子伯玉爲南平王冬十二月癸亥朔日有蝕之乙巳進桂陽王休範位太尉癸亥立前建安王世子伯融爲始安縣王

二年夏五月壬午江州刺史桂陽王休範舉兵反庚寅內外戒嚴中領軍劉勔右衞將軍蕭道成前鋒南討出屯新亭征北將軍張永屯白下前南兗州刺史沈懷明戍石頭衞將軍袁粲中軍將軍褚彥回入衞殿省壬辰賊奄至攻新亭壘道成拒擊大破之越騎校尉張苟兒斬休範賊黨杜黑蠡丁文豪分軍向朱雀航劉勔拒賊敗績死之右將軍王道隆奔走遇害張永潰于白下沈懷明自石頭奔散甲午車騎典籤茅恬開東府納賊賊入屯中堂羽林監陳顯達擊大

破之丙申張若兒等又破賊進平東府城梟禽羣賊丁酉大赦解嚴荊州刺史沈攸之南徐州刺史建平王景素郢州刺史晉熙王燮湘州刺史張興世並舉義兵赴建鄴六月癸卯晉熙王燮遣軍剋尋陽江州平壬戌改輔師將軍還爲輔國秋七月庚辰立皇弟友爲邵陵王乙酉徐州刺史建平王景素進號征北將軍開府儀同三司九月丁酉以袁粲爲中書監領司徒加護軍將軍褚彥回爲尚書令冬十一月丙戌帝加元服十二月癸亥立皇弟躋爲江夏王贊爲武陵王

三年春三月己巳都下大水夏六月魏人來聘秋七月庚戌以袁粲爲尚書令

九月丙辰征西大將軍河南王吐谷渾拾寅進號車騎征西大將軍

四年夏六月乙亥加蕭道成尚書左僕射秋七月戊子建平王景素據京城反己丑內外纂嚴遣驍騎將軍任農夫冠軍將軍黃回北討蕭道成總統衆軍始安王伯融都鄉侯伯猷並賜死乙未剋京城斬景素同逆皆伏誅八月丁卯立皇弟翽爲南陽王嵩爲新興王禧爲始建王九月戊子驍騎將軍高道慶有罪

賜死己丑車騎將軍揚州刺史安成王準進號驃騎大將軍開府儀同三司冬十月辛酉以王僧虔爲尚書右僕射

五年夏四月甲戌豫州刺史阮佃夫步兵校尉申伯宗朱幼謀廢立皆伏誅五月地震六月甲戌誅司徒左長史沈勃散騎常侍杜幼文游擊將軍孫超之長水校尉杜叔文七月戊子夜帝遇弒於仁壽殿時年十五己丑皇太后令貶帝爲蒼梧郡王葬丹陽秣陵縣郊壇西初帝之生夕明帝夢人乘馬馬無頭及後足有人曰太子也及在東宮五六歲能緣漆帳竿去地丈餘如此者半食漸長喜怒乖節左右失旨者手加撲打徒跣蹲踞及嗣位內畏太后外憚大臣猶未得肆志自加元服三年好出入單將左右或十里二十里或入市里遇慢罵則悅而受焉四年無日不出與左右解僧智張五兒恆夜出開承明門夕去晨反晨出暮歸從者並執鋋矛行人男女及犬馬牛驢逢無免者人間擾懼晝日不開門道無行人嘗著小袴不服衣冠有白棓數十各有名號鉗鑿錐鋸不離左右爲擊腦槌陰剖心之誅日有數十常見臥屍流血然後爲樂左右人見有嚬

眉者帝令其正立以矛刺洞之曜靈殿上養驢數十頭所自乘馬養於御牀側
與右衞翼輦營女子私通每從之遊持數千錢爲酒肉之費出逢婚姻葬送輒
與挽車小兒羣聚飲酒以爲歡適阮佃夫腹心人張羊爲佃夫委信佃夫敗叛
走復捕得自於承明門以車轢殺之殺杜延載杜幼文躬運矛鋋手自臠割察
孫超有蒜氣剖腹視之執楯馳馬自往刺杜叔文於玄武北湖孝武帝二十八
子明帝殺其十六餘皆帝殺之吳興沈勃多寶貨往劫之揮刀獨前左右未至
勃時居喪在廬帝望見之便投鋋不中勃知不免手搏帝耳唾罵之曰汝罪踰
桀紂屠戮無日遂見害帝自臠割制露車一乘施篷乘以出入從數十人羽儀
追之恆不相及又各慮禍亦不敢追但整部伍別在一處瞻望而已凡諸鄙事
過目則能鍛銀裁衣作帽莫不精絕未嘗吹篪執管便韻天性好殺一日無事
輒慘慘不樂內外憂惶夕不及旦領軍將軍蕭道成與直閤將軍王敬則謀之
七月戊子帝微行出北湖單馬先走羽儀不及左右張五兒馬墜湖帝怒自馳
騎刺馬屠割之與左右作羌胡伎爲樂又於蠻岡賭跳因乘露車無復鹵簿往

青園尼寺新安寺偷狗就曇度道人煑之飲酒楊玉夫常得意忽然見憎遇輒切齒曰明日當殺小子取肝肺是夜七夕令玉夫伺織女度報己因與內人穿針訖大醉臥於仁壽殿東阿氈幄中帝出入無禁王敬則先結玉夫陳奉伯楊萬年等合二十五人其夕玉夫候帝眠熟至乙夜與萬年同入氈幄內取千牛刀殺之

順皇帝諱準字仲謀小字知觀明帝第三子也泰始五年七月癸丑生七年封安成王帝姿貌端華眉目如畫見者以爲神人廢帝即位加揚州刺史元徽二年加都督揚南豫二州諸軍事四年進號驃騎大將軍及廢帝殞蕭道成奉太后令迎王入居朝堂

昇明元年秋七月壬辰皇帝即位大赦改元徽五年爲昇明元年甲午蕭道成出鎮東城輔政荊州刺史沈攸之進號車騎大將軍蕭道成司空錄尚書事以袁粲爲中書監司徒以褚彥回爲衞將軍劉彥節爲尚書令加中軍將軍辛丑以王僧虔爲尚書僕射癸卯車駕謁太廟八月癸亥司徒袁粲鎮石頭戊辰崇

拜帝所生陳昭華爲皇太妃庚午以蕭道成爲驃騎大將軍開府儀同三司錄尚書如故九月己酉廬陵王暠薨十二月丁巳荆州刺史沈攸之舉兵不從執政丁卯蕭道成入守朝堂侍中蕭嶷鎮東府戊辰中外纂嚴壬申司徒袁粲據石頭謀誅道成不果旋見覆滅乙亥以王僧虔爲左僕射王延之爲右僕射吳郡太守劉遐據郡不從執政令張瓌攻斬之閏月辛亥屯騎校尉王宜與貳於執政見誅癸巳沈攸之攻郢城前軍長史柳世隆固守己亥中外戒嚴假蕭道成黃鉞乙巳道成出頓新亭是歲魏太和元年

二年春正月丁卯沈攸之敗己巳華容縣人斬攸之首送之辛未雍州刺史張敬兒剋江陵荆州平丙子解嚴以柳世隆爲尚書右僕射蕭道成旋鎮東府二月庚辰以王僧虔爲尚書令王延之爲左僕射癸未蕭道成加授太尉以褚彥回爲中書監司空丙戌撫軍將軍揚州刺史晉熙王爕進號中軍將軍三月己酉朔日有蝕之夏四月南兗州刺史黃回貳于執政賜死五月戊午以倭國王武爲安東大將軍六月丁酉以輔國將軍楊文弘爲北秦州刺史封武都王秋

九月乙巳朔日有蝕之丙午加太尉蕭道成黃鉞都督中外諸軍事太傅領揚州牧賜殊禮以揚州刺史晉熙王燮爲司徒冬十月壬寅立皇后謝氏十一月立故武昌太守劉琨息頌爲南豐縣王癸亥誅臨澧侯劉晃甲子改封南陽王翽爲隨郡王十二月丙戌皇后見于太廟

三年春正月辛亥領軍將軍蕭賾加尚書右僕射進號中軍大將軍開府儀同三司二月丙子南豫州刺史邵陵王友薨丙申地震建陽門三月癸卯朔日有蝕之甲辰加蕭道成相國總百揆封十郡爲齊公備九錫之禮庚戌誅臨川王綽夏四月壬申進齊公蕭道成爵爲王壬午安西將軍武陵王贊薨辛卯帝禪位於齊壬辰遜于東邸是日王敬則以兵陳于殿庭帝猶居內聞之逃于佛蓋下太后懼自帥閹豎索扶幸板輿黃門或促之帝怒抽刀投之中項而殞帝既出宮人行哭俱遷備羽儀乘畫輪車出東掖門封帝爲汝陰王居丹徒宮齊兵衞之建元元年五月己未帝聞外有馳馬者懼亂作監人殺王而以疾赴齊人德之賞之以邑六月乙酉葬于遂寧陵諡曰順帝宋之王侯無少長皆幽死矣

論曰文帝負扆南面實有人君之美經國之義雖弘而隆家之道不足彭城照
不窺古本無卓爾之資徒見昆弟之義深未識君臣之禮異以此家情行之國
道主忌而猶犯恩離而未悟致以陵逼之愆遂成滅親之禍開端樹隙垂之後
人明帝因猜忍之情據已行之典翦落洪支歛不待慮既而本根莫庇幼主孤
立下無磐石之託上有累卵之危方復藏璽懷紱魚服忘反危冠短制匹馬孤
征以至覆亡理固然矣神器以勢弱傾移靈命隨樂推回改斯蓋履霜有漸夫
豈一夕何止區區汝陰揖讓而已

南史卷三

南史卷三考證

明帝紀字休景○休景宋書作休炳南本作景休彼此互異

秋七月丙戌臨慶王智井薨○井監本訛幷今從南本改正

後廢帝紀令玉夫伺織女度報己因與內人穿針訖○內監本誤鄉今從閣本

南史卷三考證

南史卷四

唐　李　延　壽　撰

齊本紀上第四

齊太祖高皇帝諱道成字紹伯小字鬭將姓蕭氏其先本居東海蘭陵縣中都鄉中都里晉元康元年惠帝分東海郡爲蘭陵故復爲蘭陵郡人中朝喪亂皇高祖淮陰令整字公齊過江居晉陵武進縣之東城里寓居江左者皆僑置本土加以南名更爲南蘭陵人也皇曾祖儁字子武位即丘令皇祖樂子字閨子位輔國參軍宋昇明中贈太常皇考承之字嗣伯少有大志才力過人仕宋爲漢中太守梁州之平以功加龍驤將軍後爲南太山太守封晉興縣五等男還右軍將軍元嘉二十四年殂梁土思之於峨公山立廟祭祀昇明二年贈散騎常侍金紫光祿大夫高帝以宋元嘉四年丁卯歲生姿表英異龍顙鍾聲長七尺五寸鱗文徧體舊宅在武進縣宅南有一桑樹擢本三丈橫生四枝狀似華蓋帝年數歲好戲其下從兄敬宗曰此樹爲汝生也儒生雷次宗立學於雞籠

山帝年十三就受禮及左氏春秋十七年宋大將軍彭城王義康被黜徙豫章
皇考領兵防守帝捨業南行十九年竟陵蠻動宋文帝遣帝領偏軍討沔北蠻
二十三年雍州刺史蕭思話鎮襄陽啓帝自隨初爲左軍中兵參軍二十九年
領偏軍征仇池破其武興蘭皐二壘遂從谷口入關未至長安八十里梁州刺
史劉秀之遣司馬馬汪助帝攻拔談提城魏救兵至帝軍力疲少又聞文帝崩
乃燒城還南鄭後襲爵晉興縣五等男爲建康令有能名少府蕭惠開雅有知
人鑒謂人曰昔魏武爲洛陽北部時人服其英今看蕭建康但當過之耳宋明
帝即位爲右軍將軍時四方叛會稽太守尋陽王子房及在東諸郡皆起兵明
帝加帝輔國將軍東討至晉陵一日破賊十二壘分軍定諸縣及徐州刺史薛
安都據彭城歸魏遣從子索兒攻淮陰又徵帝討破之索兒走鍾離帝追至黯
黯而還除驍騎將軍封西陽縣侯遷巴陵王衞軍司馬隨鎮會稽江州刺史晉
安王子勛遣臨川內史張淹自鄱陽嶠道入三吳明帝遣帝討之時朝廷器甲
皆充南討帝軍容寡闕乃編櫻皮爲馬具裝折竹爲寄生夜舉火進軍賊望見

恐懼未戰而走還除桂陽王征北司馬南東海太守行南徐州事及張永等敗於彭城淮南孤弱以帝爲假冠軍將軍持節都督北討前鋒諸軍事鎮淮陰還南兗州刺史加督五州督北討如故明帝嫌帝非人臣相而人間流言帝當爲天子明帝愈以爲疑遣冠軍將軍吳喜留軍破釜自持銀壺酒封以賜帝帝戎服出門迎懼鴆不敢飮將出奔喜告以誠先飮之帝卽酌飮之喜還明帝意乃悅泰始七年徵還都部下勸勿就徵帝曰主上自誅諸弟爲太子幼弱作萬歲後計何關佗族惟應速發事緩當見疑今骨肉相害自非靈長之運禍難將與方與卿等戮力耳至拜散騎常侍太子左衞率明帝崩遺詔爲右衞將軍領衞尉加兵五百人與尙書令袁粲護軍褚彥回領軍劉勔共掌機事尋解衞尉加侍中領石頭戍軍事元徽二年五月江州刺史桂陽王休範舉兵於尋陽朝廷惶駭帝與褚彥回等集中書省計議莫有言者帝曰昔上流謀逆皆因淹緩以敗休範必遠懲前失輕兵急下乘我無備請頓新亭以當其鋒因索筆下議餘並注同中書舍人孫千齡與休範有密契獨曰宜依舊遣軍據梁山帝正色曰

賊今已近梁山豈可得至新亭既是兵衝所欲以死報國耳乃單車白服出新亭加帝使持節都督征討諸軍事平南將軍加鼓吹一部築新亭城壘未畢賊前軍已至帝方解衣高臥以安衆心乃索白虎幡登西垣使寧朔將軍高道慶羽林監陳顯達員外郎王敬則浮舸與賊水戰大破之未時張敬兒斬休範首臺軍及賊衆俱不知其別率杜黑蠡急攻東壘帝挺身上馬帥數百人出戰與黑蠡拒戰自晡達明旦矢石不息其夜大雨鼓叫不復相聞將士積日不得寢食軍中馬夜驚城內亂走帝執燭正坐厲聲呵止之如是者數四賊帥丁文豪設伏破臺軍於皂莢橋直至朱雀航王道隆劉勔並戰沒初勔高尚其意託造園宅名爲東山頗忽時務帝謂曰將軍以顧命之重此是艱難之日而深尚從容廢省羽翼一朝事至悔可追乎勔不納竟敗及賊進至杜姥宅車騎典籤茅恬開東府納賊冠軍將軍沈懷明於石頭奔散張永潰於白下宮內傳新亭亦陷太后執蒼梧王手泣曰天下事敗矣帝遣軍主陳顯達任農夫張敬兒周盤龍等從石頭濟淮間道自承明門入衛宮闕時休範典籤許公與詐稱休範在

新亭士庶惶惑詣壘期赴休範投名者千數及至乃是帝隨得輒燒之登城北謂曰劉休範父子先昨皆已死戮屍在南岡下身是蕭平南諸軍善見觀汝等名皆已焚除勿懼也臺分遣衆軍擊平賊帝振旅凱入百姓緣道聚觀曰全國家者此公也帝與袁粲褚彥回劉彥節引咎解職不許還散騎常侍中領軍都督南兗州刺史鎮軍將軍進爵爲公與袁粲褚彥回劉彥節等更日入直決事號爲四貴休範平後蒼梧王漸行凶暴屢欲害帝常率數十人直入鎮軍府時暑熱帝晝臥裸袒蒼梧立帝於室內畫腹爲射的自引滿將射之帝神色不變斂板曰老臣無罪蒼梧左右王天恩諫曰領軍腹大是佳射堋而一箭便死後無復射不如以雹箭射之乃取雹箭一發卽中帝臍蒼梧投弓於地大笑曰此手何如時建平王景素爲朝野歸心潛爲自全計布誠於帝帝拒而不納景素尋舉兵帝出屯玄武湖事平乃還帝威名既重蒼梧深相猜忌刻木爲帝形畫腹爲射堋自射之又命左右射中者加賞皆莫能中時帝在領軍府蒼梧自來燒之冀帝出因作難帝堅臥不動蒼梧益懷忿恚所見之物呼之爲帝加以手

自磨鋌曰明日當以刃蕭道成陳太妃罵之曰蕭道成有大功於國今害之誰爲汝盡力故止高帝謀與袁褚廢立皆不見從五年七月戊子楊玉夫等與直閤將軍王敬則通謀弒蒼梧齎首使左右陳奉伯藏衣袖中依常行法稱敕開承明門出囊貯之以與敬則敬則馳至領軍府叩門大聲言報帝門猶不開敬則自門窐中以首見帝帝猶不信乃於牆上投進其首帝索水洗視敬則乃踰垣入帝跣出敬則叫曰事平矣帝乃戎服乘常所騎赤馬夜入殿中殿中驚怖及知蒼梧死咸稱萬歲至帝踐阼號此馬爲龍驤赤明旦召袁粲褚彥回劉彥節入會西鍾槐樹下計議帝以事讓彥節彥節未答帝鬚髯盡張眼光如電次讓袁粲又不受敬則乃拔刀在牀側躍麾衆曰天下之事皆應關蕭公敢有開一言者血染敬則刀仍呼虎賁劍戟羽儀手自取白紗帽加帝首令帝卽位曰今日誰敢復動事須及熱帝正色呵之曰卿都不自解粲欲有言敬則又叱之乃止帝乃下議備法駕詣東城迎立順帝於是長刀遮粲彥節等失色而去甲午帝移鎭東府與袁粲褚彥回劉彥節各甲仗五十人入殿丙申加侍中司空

珍倣宋版印

錄尚書事驃騎大將軍封竟陵郡公給油幢車班劍三十人帝固辭上台即授以驃騎大將軍開府儀同三司十二月荊州刺史沈攸之反稱太后詔已下都乙卯帝入居朝堂命諸將西討平西將軍黃回爲都督前驅先是太后兄子前湘州刺史王蘊遭母喪罷任還至巴陵停舟與攸之密謀乃下達郢州武帝時爲郢州長史蘊伺武帝出弔因作亂據郢城武帝知之不出蘊還至東府前又期見高帝帝又不出弔再計不行外謀愈固司徒袁粲尚書令劉彥節見帝威權稍盛慮不自安與蘊及黃回等相結舉事殿內宿衞主帥無不協同及攸之反問初至帝往石頭詰粲謀粲稱疾不相見剋壬申夜起兵據石頭其夜丹陽丞王遜告變彥節從弟領軍韞及直閣將軍卜伯興等嚴兵爲內應帝命王敬則於宮內誅之遣諸將攻石頭王蘊將數百精手帶甲赴粲城門已閉官軍又至乃散衆軍攻石頭斬粲彥節走額擔湖蘊逃鬬場並禽斬之粲典籤莫嗣祖同粲謀蘊嬖人張承伯藏匿蘊高帝亦並赦而用之時黃回頓新亭聞石頭已下因稱救援高帝知而不言撫之愈厚遣回西上流涕告別二年正月沈攸之

平二月宋帝進高帝太尉都督十六州諸軍事高帝表送黃鉞三月己酉增班劍四十人甲仗百人入殿丙子加羽葆鼓吹大明泰始以來相承奢侈百姓成俗及高帝輔政奏罷御府省二尚方諸飾玩至是又上表禁人間華僞雜物凡十七條其中宮及諸王服用雖依舊例亦請詳制九月丙午加帝假黃鉞都督中外諸軍事太傅領揚州牧劍履上殿入朝不趨贊拜不名置左右長史司馬從事中郎掾屬各四人固辭詔遣敦勸乃受黃鉞辭殊禮甲寅給三望車三年正月乙丑高帝表蠲百姓逋責丙辰加前部羽葆鼓吹丁巳命太傅府依舊辟召丁卯給高帝甲仗五百人出入殿省甲午重申前命劍履上殿入朝不趨奏拜不名三月甲辰宋帝詔進帝位相國總百揆封十郡爲齊公備九錫禮加遠游冠位在諸侯王上加相國綠綟綬甲寅使以備物典禮進策曰朕以不造夙罹閔凶嗣君失德書契未紀威侮五行虐劉九縣神獸靈繹海水羣飛綴旒之殆未足爲譬豈直小宛興刺黍離作歌而已哉天贊皇宋實啓明宰爰登寡昧纂承大業高勳至德振古絕倫雖保衡翼殷博陸匡漢方斯蔑如也今將授公

典禮其敬聽朕命乃者袁劉搆禍實繁有徒子房不臣稱兵協亂顧瞻宮掖將成茂草言念邦國翦爲仇讎當此之時人無固志公投袂徇難超然奮發登寅車而戒路執金板而先驅麾鉞一臨凶黨冰泮此則霸業之基勤王之始也安都背叛竊據徐方敢率犬羊陵虐淮浦索兒愚悖同惡相濟天祚無象背順歸逆北鄙黔黎奄墜塗炭公受命宗祊精貫朝日擁節和門氣踰霄漢破釜之捷斬馘蔽野石梁之戰禽其渠帥保境全人江陽卽序此又公之功也張淹迷昧弗顧本朝爰自南區志圖東夏潛軍間入竊覬不虞于時江服未夷皇塗荐沮公忠議慷慨在險彌亮以寡制衆所向風偃朝廷無東顧之憂閩越有來蘇之慶此又公之功也匈奴野心侵掠疆埸醜羯俯張勢振彭泗公奉辭伐罪戒旦晨征兵車始交氛祲時蕩弔死扶傷弘宣皇澤俾我淮肥復霑盛化此又公之功也自茲厥後玁狁孔熾封豕長蛇重窺上國而世故相仍師出已老角城高壘指日淪陷公眷言王事發憤忘食躬擐甲冑視險若夷分疆畫界開創靑兗此又公之功也桂陽負衆輕問九鼎裂冠毀冕拔本塞源烈火焚于王城飛矢

集乎君屋羣后憂惶元戎無主公按劍凝神則奇謨冠世把旄指麾則懦夫成
勇信宿之閒宣揚底定此又公之功也皇室多難釁起戚藩建平失圖興兵內
侮公指授六師義形于色役未踰旬朱方寧晏此又公之功也蒼梧肆虐諸夏
靡沸淫刑以逞誰則無辜黔首相悲朝不謀夕高祖之業已淪文明之軌誰嗣
公遠稽殷漢之義近遵魏晉之典猥以眇身入奉宗祐七廟清謐九區反政此
又公之功也袁劉攜貳成此亂階醜圖潛構危機竊發據有石頭志犯應路公
神謀內運霜鋒外舉祆沴載澄國塗悅穆此又公之功也沈攸苞禍歲月滋彰
蠭目豺聲阻兵安忍乃眷西顧緬同異域而經綸惟始九伐未申長惡不悛遂
逞凶逆公把鉞出關凝威江甸正情與皦日同亮明略與秋雲競爽至義所感
人百其心積年逋誅一朝顯戮沮浦安流章臺順軌此又公之功也公有濟天
下之勳重之以明哲道庇生靈志匡宇宙戮力肆心劬勞王室險阻艱難備嘗
之矣若乃締構宗稷之勤造物資始之澤雲布霧散光被六幽弼予一人永清
四海是以秬草騰芳於郊園景星垂暉於清漢遐方款關而慕義荒服重譯而

來庭汪哉邈乎無得而名也朕聞疇庸表德前王盛典崇樹侯伯有國攸同所以文命成功玄圭顯錫姬旦宣哲曲阜啓藩或改玉以弘風或胙土以宣化禮絶常班寵冠羣辟爰逮桓文車服異數惟公勳業超於先烈而褒賞闕於舊章古今之道何其爽歟静言欽歎良有缺然今進授相國以青州之齊郡徐州之梁郡南徐州之蘭陵魯郡琅邪東海晉陵義興揚州之吳郡會稽凡十郡封公爲齊公錫茲玄土苴以白茅定爾邦家用建冢社斯實尚父故藩世作盟主紀綱侯甸率由舊則往者周召建國師保兼任毛畢執珪入作卿士內外之寵同規在昔今命使持節兼太尉侍中中書監司空衞將軍雩都縣開國侯彥回授公相國印綬齊公璽紱持節兼司空守尚書令僧虔授齊公茅土金虎符第一至第五左竹使符第一至第十左相國位總百辟秩踰三事職以禮移號隨事革其以相國總百揆去錄尚書之稱送所假節侍中貂蟬中外都督太傅太尉印綬竟陵公印策其驃騎大將軍揚州牧南徐州刺史如故又加公九錫其敬聽後命以公執禮弘律儀刑區宇遐邇一體人無異業是用錫公大輅戎輅各

一玄牡二駟公崇修南畝所寶惟穀王府充實百姓繁衍是用錫公袞冕之服赤舄副焉公居身以謙導物以義鎔鈞庶品罔不和悅是用錫公軒縣之樂八佾之舞公翼贊王猷聲教遠洽蠻夷竭歡回首內附是用錫公朱戶以居公明鑒人倫澄辯涇渭官方與能英乂克舉是用錫公納陛以登公保佑皇朝厲身化下杜漸防萌含生寅式是用錫公虎賁之士三百人公禦宄以刑禦姦以德君親無將將而必誅是用錫公鈇鉞各一公鳳舉四維龍騰八表威靈所振異類同又是用錫公彤弓一彤矢百盧弓十盧矢千公明發載懷肅恭禋祀孝敬之重義感靈祇是用錫公秬鬯一卣圭瓚副焉齊國置丞相以下敬遵舊式往欽哉其祗服朕命經緯乾坤宏亮洪業茂昭爾大德闡揚我高祖之休命高帝三讓公卿敦勸固請乃受之丁巳下令赦國內殊死以下宋帝詔齊公十郡之外隨宜除用以齊國初建給錢五百萬布五千疋絹五千疋以太尉左長史王儉爲尚書右僕射領吏部四月癸酉宋帝又詔進齊公爲王以徐州之南梁陳潁川陳留南兗州之盱眙山陽秦廣陵海陵南沛增王封爲二十郡使司空褚

彥回奉策授璽紱改立王社餘如故丙戌命齊王冕十有二旒建天子旌旗出警入蹕乘金根車駕六馬備五時副車置旄頭雲罕樂儛八佾設鍾簴宮縣王世子爲太子王女王孫爵命一如舊儀辛卯宋帝以歷數在齊乃下詔禪位是日遜于東邸壬辰遣使奉策曰咨爾齊王伊太古初陳萬化紛綸開曜靈以鑒品物立元后以馭黎元若夫容成大庭之世伏羲五龍之辰靡得而詳焉自軒黃以降墳素所紀略可言者莫崇乎堯舜披金繩而握天鏡開玉匣而總地維德之休明宸居靈極期運有終歸禪與能所以大唐遜位謳然興歌有虞揖讓卿雲發采遺風餘烈光被無垠漢魏因循不敢失墜爰逮自晉亦遵前典昔我祖宗英叡旁格幽明末葉不造仍世多故惟王聖哲欽明榮鏡區宇仁育羣生義征不憓聲化遠洎荒服無虞殊類同規華戎一族是以五色來儀於軒庭九穗含芳於郊牧象緯昭徹布新之符已顯圖讖彪煥受終之義既彰靈祇乃眷兆庶引領朕聞至道深微惟人是弘天命無常惟德是與所以仰鑒玄情俯察羣議敬禪神器授帝位于爾躬四海困窮天祿永終於戲王其允執厥中儀刑

前式以副率土之欣望命司裘而謁蒼昊奏雲門而升圓丘時膺大禮永保洪
業豈不盛歟弁命璽書遺兼太保司空褚彥回兼太尉守尚書令王僧虔奉皇
帝璽綬受終之禮一依唐虞故事高帝固讓宋朝王公以下陳留王粲等詣門
陳請帝猶未許齊世子卿士以下固請兼太史令將作匠文建陳天符瑞因言
漢自建武至建安二十五年一百九十六年而禪魏魏自黃初至咸熙二年四
十六年而禪晉晉自泰始至元熙二年一百五十六年而禪宋宋自永初元年
至昇明三年凡六十年咸以六終六受六亢位也驗往揆今若斯昭著敢以職
任備陳管穴伏願順天時膺符瑞二朝百辟又固請尚書右僕射王儉奏被宋
詔遜位臣等參議宜剋日受禪高帝乃許焉

建元元年夏四月甲午皇帝卽位於南郊柴燎告天曰皇帝臣道成敢用玄牡
昭告于皇皇后帝夫肇自生靈樹以司牧所以闡極立則開元創物肆茲大道
天下惟公命不于常昔在虞夏受終上代粵自漢魏揖讓中葉咸煥諸方策載
在典謨水德既微仍世多故實賴道成匡救之功以弘濟乎厥難大造顚墜再

搆區宇誕惟天人罔弗和會迺仰協歸運景屬與能用集大命于茲辭德匪嗣
至于累仍而羣公卿士庶尹御事爰及黎獻暨乎百蠻僉曰皇天眷命不可以
固違人臣無統不可以曠主畏天之威敢不祗順鴻歷敬簡元辰虔奉皇符升
壇受禪告類上帝以答人衷式敷萬國惟明靈是饗禮畢備大駕幸建康宮臨
太極前殿大赦改元賜人爵二級文武位二等鰥寡孤獨不能自存者穀人五
斛逋租宿責勿收犯鄉論清議贓汙淫盜者一皆蕩滌洗除先注與之更始長
徒敕繫者特加原遣亡官失爵禁錮奪勞一依舊典封宋帝爲汝陰王築宮於
丹陽故縣行宋正朔車旗服色一如晉宋故事上書不爲表答表不稱詔宋諸
王皆降爲公郡公主爲縣君縣公主爲鄉君詔降宋南康郡公爲縣公華容公
爲侯萍鄉侯爲伯減戶有差以奉劉穆之王弘何無忌之祀追尊皇考曰宣皇
帝皇妣曰孝皇后陵曰永安妃曰昭皇后陵曰泰安詔劫賊餘口沒在臺府者
悉原赦諸負釁流徙者皆聽還本土戊戌以荊州刺史嶷爲尚書令驃騎大將
軍開府儀同三司斷四方上慶禮己亥詔二宮諸王悉不得營立屯邸封略山

湖乃停太宮池塞稅庚子詔宋帝后藩王諸陵量置守衞五月丙午以河南王吐谷渾拾寅爲驃騎大將軍詔宋氏第秩量所廢置有司奏留襄陽郡公張敬兒等六十二人除廣興郡公沈曇亮等一百二十二人改元嘉歷爲建元歷祖以正月卯臘以十二月未丁未詔曰設募取將縣賞購士蓋出權宜自今可斷衆募乙卯河南國遣使朝貢丙辰詔遣兼散騎常侍十二人巡行四方己未汝陰王殂齊志也追謚爲宋順帝辛酉誅陰安公劉燮等六月乙亥詔宋末以來枯骸毀櫬宜下埋藏庚辰備法駕奉七廟主于太廟甲申立齊太子賾爲皇太子斷諸州郡禮慶降死罪以下刑弃申前赦恩百日立皇子嶷爲豫章王映爲臨川王晃爲長沙王曄爲武陵王暠爲安成王鏘爲鄱陽王鑠爲桂陽王鑑爲廣興王皇孫長懋爲南郡王乙酉葬宋順帝于遂寧陵秋七月丁未曲赦交州部內丁巳詔南蘭陵桑梓本鄉長蠲租布武進王業所基給復十年八月癸巳省陳留國丁巳立皇子鈞爲衡陽王九月辛丑詔以二吳義興三郡遭水減今年田租乙巳復置南蠻校尉官丙午加司空褚彥回尚書令冬十月丙子立彭

城劉胤爲汝陰王奉宋後己卯享太廟辛巳汝陰王太妃王氏薨追贈宋恭皇后己丑荊州天井湖出綿人用與常綿不異

二年春正月戊戌朔大赦以司空褚彥回爲司徒以尚書右僕射王儉爲左僕射辛丑祀南郊二月丁卯魏軍攻壽陽豫州刺史垣崇祖破走之癸巳遣大使巡慰淮肥徐豫邊人尤貧遘難者三月百濟國遣使朝貢以其王牟都爲鎮東大將軍夏四月丙寅進高麗王樂浪公高璉號驃騎大將軍五月立六門都墻秋九月甲午朔日有蝕之丙子蠕蠕國遣使朝貢冬十二月戊戌以司空褚彥回爲司徒壬子以驃騎豫章王嶷爲司空

三年春正月壬戌朔詔王公卿士薦讜言丙子立皇子鋒爲江夏王二月癸丑罷南蠻校尉官夏四月辛亥始制東宮臣僚用下官禮敬聞喜公子良等六月壬子大赦秋七月己未朔日有蝕之九月辛未蠕蠕國王遣使欲俱攻魏獻師子皮袴褶烏程令吳郡顧昌玄坐父法秀宋泰始中北征死亡屍骸不反而昌玄宴樂嬉游與常人無異有司請加以清議丙戌置會稽山陰縣獄丞冬十月

戊子以河南王世子吐谷渾度陽侯爲西秦河二州刺史河南王十二月丁亥
高麗國遣使朝貢命散騎常侍虞炎等十二人巡行諸州郡觀省風俗
四年春二月乙未上不豫庚戌詔原都下囚繫有差免元年以前逋責三月庚
申詔司徒褚彥回左僕射王儉受顧託壬戌皇帝崩于臨光殿年五十六羣臣
上謚曰高皇帝廟號太祖梓宮於東府前渚升龍舟四月丙午葬于武進泰安
陵於龍舟卒哭內外反吉上少有大量喜怒不形於色深沉靜默常有四海之
心博學善屬文工草隸書弈棊第二品雖經綸夷險不廢素業及卽位後身不
御精細之物主衣中有玉介導以長侈奢之源命打破之凡異物皆令隨例毀
棄後宮器物欄檻以銅爲飾者皆改用鐵內殿施黃紗帳宮人著紫皮履華蓋
除金華爪用鐵回釘每曰使我臨天下十年當使黃金與土同價欲以身率下
移風易俗性寬常與直閤將軍周覆給事中褚思莊共棋累局不倦覆乃抑上
手不許易行其弘厚如此所著文詔中書侍郎江淹撰次之又詔東觀學士撰
史林三十篇魏文帝皇覽之流也始帝年十七時嘗夢乘青龍上天西行逐日

帝舊塋在武進彭山岡阜相屬數百里不絶其上常有五色雲又有龍出焉上時已貴矣宋明帝甚惡之遣善占墓者高靈文往墓所占相靈文先給事太祖還詭答曰不過出方伯耳密白太祖曰貴不可言明帝意猶不已遣人踐藉以左道厭之上後於所樹華表柱忽龍鳴震響山谷明帝寢疾爲身後之慮多翦功臣上亦見疑每云蕭道成有不臣相時鎭淮陰每懷憂懼忽見神人謂上曰無所憂子孫當昌盛泰始三年宋明帝遣前淮南太守孫奉伯往淮陰監元會奉伯舊與帝款是行也帝與奉伯同室臥奉伯夢上乘龍上天於下捉龍腳不得及覺敘夢因謂曰兗州當大庇生靈而弟不得與也奉伯竟卒於宋世又參軍崔靈建夢天謂己蕭道成是我第十九子我去年已使授其天子位考自三皇五帝以降受命之次至帝爲十九也及爲領軍望氣者陳安寶見上身上恆有紫黃氣安寶謂王洪範曰此人貴不可言所居武進縣有一道相傳云天子路或謂秦皇所游或云孫氏舊迹時訛言東城天子出其後建安王休仁鎭東府宋明帝懼殺休仁而常閉東府不居明帝又屢幸改代作伐以厭王氣又使

子安成王代之及蒼梧王敗安成王代立時咸言爲驗術數者推之上舊居武
進東城村東城之言其在此也昇明二年冬延陵縣季子廟沸井之北忽聞金
石聲疑其異鑿深三尺得沸井奔涌若湏其地又響即復鑿之復得一井涌沸
亦然井中得一木簡長一尺廣二分上有隱起字曰廬山道人張陵再拜詣闕
起居簡文堅白字色乃黃瑞應圖云涓井不鑿自成王者清靜則仙人主之會
稽剡縣有山名刻石父老相傳云山雖名刻石而不知文字所在昇明末縣人
兒襲祖行獵忽見石上有文字凡三處苔生其上字不可識乃去苔視之其大
石文曰此齊者黃石公之化氣也立石文曰黃天星姓蕭字道成得賢師天下
太平小石文曰剡石者誰會稽南山李斯刻秦望之風也孝經鉤命決曰誰者
起視名將將帝小字也河洛讖曰歷年七十水滅緒風雲俱起龍鱗舉又曰肅
肅草成道德盡備案宋水德也義熙元年宋武帝王業之始至齊受命七十年
又讖曰蕭爲二士天下樂案二士主字也郭文舉金雄記曰當復有作肅入草
易曰聖人作萬物覩當復有作言聖人作也王子年歌曰欲知其姓草肅肅穀

中最細低頭熟鱗身甲體永與福穀中精細者稻也卽道也熟猶成也又歌曰金刀利刃齊刈之金刀劉字刈猶翦也孔子河洛讖曰堨河梁塞龍泉消除水災泄山川水卽宋也宋氏爲災害故曰水災梁亦水也堨河梁則行路成矣路猶道也消除水災除宋水氏之災害也河圖讖又曰上參南斗第一星下立草屋爲紫庭神龍之岡梧桐生鳳鳥戢翼朔旦鳴南斗吳分野草屋者居上蕭字象也先是益州有山古老相傳曰齊后山昇明三年四月二十三日有沙門玄暢者於此山立精舍其日上登尊位其月二十四日滎陽郡人尹千於嵩山東南隅見天雨石墜地石開有玉璽在其中璽方三寸文曰戊丁之人與道俱肅然入草應天符掃平河洛清魏都又曰皇帝運興千奉璽詣雍州刺史蕭赤斧赤斧以獻案宋武帝於嵩高山得玉璧三十二枚神人云此是宋十世之數三十二者二三十也宋自受命至禪齊凡六十年然則帝之符應也若是今備之云

世祖武皇帝諱賾字宣遠高帝長子也以宋元嘉二十七年六月己未生於建

康縣之青溪宮將產之夕孝皇后昭皇后並夢龍據屋故小字上爲龍兒年十
三夢人以筆畫身左右爲兩翅又著孔雀羽衣裳空中飛舉體生毛髮長至足
有人指上所踐地曰周文王之田又於所住堂內得璽一枚文曰皇帝行璽又
得異錢文爲北斗星雙刀雙貝及有人形帶劍焉仕宋爲贛令江州刺史晉安
王子勛反上不從命南康相沈肅之縶上郡獄族人蕭欣祖門客桓康等破郡
迎出上上遂率部曲百餘人起義避難揭陽山有白雀來集聞山中有清聲傳
漏響又於山累石爲佛圖其側忽生一樹狀若華蓋青翠扶踈有殊羣木上將
討戴凱之大饗士卒是日大熱上各令折荆枝自蔽言未終而有雲垂蔭正當
會所會罷乃散及爲廣興相嶺南積旱遭水阻涸商旅不通上部伍既至無雨
而川流暴起遂得利涉元徽四年累遷晉熙王鎮西長史江夏內史行郢州事
順帝立徵晉熙王燮爲撫軍揚州刺史以上爲左衞將軍輔燮俱下沈攸之事
起未得朝廷處分上以中流可以待敵卽據盆口城爲戰守備高帝聞之曰此
眞我子也於盆城掘塹得一大錢文曰太平百歲于時城內乏水欲引水入城

始鑿城內遇伏泉涌出如此者九處用之不竭上表求西討不許乃遣偏軍援郢平西將軍黃回等皆受上節度昇明二年事平遷江州刺史封聞喜縣侯其年徵侍中領軍將軍尋加督京畿諸軍事三年又加尚書僕射中軍大將軍開府儀同三司進爵爲公給班劍二十人齊國建爲齊公世子改加侍中南豫州刺史給油絡車羽葆鼓吹增班劍爲三十人以石頭爲世子宮官置二率以下坊省服章一如東宮進爲王太子高帝卽位爲皇太子建元四年三月壬戌高帝崩是日皇太子卽皇帝位大赦征鎮州郡令長軍屯營部各行喪三日不得擅離任都邑城守防備幢隊一不得還乙丑稱先帝遺詔以司徒褚彥回錄尙書事尙書左僕射王儉爲尙書令車騎將軍張敬兒開府儀同三司詔曰喪禮雖有定制先旨每存簡約內官可三日一還臨外官間日一還臨後有大喪皆如之丁卯以前將軍王奐爲尙書左僕射庚午以司空豫章王嶷爲太尉癸酉詔免逋城錢自今以後申明舊制初晉宋舊制受官二十日輒送修城錢一千宋泰始初軍役大起受官者萬計兵戎機急事有未遑自是令僕以下並不輸

送二十年中大限不可勝計文符督切擾亂在所至是除蕩百姓悅焉夏四月
辛卯追尊穆妃爲皇后五月庚申以高皇帝配南郊高昭皇后配北郊六月甲
申朔立河南王長懋爲皇太子詔申壬戌赦恩百日丙申立皇太子妃王氏進
封聞喜公子良爲竟陵王臨汝公子卿爲廬陵王應城公子敬爲安陸王江陵
公子懋爲晉安王枝江公子隆爲隨王皇子子真爲建安王皇孫昭業爲河南
郡王戊戌以水潦爲患星緯乖序剋日訊都下囚諸遠獄委刺史以時察判建
康秣陵二縣貧人加振賜必令周悉吳興義興遭水縣蠲降租調以司徒褚彥
回爲司空秋八月癸卯司空褚彥回薨九月丁巳以國哀故罷國子學辛未以
征南將軍王僧虔爲左光祿大夫開府儀同三司冬十月乙未以中書令王延
之爲尙書左僕射十二月己丑詔曰緣淮戍將久處邊勞三元行始宜霑恩慶
可遣中書舍人宣旨臨會後每歲如之
永明元年春正月辛亥祀南郊大赦改元壬子詔內外羣僚各進讜言王公卿
士各舉所知又詔守宰祿奉蓋有恆準往以邊虞告警故沿時損益今區宇寧

晏宜加優擬郡縣丞尉可還舊秩壬戌立皇弟銳爲南平王鏗爲宜都王皇子
子明爲武昌王子罕爲南海王望氣者云新林婁湖東府西有氣甲子築青溪
舊宮作新婁湖苑以厭之二月庚寅以征虜將軍楊炅爲沙州刺史封陰平王
三月丙辰詔以星緯失序陰陽愆度申辛亥赦恩五十日以期訖爲始戊寅詔
四方見囚罪無輕重及劫賊餘口長徒敕繫悉皆原赦夏五月丁酉車騎將軍
張敬兒有罪伏誅秋八月壬申魏人來聘冬十月丙寅使驍騎將軍劉纘聘于
魏十一月己卯雷十二月乙巳朔日有蝕之
二年春正月乙亥以護軍將軍柳世隆爲尚書右僕射以南兗州刺史竟陵王
子良爲護軍將軍兼司徒壬寅以新除尚書右僕射柳世隆爲左僕射以丹陽
尹李安人爲右僕射秋七月甲申立皇子子倫爲巴陵王八月丙午幸舊宮申
都下獄及三署見徒量所降宥戊申幸玄武湖講武壬子扶南國遣使朝貢幷
獻頌章云甲子詔都下二縣墳墓毀發隨宜掩埋遺骸未櫬者並加斂瘞疾困
不能存者詳加霑賚冬十二月庚申魏人來聘

三年春正月辛卯祀南郊赦三百里內罪應入重者降一等餘依赦制三月甲寅使輔國將軍劉纘聘于魏夏五月省總明觀秋七月甲戌左光祿大夫開府儀同三司王僧虔薨辛卯於益州置平蠻校尉官八月乙未幸中堂聽訟乙巳以行宕昌王梁彌頡爲河涼二州刺史封隴西公宕昌王冬十一月丙辰魏人來聘十二月以江州刺史王奐爲尚書右僕射改封武昌王子明爲西陽王

四年春閏正月癸巳立皇子子貞爲邵陵王丁未以武都王楊集始爲北秦州刺史辛亥耕藉田詔宥殊死以下甲寅幸閱武堂勞酒小會賜王公以下在位者帛有差戊午幸宣武堂講武二月丙寅大風吳興偏甚樹葉皆赤己未立皇弟銶爲晉熙王鉉爲河東王壬午使通直郎裴昭明聘于魏

五年春正月戊子以太尉豫章王嶷爲大司馬車騎將軍竟陵王子良爲司徒驃騎將軍臨川王映衞將軍王儉中軍將軍王敬則並以本號開府儀同三司以尚書右僕射王奐爲尚書左僕射辛卯賜孤寡老疾各有差夏四月庚午殷祀太廟降諸囚徒先是立商飆館於孫陵岡世呼爲九日臺秋九月辛卯車駕

幸焉冬十月初起新林苑

六年春三月甲申詔皇太子於東宮玄圃園宣猷堂臨訊及三署徒隸己亥封皇子子嚮爲巴東王夏五月庚辰左衞殿中將軍邯鄲超表陳射雉書奏賜死又頳川荀丕亦以諫諍託他事及誅六月辛未詔省州郡縣送故輸錢者秋七月齊與太守劉元寶於郡城塹得錢三十七萬皆輪厚徑一寸半以獻上以爲瑞班賜公卿九月壬寅於琅邪城講武習水步軍冬十月庚申立冬初臨太極殿讀時令十一月丙戌土霧竟天如煙入人眼鼻二日乃止

七年春正月丙午以鎭南將軍柳世隆爲尚書左僕射以豫州刺史西昌侯鸞爲右僕射辛亥祀南郊大赦申明不舉子之科若有產子者復其父壬戌驃騎將軍開府儀同三司臨川王映薨戊辰詔以諸大夫年秩隆重增俸給見役三月甲寅立皇子子岳爲臨賀王子峻爲廣漢王子琳爲宣成王子珉爲義安王夏五月乙巳尚書令衞將軍開府儀同三司王儉薨甲子以新除尚書左僕射柳世隆爲尚書令秋九月壬寅魏人來聘冬十一月戊申詔平南參軍顏幼明

聘于魏
八年春正月庚子以領軍王奐爲尚書左僕射丁巳以行百濟王泰爲鎮東大將軍百濟王二月辛卯零陵王司馬藥師薨夏四月戊辰朔詔公卿以下各舉所知六月己巳魏人來聘庚午長沙王晃薨丙申大雷雨有黄光竟天照地狀如金乙酉都下大風發屋秋七月癸卯詔以陰陽舛和緯象愆度儲胤嬰患淹歷旬晷可大赦八月壬辰荆州刺史巴東王子響反遣丹陽尹蕭順之討之子響伏誅乙酉以河南王世子休留代爲西秦河二州刺史封河南王冬十一月戊寅詔量增尚書丞郎賜祿己卯改封宣城王子琳爲南康王立皇子子建爲湘東王
九年春正月甲午省平蠻府辛丑祀南郊降都下見囚戊午詔射聲校尉裴昭明聘于魏三月癸巳明堂災夏五月丙申林邑國獻金簟丁未魏人來聘安成王暠薨己未樂游正陽堂災秋八月己亥使司徒參軍蕭琛聘于魏吳興義興大水乙卯蠲二郡租九月戊辰幸琅邪城講武觀者傾都普頒酒肉冬十月甲

寅魏人來聘
十年春正月戊午以司徒竟陵王子良領尚書令以尚書右僕射西昌侯鸞爲左僕射詔增內外有務衆官祿奉丙戌詔故太宰褚彥回故太尉王儉故司空柳世隆驃騎大將軍王敬則鎮軍大將軍陳顯達故鎮軍將軍李安人配饗太祖廟庭二月乙巳使司徒參軍蕭琛聘于魏
十一年春正月戊午以驃騎大將軍豫州刺史王敬則爲司空乙亥皇太子長懋薨二月雍州刺史王奐有罪伏誅三月丙寅以金紫光祿大夫王晏爲尚書右僕射夏四月癸未魏人來聘甲午立皇孫昭業爲皇太孫賜天下爲父後者爵一級五月戊辰以旱故都下二縣朱方姑熟權斷酒秋七月丁巳曲赦南兗兗豫司徐五州南豫州之歷陽譙臨江廬江四郡三調衆逋宿責並同原除其緣淮及青冀新附僑人復除已訖更申五年先是魏地謠言赤火南流喪南國是歲有沙門從北齎此火而至色赤於常火而微云以療疾貴賤爭取之多得其驗二十餘日都下大盛咸云聖火詔禁之不止火炙至七炷而疾愈吳興丘

國賓密以還鄉邑人楊道慶虛疾二十年依法炙即差是月上不豫徙御延昌
殿始登階而殿屋鳴吒上惡之魏軍將至上慮朝野憂惶力疾召樂府奏正聲
伎戊寅大漸詔曰始終大期聖賢不免吾行年六十亦復何恨但皇業艱難萬
機自重不能無遺慮耳太孫進德日茂社稷有寄子良善相毗輔思弘正道內
外衆事無大小悉與鸞參懷尚書是職務根本悉委王晏徐孝嗣軍旅捍邊之
略委王敬則陳顯達王廣之王玄邈沈文季張瓌薛深等百辟庶僚各奉爾職
謹事太孫勿有懈怠又詔曰我識滅後身上著夏衣畫天衣純烏犀導粧諸器
服悉不得用寶物及織成等唯裝複袂衣各一通常所服刀長短二口鐵環者
隨入梓宮祭敬之典本在因心靈上愼勿以牲爲祭祭惟設䴵茶飲干飯酒脯
而已天下貴賤咸同此制未山陵前朔望設菜食陵墓萬世所宅意常恨休安
陵未稱今可用東三處地最東邊以葬我名爲景安陵喪禮每存省約不須煩
人百官停六時入臨朔望祖日可依舊諸主六宮並不須從山陵內殿鳳華壽
昌曜靈三處是吾所改制夫貴有天下富兼四海宴處寢息不容乃陋謂此爲

奢儉之中慎勿壞去顯陽殿玉像諸佛及供養具如別牒可盡心禮拜供養之
應有功德事可專在中自今公私皆不得出家爲道及起立塔寺以宅爲精舍
並嚴斷之惟年六十必有道心聽朝賢選序已有別詔諸小小賜乞及閤內處
分亦有別牒內外禁衞勞舊主帥左右悉令蕭諶優量驅使之是日上崩于延
昌殿年五十四羣臣上諡曰武皇帝廟號世祖九月丙寅葬景安陵上剛毅有
斷政總大體以富國爲先頗喜游宴彫綺之事言常恨之未能頓遣臨崩又詔
凡諸游費宜從休息自今遠近薦獻務存節儉不得出界營求相高奢麗金粟
繒纊敝人已甚珠玉玩好傷俗尤重嚴加禁絕

論曰齊高帝基命之初武功潛用泰始開運大拯時艱及蒼梧暴虐釁結朝野
而百姓懍懍命縣朝夕權道既行兼濟天下元功振主利器難以假人羣方戮
力實懷尺寸之望豈惟天厭水行固已人希水德歸功與能事極乎此武帝雲
雷伊始功參佐命雖爲繼體事實艱難御衰垂旒深存政典文武授任不革舊
章明罰厚恩皆由己出外表無塵內朝多豫機事平理職貢有恆府藏內充鮮

人勞役宮室苑圃未足以傷財安樂延年衆庶所同幸亦有齊之良主也據齊梁紀錄並云出自蕭何又編御史大夫望之以爲先祖之次案何及望之於漢俱爲勳德而望之本傳不有此陳齊典所書便乖實錄近祕書監顏師古博考經籍注解漢書已正其非今隨而改削云

南史卷四

南史卷四考證

齊高帝紀帝軍容寡闕乃編欔皮爲馬具裝○乃監本訛仍今從南本

公奉辭伐罪戒旦晨征○征監本訛徵今從南本

重窺上國而世故相仍師出已老○世監本作勢今從齊書

信宿之間宣揚底定○揚監本作陽今從南本

命司裘而謁蒼昊○裘監本誤喪今改從齊書

兼太尉守尙書令王僧虔○守各本俱誤以今從齊書改正

冬十二月戊戌以司空褚彥回爲司徒○臣承蒼按上文云春正月戊戌朔大

赦以司空褚彥回爲司徒此不當重出殆因戊戌日相同而有誤也

武帝紀忽生一樹狀若華蓋青翠扶疎有殊羣木○華監本訛花今從閣本

都邑城守防備幢隊一不得還○幢監本訛憧今改從齊書

南史卷四考證

南史卷五

唐　李延壽　撰

齊本紀下第五

廢帝鬱林王諱昭業字元尚小字法身文惠太子長子也高帝爲相王鎭東府時年五歲牀前戲高帝方令左右拔白髮問之曰兒言我誰耶答曰太翁高帝笑謂左右曰豈有爲人作曾祖而拔白髮者乎卽擲鏡鑷其後問訊高帝指示賓客曰我基於此四世矣及武帝卽位封爲南郡王時年十歲永明五年十一月戊子冠於東宮崇正殿其日小會賜王公以下帛各有差給南郡王扶二人七年有司奏給班劒二十人鼓吹一部高選友學禮絕羣王十一年給皁輪三望車文惠太子薨立南郡王爲皇太孫居東宮其年七月戊寅武帝崩皇太孫卽帝位大赦八月壬午詔稱遺詔以護軍將軍武陵王曄爲衞將軍征南大將軍陳顯達卽本號並開府儀同三司以尚書左僕射西昌侯鸞爲尚書令右僕射王晏爲左僕射吏部尚書徐孝嗣爲右僕射癸未加司徒竟陵王子良位太

傳增班劍三十人蠲除三調及衆逋在今年七月三十日以前者省御府及無
用池田邸冶減關市征稅先是每有蠲原之詔少無事實督責如故是時西昌
侯鸞任知朝政天下咸望風來蘇至此恩信兩行海內莫不欣然九月辛酉追
尊文惠皇太子爲世宗文皇帝冬十月壬寅尊皇太孫太妃爲皇太后立皇后
何氏十一月庚戌魏人來聘辛亥立臨汝公昭文爲新安王曲江公昭秀爲臨
海王皇弟昭粲爲永嘉王
隆昌元年春正月丁未大赦改元加太傅竟陵王子良殊禮鎮軍將軍西昌侯
鸞即本號爲大將軍給鼓吹一部親兵五百人以領軍鄱陽王鏘爲尙書右僕
射詔百僚極陳得失又詔王公以下各舉所知辛亥祀南郊宥隆昌元年以來
流人戊午拜崇安陵甲戌使司徒參軍劉斆聘于魏二月辛卯祀明堂夏四月
辛巳衞將軍開府儀同三司武陵王曅薨戊子太傅竟陵王子良薨丁酉以驃
騎將軍廬陵王子卿爲衞將軍尙書右僕射鄱陽王鏘爲驃騎將軍並開府儀
同三司閏月丁卯以鎮軍大將軍西昌侯鸞即本號開府儀同三司五月甲戌

朔日有蝕之秋七月癸巳皇太后令廢帝爲鬱林王帝少美容止好隸書武帝特所鍾愛敕皇孫手書不得妄出以貴之進退音吐甚有令譽生而爲竟陵文宣王所攝養常在袁妃閒竟陵王移住西州帝亦隨住焉性甚辯慧哀樂過人接對賓客皆款曲周至矯情飾詐陰懷鄙慝與左右無賴羣小二十許人共衣食同臥起妃何氏擇其中美貌者皆與交歡密就富市人求錢無敢不與及竟陵王移西邸帝獨住西州每夜輒開後堂閤與諸不逞小人至諸營署中淫宴凡諸小人並逆加爵位皆疏官名號於黃紙使各囊盛以帶之許南面之日即便施行又別作籥鉤兼善效人書每私出還輒扃籥封題如故故人無知者師史仁祖侍書胡天翼聞之相與謀曰若言之二宮則其事未易若於營署爲異人所毆打及犬物所傷豈直罪止一身亦當盡室及禍年各已七十餘生寧足吝邪數日中二人相係自殺二宮不知也武帝以既陽縣寒人綦母珍之代仁祖剡縣寒人馬澄代天翼文惠太子每禁其起居節其用度帝謂豫章王妃庾氏曰阿婆佛法言有福生帝王家今見作天王便是大罪左右主帥動

見拘執不如市邊屠酤富兒百倍文惠太子自疾及薨帝侍疾及居喪哀容號毀旁人見者莫不嗚咽裁還私室卽歡笑酣飲備食甘滋葬畢立爲皇太孫問訊太妃截壁爲閤於太妃房內往何氏間每入輒彌時不出武帝往東宮帝迎拜號慟絶而復蘇武帝自下輿抱持之寵愛日隆又在西州令女巫楊氏禱祀速求天位及文帝薨謂由楊氏之力倍加敬信呼楊婆宋氏以來人間有楊婆兒哥蓋此徵也武帝有疾又令楊氏日夜禱祈令宮車早晏駕時何妃在西州武帝未崩數日疾稍危與何氏書紙中央作一大喜字而作三十六小喜字繞之侍武帝疾憂容慘慼言發淚下武帝每言及存亡帝輒哽咽不自勝武帝以此謂爲必能負荷大業謂曰五年中一委宰相汝勿厝意五年以後勿復委人若自作無成無所多恨臨崩執帝手曰阿奴若憶翁當好作如此再而崩大斂始畢乃悉呼武帝諸伎備奏衆樂諸伎雖畏威從事莫不哽咽流涕素好狗馬卽位未逾旬便毀武帝所起招婉殿以材賜閹人徐龍駒於其處爲馬埒馳騎墜馬面頷並傷稱疾不出者數日多聚名鷹快犬以粱肉奉之及武帝梓宮下

渚帝於端門內奉辭轀輬車未出端門便稱疾還內裁入閤卽於內奏胡伎鞞鐸之聲震響內外時司空王敬則問新除射聲校尉蕭坦之曰便如此不當怱怱邪坦之曰此政是內人哭響徹耳自山陵之後便於閤內乘內人車問訊往皇后所生母宋氏閒因微服游走市里又多往文帝崇安陵隧中與羣小共作諸鄙褻擲塗賭跳放鷹走狗雜狡獪帝既失道朝事大小皆決之西昌侯鸞有諫多不見從極意賞賜左右動至百數十萬每見錢曰我昔思汝一箇不得今日得用汝未武帝聚錢上庫五億萬齋庫亦出三億萬金銀布帛不可稱計卽位未朞歲所用已過半皆賜與諸不逞羣小諸寶器以相擊剖破碎之以爲笑樂及至廢黜府庫悉空其在內常裸袒着紅紫錦繡新衣錦帽紅縠褌雜采袒服好鬭雞密買雞至數千價武帝御物甘草杖宮人寸斷用之徐龍駒爲後宮舍人日夜在六宮房內帝與文帝幸姬霍氏淫通改姓徐氏龍駒勸長留宮內聲云度霍氏爲尼以餘人代之皇后亦淫亂齋閤通夜洞開外內淆雜無復分別中書舍人綦母珍之朱隆之直閤將軍曹道剛周奉叔並爲之羽翼西昌

侯鸞屢諫不納既而尼媼外入頗傳異語乃疑鸞有異志中書令何胤以皇后從叔見親使直殿省常隨后呼胤爲三父與胤謀誅鸞令胤受事胤不敢當依違杜諫乃止又謀出鸞於西州中敕用事不復關諮鸞慮變先使蕭諶坦之等於省誅曹道剛朱隆之等率兵自尚書省入雲龍門戎服加朱衣於上比入門三失履王晏徐孝嗣蕭坦之陳顯達王廣之沈文季係進帝在壽昌殿裸身與霍氏相對聞外有變使閉內殿諸房閤令閹人登興光樓望還報云見一人戎服從數百人急裝在西鍾樓下須臾蕭諶領兵先入宮帝走向愛姬徐氏房拔劍自刺不入以帛纏頸輿接出延德殿諶初入殿宿衛將士皆衛執弓楯欲戰諶曰所取自有人卿等不須動宿衛信之及帝出各欲自奮帝竟無一言出西弄遇弒年二十二舁尸出徐龍駒宅殯葬以王禮霍氏及廣昌君宋並賜死餘黨亦見誅先是文惠太子立樓館於鍾山下號曰東田太子屢游幸之東田反語爲顛童也武帝又於青溪立宮號曰舊宮反之窮廐也果以輕猾而至於窮又武帝時有小史姓皇名太子武帝曰皇太子非名之謂於是移點於外易名

爲犬子處士何點曰太子者天地之所懸三才之所係今化而爲犬不得立矣既而文惠太子薨鬱林海陵相繼廢黜此其驗也永明中百姓忽著破後帽始自建業流于四遠貴賤翕然服之此服袄也帽自蕭諶之家其流遂遠天意若曰武穆文昭皆當滅而諶亦誅死之効焉

廢帝海陵恭王諱昭文字季尚文惠太子第二子也永明四年封臨汝公鬱林王即位改封新安王及鬱林廢西昌侯鸞奉帝纂統延興元年秋七月丁酉皇帝即位大赦改元賜文武位二等以鎮軍大將軍西昌侯鸞爲驃騎大將軍開府儀同三司錄尚書事都督揚州刺史加班劍爲三十人封宣城郡公出鎮東城以尚書左僕射王晏爲尚書令以丹陽尹徐孝嗣爲左僕射以領軍將軍沈文季爲右僕射以車騎大將軍陳顯達爲司空以驃騎大將軍鄱陽王鏘爲司徒命宣城公鸞甲仗百人入殿陳顯達王晏徐孝嗣蕭諶各五十人入殿八月壬辰魏人來聘甲午以前司空王敬則爲太尉辛丑復置南蠻校尉官甲辰詔使者觀省風俗九月癸未誅新除司徒鄱陽王鏘中書大將軍隨王子隆遣平

西將軍王廣之誅南兗州刺史安陸王子敬於是江州刺史晉安王子懋起兵遣中護軍王玄邈討誅之乙酉又誅湘州刺史南平王銳郢州刺史晉熙王銶南豫州刺史宜都王鏗丁亥以衞將軍廬陵王子卿爲司徒以撫軍將軍桂陽王鑠爲中書將軍開府儀同三司冬十月丁酉加宣城公鸞黃鉞進授都督中外諸軍事太傅領大將軍揚州刺史加殊禮進爵爲王戊戌誅新除中軍將軍桂陽王鑠撫軍將軍衡陽王鈞侍中祕書監江夏王鋒鎮軍將軍建安王子真左將軍巴陵王子倫是時宣城王鸞輔政帝起居皆諮而後行思食蒸魚菜太官令答無錄公命竟不與辛亥皇太后令廢帝爲海陵王使宣城王入纂皇統建武元年詔海陵王依漢東海王彊故事給虎賁旄頭畫輪車設鍾簴宮縣十一月稱王有疾數遣御師往視乃殞之給溫明祕器斂以衮冕之服大鴻臚監護喪事葬給輼輬車九旒大輅黃屋左纛前後部羽葆鼓吹挽歌二部依東海王彊故事諡曰恭先是武帝立禪靈寺於都下當世以爲壯觀天意若曰禪者禪也靈者神明之目漢文帝晏駕而鼎業傾移也永明世市里小兒以鐵相擊

於地謂之鬬鑿鑿之爲言族也至是宗室族滅矣又武帝時以燕支爲朱衣朝士皆服之及明帝以宗子入纂此又奪朱之效也時又多以生紗爲帽半其裙而析之號曰倚勸先是人間語好云擾攘建武至是朝士勸進實爲忽遽倚勸擾攘之言於是驗矣

高祖明皇帝諱鸞字景栖始安貞王道生之子也小字玄度少孤高帝撫育過諸子宋泰豫元年爲安吉令有嚴能之名昇明中累遷淮南宣城二郡太守進號輔國將軍高帝踐阼封西昌侯位郢州刺史永明元年爲侍中領驍騎將軍王子侯舊乘纏帷車帝獨乘下帷儀從如素士公事混撓販食人擔火誤燒牛鼻豫章王以白武帝帝笑焉轉爲散騎常侍左衞將軍清道而行十年累遷尚書左僕射領右衞將軍武帝遺詔爲侍中尚書令尋加鎮軍將軍給班劍二十人隆昌元年即本號爲大將軍給鼓吹一部親兵五百人尋加中書監開府儀同三司海陵王立爲驃騎大將軍錄尚書事揚州刺史加都督增班劍爲三十人封宣城郡公鎮東府城給兵五千人錢二百萬布千匹九江事難假黃鉞事

寧表送之尋加黃鉞都督中外諸軍事太傅領大將軍揚州牧增班劒爲四十人給幢絡三望車前後部羽葆鼓吹劒履上殿入朝不趨贊拜不名置左右長史司馬從事中郎掾屬各四人封宣城王未拜太后令廢海陵王以上入纂高帝爲第三子羣臣三請乃受命建武元年冬十月癸亥皇帝即位大赦改元文武賜位二等以太尉王敬則爲大司馬以司空陳顯達爲太尉乙丑詔斷遠近上禮丁卯詔自今雕文篆刻歲時光新可悉停省藩牧守宰或有薦獻事非任土嚴加禁斷十一月壬申日有蝕之帝宿沐浴不御內其日潔齋蔬食斷朝務屏人單衣恰危坐以至事畢追尊始安貞王爲景皇妃江氏爲懿后別立寢廟號陵曰脩安封桂陽王鑠等諸王子皆爲列侯凡諸王侯得罪者諸子皆復屬籍又詔遣大使觀省四方癸酉革永明之制依晉宋舊典太子以師禮敬少傅甲戌進大司馬尋陽公王敬則等十三人爵邑各有差省新林苑先是百姓地者悉以還主廢南蠻校尉官己卯追崇妃劉氏爲敬皇后號陵曰興安庚辰立皇子寶義爲晉安王寶玄爲江夏王寶源爲廬陵王寶寅爲建安王寶融爲隨

郡王寶攸爲南平王甲申斷官長貢獻及私餉遺以安陸昭王緬第二子寶晊
襲封安陸王丁亥詔細作中署材官車府凡諸工可悉開番假遞令休息戊子
立皇子寶卷爲皇太子賜天下爲父後者爵一級己丑詔東宮肇建遠近或有
慶禮可悉斷之永明中御史中丞沈深表百官年登七十者皆令致士並窮困
私門庚子詔自縉紳年及可一遵永明七年以前銓敘之科十二月庚戌宣德
右僕射劉朗之游擊將軍劉璩之子坐不贍給兄子致使隨母他嫁免官禁錮
終身付之鄉論是歲魏孝文皇帝遷都洛陽
二年春正月辛未降都下繫囚殊死以下詔王公以下各舉所知內外羣僚各
進忠言無有所諱魏攻豫司徐梁四州壬申遣鎮軍王廣之督司州右衞將軍
蕭坦之督徐州尚書右僕射沈文季督豫州以拒魏己卯詔都下二縣有毀發
墳壠隨宜修理乙未魏軍攻鍾離徐州刺史蕭惠休破之丙申加太尉陳顯達
使持節都督西北道諸軍事丁酉內外纂嚴三月己未司州刺史蕭誕與衆軍
攻敗魏軍詔雍豫司南兗徐五州遭遇兵戎之家悉停今年稅調丙寅停青州

麥祖魏軍自壽春退甲申解嚴夏四月己亥朔親錄三百里內獄訟自外委州
郡訊察三署徒隸原遣有差魏軍圍漢中梁州刺史蕭懿拒退之五月甲午寢
廟成詔監作長帥賜位一等六月壬戌誅領軍蕭諶西陽王子明南海王子罕
邵陵王子貞秋九月己丑改封南平王寶攸爲邵陵王蜀郡王子文爲西陽王
廣漢王子峻爲衡陽王臨海王昭秀爲巴陵王永嘉王昭粲爲桂陽王冬十月
癸卯詔罷東田毀光興樓并詔水衡量省御乘乙卯納皇太子妃褚氏大赦王
公以下班賜各有差斷四方上禮十二月丁酉詔晉帝諸陵悉皆修理并增守
衞吳晉陵失稔之鄉蠲三調有差
三年春正月丁酉以陰平王楊炅子崇祖爲沙州刺史封陰平王二月己巳詔
申明守長六周之制事竟不行乙酉詔以去歲魏攻緣邊諸州郡將士有臨陣
及病死者並送還本土三月壬午詔車府乘輿有金銀飾者皆剔除之夏四月
魏軍攻司州櫟城戍主魏僧岷擊破之冬閏十二月戊寅皇太子冠賜王公以
下帛各有差爲父後者賜爵一級斷遠近上禮

四年春正月庚午大赦庚辰詔人產子者蠲其父母調役一年又賜米十斛新婚者蠲夫役一年壬辰誅尚書令王晏二月以尚書左僕射徐孝嗣爲尚書令秋八月甲午追尊景皇所生王氏爲恭太后魏軍攻沔北冬十月又逼司雍二州甲戌遣太子中庶子蕭衍右軍司馬張稷禦之十一月丙辰以氐楊靈珍爲北秦刺史封仇池公武都王十二月丁丑遣度支尚書崔慧景率衆救雍州

永泰元年春正月癸未朔大赦中軍大將軍徐孝嗣即本號開府儀同三司沔北諸郡爲魏所攻相繼亡敗新野太守劉忌隨宜應接食盡煑土爲粥而救兵不至城破剋死之乙巳遣太尉陳顯達持節救雍州丁未誅河東王鉉臨賀王子岳西陽王子文衡陽王子峻南康王子琳永陽王子珉湘東王子建南郡王子夏巴陵王昭秀桂陽王昭粲二月癸丑遣左衞將軍蕭惠休假節援壽陽辛未豫州刺史裴叔業敗魏軍於淮北三月甲午蠲雍州遇魏軍之縣租布戊申詔增仲尼祭秩上以疾患不瘳望氣者云宜改元夏四月甲寅大赦改元文武賜位二等己未立武陵昭王子子坦爲衡陽王丁丑大司馬會稽太守王敬則

舉兵反五月壬午遣輔國將軍劉山陽率軍東討乙酉斬敬則傳首建業曲赦
浙東吳晉陵等七郡秋七月己酉帝崩于正福殿年四十七遺詔徐孝嗣可重
申八命中書監本官悉如故沈文季可尚書左僕射常侍護軍如故江祏可右
僕射江祀可侍中劉暄可衞尉卿軍政大事委陳太尉內外衆事無大小委徐
孝嗣遙光坦之江祏其大事與沈文季江祀劉暄參懷心腹之任可委劉悛蕭
惠休崔慧景羣臣上謚曰明皇帝廟號高宗葬興安陵帝明審有吏才持法無
所借制御親幸臣下肅清驅使寒人不得用四幅繖大存儉約罷武帝所起新
林苑以地還百姓廢文惠太子所起東田斥賣之永明中輿輦舟乘悉剔金銀
還主衣庫以牙角代之嘗用皂莢訖授餘濼與左右曰此猶堪明日用大官進
御食有裹蒸帝十字畫之曰可四片破之餘充晚食而武帝掖庭中宮殿服御
一無所改其儉約如此性猜忌亟行誅戮信道術用計數每出行幸先占利害
簡於出入將南則詭言之西將東則詭言之北皆不以實竟不南郊初有疾無
輟聽覽羣臣莫知及疾篤敕臺省府署文簿求白魚以爲藥外始知之身衣絳

衣服飾皆赤以爲厭勝巫覡云後湖水頭經過宮內致帝有疾帝乃自至太官行水溝左右啓太官無此水則不立決意塞之欲南引淮流會崩事寢

廢帝東昏侯諱寶卷字智藏明帝第二子也本名明賢明帝輔政後改焉建武元年立爲皇太子永泰元年七月己酉明帝崩太子卽皇帝位八月庚申鎮北將軍晉安王寶義進號征北大將軍開府儀同三司冬十月己未詔删省律科癸亥詔蕭坦之江祏更直殿省總監宿衞辛未詔劉暄江祏更直延明殿省十一月戊子立皇后褚氏庚寅尚書令徐孝嗣議王侯貴人昏連卺以真銀盃蓋出近俗又牢燭侈績亦虧曩制今除金銀連鎖自餘新器悉用埏陶牢燭華侈亦宜停之奏可

永元元年春正月戊寅朔大赦改元辛卯祀南郊丁酉改封隨王寶融爲南康王安陸王寶晊爲湘東王竟陵王昭冑爲巴陵王二月太尉陳顯達敗績於馬圈夏四月丙午朔魏孝文皇帝崩己巳立皇子誦爲皇太子大赦賜爲父後者爵一級五月癸亥加撫軍大將軍始安王遙光開府儀同三司六月甲子詔原

雍州今年三調秋七月辛未淮水變赤如血丙戌殺尚書右僕射江祏侍中江
祀地震自此至來歲晝夜不止小屋多壞丁亥都下大水死者甚衆賜死者材
器並加振恤八月乙巳蠲遇水資財漂蕩者今年調稅又詔爲馬圈戰亡將士
舉哀丙辰揚州刺史始安王遙光據東府反詔曲赦都下中外戒嚴遣領軍將
軍蕭坦之致討戊午斬遙光傳首己巳以尚書令徐孝嗣爲司空以領軍蕭坦
之爲尚書左僕射閏月丙子以江陵公寶覽爲始安王九月甲辰殺尚書左僕
射蕭坦之右衛將軍曹武戊午殺領軍將軍劉暄壬戌以頻殺大臣大赦冬十
月乙未誅尚書令新除司空徐孝嗣右僕射新除鎮軍將軍沈文季庚子以吳
興太守蕭惠休爲尚書右僕射辛丑以侍中王亮爲左僕射十一月丙辰太尉
江州刺史陳顯達舉兵反於尋陽乙丑加護軍將軍崔慧景平南將軍督衆軍
南討十二月甲申陳顯達至都宮城嚴警己酉斬顯達傳其首餘黨盡平
二年春正月庚午詔討豫州刺史裴叔業二月己丑叔業病死兄子植以壽春
降魏三月乙卯命平西將軍崔慧景攻壽春夏四月丙午尚書右僕射蕭惠休

卒丁未崔慧景於廣陵反舉兵內向壬子命右衞將軍左興盛督都下水步衆軍禦之南徐州刺史江夏王寶玄以京城納慧景乙卯遣中領軍王瑩率衆軍屯北籬門壬戌慧景至瑩等敗績甲子慧景入建業臺城內閉門拒守豫州刺史蕭懿與兵入援己巳以懿爲尚書右僕射癸酉慧景弃衆走斬之詔曲赦都下及南徐南兗二州乙亥以新除尚書右僕射蕭懿爲尚書令丙子以中領軍王瑩爲尚書右僕射五月己酉江夏王寶玄伏誅壬子赦己丑曲赦都下及徐兗二州六月庚寅車駕於樂游苑內會如三元都下放女人觀秋七月甲辰夜宮內火唯東閤內明帝舊殿數區及太極以南得存餘皆蕩盡冬十月己亥殺尚書令蕭懿十一月甲寅西中郎長史蕭穎胄起兵於荆州十二月雍州刺史蕭衍起兵於襄陽是歲魏宣武皇帝景明元年

三年春正月丙申朔日有蝕之帝與宮人於閱武堂元會皇后正位閹人行儀帝戎服臨視丁酉以驃騎大將軍晉安王寶義爲司徒以新除撫軍將軍建安王寶寅爲車騎將軍開府儀同三司乙巳長星見竟天辛亥祀南郊大赦詔百

官陳讜言二月丙寅乾和殿西廂火壬午詔遣羽林兵征雍州中外纂嚴始內

橫吹五部於殿內晝夜奏之壬戌蚩尤旗見三月乙巳南康王寶融卽皇帝位

於江陵癸丑遣平西將軍陳伯之西征六月蕭穎胄弟穎孚起兵廬陵戊子赦

江州安成廬陵二郡秋七月癸巳曲赦荊雍二州雍州刺史張欣泰前南譙太

守王靈秀率石頭文武奉建安王寶寅向臺至杜姥宅宮門閉乃散走丙辰龍

鬭于建康淮激水五里八月辛卯以太子左率李居士總督西討諸軍事屯新

亭九月甲辰蕭衍至南豫州輔國將軍監南豫州事申胄軍二萬人於姑熟奔

歸丙辰李居士與衍軍戰於新亭見敗冬十月甲戌王珍國又戰敗於朱雀航

戊寅寧朔將軍徐元瑜以東府城降靑兾二州刺史桓和入衞屯東宮尋亦降

衍於是閉宮城門自守十二月丙寅新除雍州刺史王珍國侍中張稷率兵入

殿殺帝時年十九帝在東宮便好弄不喜書學明帝亦不以爲非但勗以家人

之行令太子求一日再入朝發詔不許使三日一朝在宮嘗夜捕鼠達旦以爲

笑樂明帝臨崩屬後事以隆昌爲戒曰作事不可在人後故委任羣小誅諸宰

臣無不如意性訥澀少言不與朝士接欲速葬惡靈在太極殿徐孝嗣固爭得
踰月每當哭輒云喉痛太中大夫羊闡入臨無髮號慟俯仰幘遂脫地帝輟哭
大笑謂宦者王寶孫曰此謂禿秋啼來乎自江祏始安王遙光等誅後無所忌
憚日夜於後堂戲馬鼓譟爲樂合夕便擊金鼓吹角令左右數百人叫雜以羌
胡橫吹諸伎常以五更就臥至晡乃起王侯以下節朔朝見晡後方前或際暗
遣出臺閣案奏月數十日乃報或不知所在閹豎以紙包裹魚肉還家並是五
省黃案二年元會食後方出朝賀裁竟便還殿西序寢自巳至申百僚陪位皆
僵仆菜色比起就會怱遽而罷太子所生母黃貴嬪早亡令潘妃母養之拜潘
氏爲貴妃乘臥輿帝騎馬從後著織成袴褶金薄帽執七寶縛矟又有金銀校
具錦繡諸帽數十種各有名字戎服急裝縛袴上著絳衫以爲常服不變寒暑
陵冒雨雪不避阬穽馳騁渴乏輒下馬解取腰邊蠡器酌水飲之復上馳去馬
乘具用錦繡處患爲雨所濕織雜采珠爲覆蒙備諸雕巧教黃門五六十人爲
騎客又選營署無賴小人善走者爲逐馬鷹犬左右數百人常以自隨奔走往

來略不暇息置射雉場二百九十六處翳中帷帳及步障皆袷以綠紅錦金銀鏤弩牙瑇瑁帖箭每出輒與鷹犬隊主徐令孫媒翳隊主俞靈韻齊馬而走左右爭逐之又甚有筋力牽弓至三斛五斗能擔幢初學擔幢每傾倒在幢杪者必致踠傷其後白虎幢七丈五尺齒上擔之折齒不倦擔幢諸校具服飾皆自製之綴以金華玉鏡衆寶舍人主書及至左右主帥並皆侍側逞諸變態曾無愧顏始欲騎馬未習其事俞靈韻爲作木馬人在其中行動進退隨意所適其後遂爲善騎陳顯達卒漸出游走不欲令人見之驅斥百姓唯置空宅而已是時率一月二十餘出既往無定處尉司常慮得罪東行驅西南行驅北應旦出夜便驅逐吏司奔驅叫呼盈路打鼓蹋圍鼓聲所聞便應奔走臨時驅迫衣不暇披乃至徒跣走出犯禁者應手格殺百姓無復作業終日路隅從萬春門由東宮以東至郊外數十里皆空家盡室巷陌縣幔爲高障置人防守謂之屏除高障之內設部伍羽儀復有數部皆奏鼓吹羌胡伎鼓角橫吹夜反火光照天每三四更中鼓聲四出幡戟橫路百姓喧走士庶莫辨或於市肆左側過親幸

家環繞宛轉周徧都下老小震驚啼號塞道處處禁斷不知所過疾患困篤者悉擱移之無人擱者扶匐道側吏司又加搥打絕命者相係從騎及左右因之入富家取物無不蕩盡工商莫不廢業樵蘇由之路斷至於乳婦昏姻之家移產寄室或輿病棄屍不得殯葬有棄病人於青溪邊者吏懼爲監司所問推至水中泥覆其面須臾便死遂失骸骨前魏興太守王敬賓新死未斂家人被驅不得留視及家人還鼠食兩眼都盡如此非一又常至沈公城有一婦人當產不去帝入其家問何獨在答曰臨產不得去因剖腹看男女又長秋卿王儇病篤不聽停家死於路邊丹陽尹王志被驅急狼狽步走惟將二門生自隨藏朱雀航南酒壚中夜方得羽儀而歸喜游獵不避危險至蔣山定林寺一沙門病不能去藏於草間爲軍人所得應時殺之左右韓暉光曰老道人可念帝曰汝見麞鹿亦不射邪仍百箭俱發故貴人富室者皆數處立宅以爲避圍之舍每還宮常至三更百姓然後得反禁斷又不即通處處屯咽或泥塗灌注或冰凍嚴結老幼啼號不可聞見時人以其所圍處號爲長圍及建康城見圍亦名長

圍識者以爲讖焉三年殿內火合夕便發其時帝猶未還宮內諸房閤已閉內人不得出外人又不敢輒開比及開死者相枕領軍將軍王瑩率衆救火太極殿得全內外叫喚聲動天地帝三更中方還先至東宮慮有亂不敢便入參覘審無異乃歸其後出游火又燒璿儀曜靈等十餘殿及柏寢北至華林西至祕閣三千餘間皆盡左右趙鬼能讀西京賦云柏梁既災建章是營於是大起諸殿芳樂芳德仙華大興含德清曜安壽等殿又別爲潘妃起神仙永壽玉壽三殿皆帀飾以金璧其玉壽中作飛仙帳四面繡綺窗間盡畫神仙又作七賢皆以美女侍側鑿金銀爲書字靈獸神禽風雲華炬爲之玩飾椽桷之端悉垂鈴佩江左舊物有古玉律數枚悉裁以鈿笛莊嚴寺有玉九子鈴外國寺佛面有光相禪靈寺塔諸寶珥皆剝取以施潘妃殿飾性急暴所作便欲速成造殿未施梁桷便於地畫之唯須宏麗不知精密酷不別畫但取絢曜而已故諸匠賴此得不用情又鑿金爲蓮華以帖地令潘妃行其上曰此步步生蓮華也塗壁皆以麝香錦幔珠簾窮極綺麗縶役工匠自夜達曉猶不副速乃剔取諸寺佛

刹殿藻井仙人騎獸以充足之武帝與光樓上施青漆世人謂之青樓帝曰武帝不巧何不純用瑠璃潘氏服御極選珍寶主衣庫舊物不復周用貴市人閒金銀寶物價皆數倍琥珀釧一隻直百七十萬都下酒租皆折輸金以供雜用猶不能足下揚南徐二州橋桁塘埭丁計功爲直斂取見錢供太樂主衣雜費由是所在塘瀆悉皆隳廢又訂出雄雉頭鶴氅白鷺縗百品千條無復窮已親倖小人因緣爲姦科一輸十又各就州縣求爲人輸準取見直不爲輸送守宰懼威口不得道須物之處以復重求如此相仍前後不息百姓困盡號泣道路少府大官凡諸市買事皆急速催求相係吏司奔馳遇便虜奪市廛離散商旅靡依又以閱武堂爲芳樂苑窮奇極麗當暑種樹朝種夕死死而復種卒無一生於是徵求人家望樹便取毀徹墻屋以移置之大樹合抱亦皆移掘插葉繫華取玩俄頃剗取細草來植階庭烈日之中至便焦燥紛紜往還無復已極山石皆塗以采色跨池水立紫閣諸樓壁上畫男女私褻之像明帝時多聚金寶至是金以爲泥不足周用令富室買金不問多少限以賤價又不還直張欣泰

嘗謂舍人裴長穆曰宮殿何事頓爾夫以秦之富起一阿房而滅今不及秦一郡而頓起數十阿房其危殆矣答曰非不悅子之道顧言不用耳潘妃放恣威行遠近父寶慶與諸小共逞姦毒富人悉誣爲罪田宅貲財莫不啓乞或云寄附隱藏復加收沒計一家見陷禍及親隣又慮後患男口必殺明帝之崩竟不一日蔬食居處衣服無改平常潘妃生女百日而亡制斬衰絰杖衣悉麤布羣小來弔盤旋地坐舉手受執蔬膳積旬不聽音伎左右直長閹豎王寶孫諸人共營肴羞云爲天子解菜又於苑中立店肆模大市日游市中雜所貨物與宮人閹豎共爲裨販以潘妃爲市令自爲市吏錄事將鬬者就潘妃罰之帝小有得失潘則與杖乃敕虎賁威儀不得進大荆子閤內不得進實中荻雖畏潘氏而竊與諸姊妹淫通每游走潘氏乘小輿宮人皆露褌著綠絲屩帝自戎服騎馬從後又開渠立埭躬自引船埭上設店坐而屠肉于時百姓歌云閱武堂種楊柳至尊屠肉潘妃酤酒又偏信蔣侯神迎來入宮晝夜祈禱左右朱光尚詐云見神動輒諮啓並云降福始安之平遂加位相國末又號爲靈帝車服羽儀

一依王者又曲信小祠日有十數師巫魔媼迎送紛紜光尙輒託云神意范雲
謂光尙曰君是天子要人當思百全計光尙曰至尊不可諫正當託鬼神以達
意耳後東入樂游人馬忽驚以問光尙光尙曰向見先帝大瞋不許數出帝大
怒拔刀與光尙等尋覓既不見處乃縛菰爲明帝形北向斬之縣首苑門上自
永元以後魏每來伐繼以內難揚南徐二州人丁三人取兩以此爲率遠郡悉
令上米準行一人五十斛輸米既畢就役如故又先是諸郡役人多依人士爲
附隸謂之屬名又東境役苦百姓多注籍詐病遣外醫巫在所檢占諸屬名并
取病身凡屬名多不合役止避小小假並是役蔭之家凡注病者或已積年皆
攝充將役又追責病者租布隨其年歲多少銜命之人皆給貨賂隨意縱捨又
橫調徵求皆出百姓羣小以陳顯達下數日便敗崔慧景圍城正得十日及蕭
衍師至亦謂爲然裹糧食樵芻凡所須物爲百日備帝謂茹法珍曰須來至白
門前當一決及至近郊乃聚兵爲固守計召王侯分置尙書都坐及殿省尙書
舊事悉充紙鎧使冠軍將軍王珍國領三萬人據大桁莫有鬬志遣王寶孫督

戰呼爲王俍子寶孫切罵諸將帥直閤將軍席豪發憤突陣死豪驍將也既斃
衆軍於是土崩軍人從朱雀觀上自投及赴淮水死者無數於是閉城自守城
內軍事委王珍國兗州刺史張稷入衞以稷爲副實甲猶七萬人帝著烏帽袴
褶備羽儀登南掖門臨望又虛設鎧馬齋仗千人皆張弓拔白出東掖門稱蔣
王出盪又受刀敕等教著五音兒衣登城望戰還與御刀左右及六宮於華光
殿立軍壘以金玉爲鎧仗親自臨陣詐被創勢以板擱將去以此厭勝又於閱
武堂設牙門軍頓每夜嚴警帝於殿內騎馬從鳳莊門入徽明門馬被銀蓮葉
具裝鎧雜羽孔翠寄生逐馬左右衞從晝眠夜起如平常聞外鼓吹叫聲被大
紅袍登景陽樓望弩幾中之衆皆怠怨不爲致力募兵出戰至城門數十步皆
坐甲而歸慮城外有伏兵乃燒城傍諸府署六門之內皆盡城中閤道西掖門
內相聚爲市販死牛馬肉蕭衍長圍既立塹柵嚴固然後出盪屢戰不捷帝尤
惜金錢不肯賞賜茹法珍叩頭請之帝曰賊來獨取我邪何爲就我求物後堂
儲數百具榜啓爲城防帝曰擬作殿竟不與城防巧手而悉令作殿晝夜不休

又催御府細作三百人精仗須圍解以擬屏除金銀雕鏤雜物倍急於常法珍
虫兒又說帝曰大臣不留意使圍不解宜悉誅之珍國張稷懼禍乃謀應蕭衍
以計告後閤舍人錢强强許之密令游盪主崔叔智夜開雲龍門稷及珍國勒
兵入殿分軍又從西上閤入後宮御刀豐勇之爲內應是夜帝在含德殿吹笙
歌作女兒子臥未熟聞兵入趨出北戶欲還後宮清曜閤已閉閹人禁防黃泰
平刀傷其膝仆地顧曰奴反邪直後張齊斬首送蕭衍宣德太后令依漢海昏
侯故事追封東昏侯

和帝諱寶融字智昭明帝第八子也建武元年封隨郡王永元元年改封南康
王出爲西中郞將荆州刺史督九州軍事二年十一月甲寅長史蕭頴胄奉王
舉兵其日太白及辰星俱見西方乙卯教纂嚴丙辰以雍州刺史蕭衍爲使持
節都督前鋒諸軍事戊午衍表勸進十二月乙亥羣僚勸進並不許壬辰驍騎
將軍夏侯亶自建鄴至江陵稱宣德太后令西中郞將南康王宜纂承皇祚光
臨億兆可且封宣城王相國荆州牧加黃鉞置僚屬三年正月乙巳王受命大

赦唯梅虫兒茹法珍等不在例是日長星見竟天甲寅建牙于城南二月己巳
羣僚上尊號立宗廟及南北郊
中興元年春三月乙巳皇帝即位大赦改永元三年爲中興文武賜位二等是
夜彗星竟天以相國左長史蕭穎冑爲尚書令加雍州刺史蕭衍尚書左僕射
都督征討諸軍以晉安王寶義爲司空廬陵王寶源爲車騎將軍開府儀同三
司丙午有司奏封庶人寶卷爲零陵侯詔不許又奏爲涪陵王詔可夏四月戊
辰詔凡東討衆軍及諸向義之衆普復除五年秋七月丁卯魯山城主孫樂祖
以城降己未郢城主薛元嗣降八月丙子平西將軍陳伯之降九月己未詔假
黃鉞蕭衍若定京邑得以便宜從事冬十一月壬寅尚書令鎮軍將軍蕭穎冑
卒十二月丙寅建康城平己巳宣德皇太后令以征東大將軍蕭衍爲大司馬
錄尚書驃騎大將軍揚州刺史封建安郡公依晉武陵王遵承制故事壬申改
封建安王寶寅爲鄱陽王癸酉以司徒揚州刺史晉安王寶義爲太尉領司徒
乙酉以尚書右僕射王瑩爲左僕射

二年春正月戊戌宣德皇太后臨朝入居內殿壬寅大司馬蕭衍都督中外諸軍事加殊禮己酉以大司馬長史王亮爲守尚書令甲寅加大司馬蕭衍位相國梁公備九錫禮二月壬戌誅湘東王寶晊丙戌進梁公蕭衍爵爲王三月辛丑鄱陽王寶寅奔魏誅邵陵王寶攸晉熙王寶貞庚戌車駕東歸至姑熟丙辰遜位于梁丁巳廬陵王寶源薨四月辛丑禪詔至皇太后遜居外宮梁受命奉帝爲巴陵王宮于姑熟戊辰巴陵王殂年十五追尊爲齊和帝葬恭安陵初梁武帝欲以南海郡爲巴陵國邑而遷帝焉以問范雲雲俛首未對沈約曰今古殊事魏武所云不可慕虛名而受實禍梁武頷之於是遣鄭伯禽進以生金帝曰我死不須金醇酒足矣乃引飲一升伯禽就加摺焉先是文惠太子與才人共賦七言詩句後輒云愁和帝至是其言方驗又永明中望氣者云新林婁湖青溪並有天子氣於其處大起樓苑宮觀武帝屢游幸以應之又起舊宮於青溪以弭其氣而明帝舊居東府城西延興末明帝龍飛至是梁武帝衆軍城於新林而武帝舊宅亦在征虜百姓皆著下屋白紗帽而反裙覆頂東昏曰裙應

在下今更在上不祥命斷之於是百姓皆反裙向下此服祅也帽者首之所寄今而向下天意若曰元首方爲猥賤乎東昏又令左右作逐鹿帽形甚窄狹後果有逐鹿之事東昏宮裏又作散叛髮反髻根向後百姓爭學之及東昏狂惑天下散叛矣東昏又與羣小別立帽籌其口而舒兩翅名曰鳳度三橋帽向後總而結之名曰反縛黃麗東昏與刀敕之徒親自著之皆用金寶鑿以璧璫又作著調帽鏤以金玉間以孔翠此皆天意梁武帝舊宅在三橋而鳳度之名鳳翔之驗也黃麗者皇離爲日而反縛之東昏戮死之應也調者梁武帝至都而風俗和調先是百姓及朝士皆以方帛填胸名曰假兩此又服祅假非正名也儲兩而假之明不得眞也東昏誅其子廢爲庶人假兩之意也

論曰鬱林地居長嫡瑕釁未彰而武皇之心不變周道故得保茲守器正位尊極既而愆鄙內作兆自宮闈雖爲害未遠而足傾社稷郭璞稱永昌之名有二日之象隆昌之號實亦同焉明帝越自支庶任當負荷乘機而作大致殲夷流漸行誅非云義舉事苟非安能無內愧既而自樹本枝根胤孤弱貽厥所授屬

在凶愚用覆宗祊亦其理也夫名以行義往賢垂範備而之禪術士誠之東昏以卷名藏以終之其兆先徵蓋亦天所命矣

南史卷五

南史卷六

唐　李　延　壽　撰

梁本紀上第六

梁高祖武皇帝諱衍字叔達小字練兒南蘭陵中都里人姓蕭氏與齊同承淮陰令整整生皇高祖鎋位濟陰太守鎋生皇曾祖副子位州治中從事副子生皇祖道賜位南臺治書侍御史道賜生皇考諱順之字文緯於齊高帝爲始族弟皇考外甚清和而內懷英氣與齊高少而款狎嘗共登金牛山路側有枯骨縱橫齊高謂皇考曰周文王以來幾年當復有掩此枯骨者乎言之懍然動色皇考由此知齊高有大志常相隨逐齊高每外討皇考常爲軍副及北討薛索兒夜遣人入營提刀徑至齊高眠牀皇考手刃之頻爲齊高鎮軍司馬長史時宋帝昏虐齊高謀出外皇考以爲一旦奔亡則危幾不測不如因人之欲行伊霍之事齊高深然之歷黃門郎安西長史吳郡內史所經皆著名吳郡張緒常稱文武兼資有德有行吾敬蕭順之袁粲之據石頭黃回與之通謀皇考聞難

作率家兵據朱雀橋回覘人還告曰朱雀橋南一長者英威毅然坐胡牀南向
回曰蕭順之也遂不敢出時微皇考石頭幾不據矣及齊高創造皇業摧鋒決
勝莫不垂拱仰成焉齊建元末齊高從容謂皇考曰當令阿玉解揚州相授玉
豫章王嶷小名也齊武帝在東宮皇考常問訊及退齊武指皇考謂嶷曰非此
翁吾徒無以致今日及卽位深相忌憚故不居台輔以參豫佐命封臨湘縣侯
歷位侍中衛尉太子詹事領軍將軍丹陽尹贈鎮北將軍謚曰懿帝以宋孝武
大明元年歲次甲辰生于秣陵縣同夏里三橋宅初皇妣張氏嘗夢抱日已而
有娠遂產帝帝生而有異光狀貌殊特日角龍顏重岳虎顧舌文八字項有浮
光身映日無景兩骻駢骨項上隆起有文在右手曰武帝爲兒時能蹈空而行
及長博學多通好籌略有文武才幹所居室中常若雲氣人或遇者體輒肅然
初爲衛軍王儉東閤祭酒儉一見深相器異請爲戸曹屬謂廬江何憲曰此蕭
郞三十內當作侍中出此則貴不可言竟陵王子良開西邸招文學帝與沈約
謝朓王融蕭琛范雲任昉陸倕等並游焉號曰八友融俊爽識鑒過人尤敬異

帝每謂所親曰宰制天下必在此人累遷隨王鎮西諮議參軍行經牛渚逢風

入泊龍濆有一老人謂帝曰君龍行虎步相不可言天下方亂安之者其在君

乎問其名氏忽然不見尋以皇考艱去職歸建鄴及齊武帝不豫竟陵王子良

以帝及兄懿王融劉繪王思遠顧暠之范雲等爲帳內軍王融欲因帝晏駕立

子良帝曰夫立非常之事必待非常之人融才非負圖視其敗也范雲曰憂國

家者惟有王中書帝曰憂國欲爲周召欲爲豎刁邪懿曰直哉史魚何其木強

也初皇考之薨不得志事見齊魚復侯傳至是鬱林失德齊明帝作輔將爲廢

立計帝欲助齊明傾齊武之嗣以雪心恥齊明亦知之每與帝謀時齊明將追

隨王恐不從又以王敬則在會稽恐爲變以問帝帝曰隨王雖有美名其實庸

劣既無智謀之士爪牙惟仗司馬垣歷生武陵太守卞白龍耳此並惟利是與

若啗以顯職無不載馳隨王止須折簡耳敬則志安江東窮其富貴宜選美女

以娛其心齊明曰亦吾意也即徵歷生爲太子左衛率白龍游擊將軍並至續

召隨王至都賜自盡豫州刺史崔慧景既齊武舊臣不自安齊明憂之乃起帝

鎮壽陽外聲備魏實防慧景師次長瀨慧景懼罪白服來迎帝撫而宥之將軍房伯玉徐玄慶並曰慧景反跡既彰實是見賊我曹武將譬如韝上鷹將軍一言見命便即制之帝笑曰其如掌中嬰兒殺之不武於是曲意和釋之慧景遂安隆昌元年拜中書侍郎遷黃門侍郎建武二年魏將王肅劉昶攻司州刺史蕭誕甚急齊明遣左衛將軍王廣之赴救帝爲偏帥隸廣之行次賢斗洲有人長八尺餘容貌衣冠皓然皆白緣江呼曰蕭王大貴帝既屢有徵祥心益自負時去誕百里衆軍以魏軍盛莫敢前帝欲大振威略謂諸將曰今屯下梁之城塞鑿峴之險守雉脚之路據賢首之山以通西關以臨賊壘三方掎角出其不備破賊必矣廣之等不從後遣徐玄慶進據賢首山魏絕其糧道衆懼莫敢援之惟帝獨奮請先進於是廣之益帝精甲銜枚夜前失道望見如持兩炬者隨之果得道徑上賢首山廣之軍因得前魏軍來脅帝堅壁不進時王肅自攻城一鼓而退劉昶有疑心帝因與書間成其隙一旦有風從西北起陣雲隨之來當蕭營尋而風回雲轉還向西北帝曰此所謂歸氣魏師遁矣令軍中曰望麾

而進聽鼓而動肅乃傾壁十萬陣于水北帝揚麾鼓譟響振山谷敢死之士執短兵先登長戟翼之城中見援至因出軍攻魏柵魏軍表裏受敵因大崩肅昶單騎走斬獲千計流血絳野得肅昶巾箱中魏帝敕曰聞蕭衍善用兵勿與爭鋒待吾至若能禽此人則江東吾有也以功封建陽縣男尋爲司州刺史有沙門自稱僧惲謂帝曰君項有伏龍非人臣也復求莫知所之帝在州甚有威名常有人餉馬帝不受餉者密以馬繫齋柱而去帝出見馬答書殷勤縛之馬首令人驅出城外馬自還都爲太子中庶子領四廂直出鎮石頭齊明性猜忌帝避時嫌解遣部曲常乘折角小牛車齊明每稱帝清儉勗厲朝臣四年魏孝文帝自率大衆逼雍州刺史曹武度沔守樊城武舊齊武腹心齊明忌之欲使后弟劉暄爲雍州暄不願出外因江祏得留齊明帝擬帝雍州受密旨出頓聲爲軍事發遣又命五兵尚書崔慧景征南將軍陳顯達相續援襄陽慧景與帝進行鄧城魏孝文帥十餘萬騎奄至慧景引退帝止之不從於是大敗帝帥衆拒戰獨得全軍及魏軍退以帝爲輔國將軍監雍州事先是雍州相傳樊城有王

氣至是謠言更甚及齊明崩遺詔以帝爲都督雍州刺史時揚州刺史始安王遙光尚書令徐孝嗣右僕射江祏右將軍蕭坦之侍中江祀衛尉劉暄更直內省分日帖敕世所謂六貴又有御刀茹法珍梅虫兒豐勇之等八人號爲八要及舍人王咺之等四十餘人皆口擅王言權行國憲帝謂張弘策曰政出多門亂其階矣當今避禍惟有此地勤行仁義可坐作西伯但諸弟在都恐離時患須與益州圖之耳時上長兄懿罷益州還仍行郢州事乃使弘策詣郢陳計於懿語在懿傳言既不從弘策還帝乃召弟偉及憺是歲至襄陽乃潛造器械多伐竹木沉於檀溪密爲舟裝之備時帝所住齋常有氣五色回轉狀若蟠龍季秋出九日臺忽暴風起煙塵四合帝所居獨白日清朗其上紫雲騰起形如繖蓋望者莫不異焉尋而大臣相次誅戮永元二年冬懿又被害信至帝密召長史王茂中兵呂僧珍別駕柳慶遠功曹史吉士瞻等謀之既定以十一月乙巳召僚佐集於聽事告以舉兵是日建牙出檀溪竹木裝舸艦旬日大辦百姓願從者得鐵馬五千匹甲士三萬人先是東昏以劉山陽爲巴西太守使過荊州

就行事蕭穎胄以襲襄陽帝知其謀乃遣參軍王天武龐慶國詣江陵徧與州府人書論軍事天武既發帝謂諸議參軍張弘策曰今日天武坐收天下矣荆州得天武至必回遑無計若不見同取之如拾地芥耳斷三峽據巴蜀分兵定湘中便全有上流以此威聲臨九派斷彭蠡傳檄江南風之靡草不足比也政小引日月耳江陵本憚襄陽人加脣亡齒寒必不孤立寧得不闇見同邪挾荆雍之兵埽定東夏韓白重出不能爲計況以無算之昏主役御刀應敕之徒哉及山陽至巴陵帝復令天武齎書與穎胄兄弟去後帝謂張弘策曰用兵之道攻心爲上攻城次之心戰爲上兵戰次之今日是也近遣天武往州府人皆有書今段止有兩封與行事兄弟云一二天武口具及問天武口無所說天武是行事心膂彼聞必謂行事與天武共隱其事則人人生疑山陽惑於衆口判相嫌貳則行事進退無以自明是馳兩空函定一州矣山陽至江安聞之果疑不上柳忱勸斬天武送首山陽穎胄乃謂天武曰天下之事縣之在卿今就卿借頭以詐山陽昔樊於期亦以頭借荆軻於是斬之送首山陽山陽信之馳入城

將踰闕縣門發折其車轅投車而走中兵參軍陳秀拔戟逐之斬于門外傳首于帝仍以南康王尊號之議來告且曰時有未利當須來年二月遽便進兵恐非廟算帝答曰今坐甲十萬糧用自竭若頓兵十旬必生悔吝且太白出西方杖義而動天時人謀有何不利昔武王伐紂行逆太歲復須待年月乎竟陵太守曹景宗遣杜思沖勸帝迎南康都襄陽時正尊號帝不從王茂又私于張弘策曰今以南康置人手中彼挾天子以令諸侯節下前去爲人所使此豈歲寒之計弘策言之於帝帝曰若前途大事不捷故自蘭艾同焚若功業克建誰敢不從豈是碌碌受人處分於沔南立新野郡以集新附三年二月南康王爲相國以帝爲征東將軍戊申帝發襄陽自冬積霰至是開霽士卒咸悅帝遂留弟偉守襄陽城謂曰當置心於襄陽人腹中推誠信之勿有疑也天下一家乃當相見遂移檄建鄴闡揚威武及至竟陵命長史王茂與太守曹景宗爲前軍中兵參軍張法安守竟陵城茂景宗帥衆濟岸進頓九里其日郢州刺史張沖迎戰茂等大破之荊州遣冠軍將軍鄧元起軍主王世興田安等會大軍於夏口

帝築漢口城以守魯山命水軍主張惠紹朱思遠等游遏中江絕郢魯二城信使時張沖死其衆推軍主薛元嗣及沖長史程茂爲主三月乙巳南康王卽帝位於江陵遙廢東昏爲涪陵王以帝爲尚書左僕射加征東將軍都督征討諸軍假黃鉞西臺又遣冠軍將軍蕭穎達領兵來會四月帝出沔命王茂蕭穎達等逼郢城五月己酉帝移屯漢南是日有紫雲如蓋蔭于壘幕甲寅東昏遣寧朔將軍吳子陽光子衿等十三軍救郢州進據巴口七月帝命王茂帥軍主曹仲宗康絢武會超等潛師襲加湖將逼子陽水涸不通艦子衿喜其夜流星墜其城四更中無雨而水暴長衆軍乘流齊進鼓譟攻之俄而大潰子陽等竄走衆盡溺于江王茂虜其餘而旋郢魯二城相視奪氣先是東昏遣冠軍將軍陳伯之鎮江州爲子陽等聲援帝謂諸將曰夫征討未必須實力所聽威聲耳今加湖之敗誰不讋服陳虎牙卽伯之之子狼狽奔歸彼閒人情理當恟懼我謂九江傳檄可定也因命搜所獲俘囚得伯之幢主蘇隆之厚加賞賜使致命焉戊午魯山城主孫樂祖降己未夜郢城有數百毛人踰堞且泣因投黃鶴磯蓋

城之精也及旦其城主程茂薛元嗣遣參軍朱曉求降帝謂曰城中自可不識
天命何意恆罵曉曰明公未之思耳桀犬何嘗不吠堯初郢城之閉將佐文武
男女口十餘萬人疾疫流腫死者十七八及城開帝並加隱卹其死者命給棺
櫘東昏聞郢城沒乃爲城守計簡二尚方二冶囚徒以配軍其不可活者於朱
雀門內日斬百餘人尚書令王亮苦諫不從陳伯之遣蘇隆之反命求未便進
軍帝曰伯之此言意懷首鼠可及其猶豫逼之乃命鄧元起卽日沿流八月天
子遣兼黃門郎蘇回勞軍帝登舟命諸軍以次進路留上庸太守韋叡守郢城
行州事鄧元起將至尋陽陳伯之猶懼乃收兵退保湖口留其子虎牙守盆城
及帝至乃束甲請罪九月天子詔帝平定東夏以便宜從事前軍之次蕪湖南
豫州刺史申胄棄姑孰走至是大軍進據之自發雍州帝所乘艦常有兩龍導
引左右莫不見者緣道奉迎百姓皆如挾纊仍遣曹景宗蕭穎達領馬步進頓
江寧東昏遣征虜將軍李居士迎戰景宗擊走之於是王茂鄧元起呂僧珍進
據赤鼻邏曹景宗陳伯之爲游兵是日新亭城主江道林率兵出戰衆軍禽之

於陣大軍次新林建康士庶傾都而至送款或以血爲書命王茂進據越城曹景宗據皂莢橋鄧元起據道士墩陳伯之據籬門道林餘衆退屯航南迫之因復散走退保朱雀憑淮自固時李居士猶據新亭壘請東昏燒南岸邑屋以開戰場自大航以西新亭以北蕩然矣十月東昏石頭軍主朱僧勇歸降東昏又遣征虜將軍王珍國列陣於航南大路悉配精手利器尚十餘萬閹人王倀子持白虎幡督諸軍王茂曹景宗等掎角奔之珍國之衆一時土崩衆軍退至宣陽門李居士以新亭壘徐元瑜以東府城降石頭白下諸軍並宵潰壬午帝鎮石頭命衆軍圍六門東昏悉焚門內驅逼營署官府並入城有衆二十萬青州刺史桓和紿東昏出戰因降先是俗語謂密相欺變者爲和欺於是虫兒法珍等曰今日敗於桓和可謂和欺矣帝命諸軍築長圍初衆軍既逼東昏遣軍主左僧慶鎮京口常僧景鎮廣陵李叔獻屯瓜步及申胄自姑孰奔歸又使屯破墩以爲東北聲援至是帝遣曉喻並降帝乃遣弟輔國將軍秀鎮京口輔國將軍恢屯破墩從弟寧朔將軍景鎮廣陵吳郡太守蔡夤棄郡赴降十二月丙寅

兼衛尉張稷北徐州刺史王珍國斬東昏其夜以黃油裹首送軍帝命呂僧珍
張彌勒兵封府庫及圖籍帝乃入收嬖妾潘妃誅之及兇黨王咺之以下四十
八人屬吏以宮女二千人分賚將士宣德皇后令追廢涪陵王爲東昏侯授帝
中書監大司馬錄尚書驃騎大將軍都督揚州刺史封建安郡公食邑萬戶給
班劍四十人黃鉞侍中征討諸軍事並如故依晉武陵王遵承制故事百僚致
敬己卯帝入屯閱武堂下令大赦丙戌入鎮殿內是日鳳皇集建鄴又下令凡
昏制謬賦淫刑濫役外可詳檢前源悉皆除蕩其主守散失諸所損耗精立科
條咸從原例丁亥遣豫州刺史李元履以兵五千慰勞東方十二郡二年正月
辛卯下令通檢尚書衆曹東昏時諸諍訟失理及主者淹停不時施行者精加
訊辯依事議奏其義師臨陣致命疾病死亡者並加葬斂收恤遺孤甲午天子
遣兼侍中席闡文兼黃門侍郎樂法才慰勞都下追贈皇祖散騎常侍左光祿
大夫皇考侍中丞相乙未下令朱雀之捷逆徒送死者特許家人殯葬若無親
屬或有貧苦二縣長尉即爲埋掩建康城內不達天命自取淪滅亦同此科又

下令減損浮費自非奉粢盛脩紱冕習禮樂之容繕甲兵之備此外一皆禁絕
御府中署量宜罷省命外詳爲條格戊戌宣德皇后臨朝入居內殿拜帝大司
馬解承制百僚致敬如前丁亥詔進帝都督中外諸軍事劍履上殿入朝不趨
贊拜不名加前後部羽葆鼓吹置左右長史司馬從事中郎掾屬各四人并依
舊辟士餘並如故甲寅齊帝進帝位相國總百揆封十郡爲梁公備九錫之禮
加遠游冠綠綟綬位在諸王上策曰上天不造難鍾皇室世祖以休明早崩世
宗以仁德不嗣高宗襲統宸居弗永雖夙夜劬勞而隆平不洽嗣君昏暴書契
弗睹朝權國柄委之羣孽勦戮忠賢誅殘台輔含冤抱痛噍類靡餘公藉昏明
之期因兆庶之願爰率羣后翊成中興宗社之危已固天人之望允塞此實公
紐我絕綱大造皇家者也永明季年邊隙大啓荊河連率招引戎荒公受言本
朝輕兵赴襲排危冒險剛柔遞用坦然一方還成藩服此又公之功也在昔隆
昌洪基已謝高宗慮深社稷將行權道公定策帷帳激揚大節廢帝立王謀猷
深著此又公之功也建武闡業厥猷雖遠戎狄內侵憑陵關塞司部危逼淪陷

指期公總兵外討卷甲長驁焚廬毀帳胡哭言歸此又公之功也樊漢阽切羽書續至公星言鞠旅稟命徂征拯我邊危重獲安堵此又公之功也漢南迥弱咫尺勍寇公作藩爰始因資靡託練兵訓卒蒐狩有序俾我危城翻爲強鎮此又公之功也永元紀號瞻烏已及雖廢昏有典而伊霍難行公首建大策爰立明聖義踰邑綸勳高代入此又公之功也文王之風雖被江漢京邑蠢蠢湮爲洪流公投袂萬里事惟拯溺義聲所覃無思不韙此又公之功也魯城夏汭梗據中流乘山置壘縈川自固公御此烏集陵茲地險費無遺矢戰未窮兵踐華之固相望俱拔此又公之功也惟此羣凶同惡相濟緣江負險蟻聚淮湖桴旝一臨應時褫潰此又公之功也姦孽震皇復懷舉斧畜兵九派用擬勤王公稜威直指勢踰風電旌旆小臨全州稽服此又公之功也姑孰衝要密邇京畿兇徒熾聚斷塞津路公兵威所震望旗自駭此又公之功也羣豎猖狂志在借一豕突淮涘武騎如雲公爰命英勇因機騁銳氣冠阪泉勢踰洹水此又公之功也琅邪石首襟帶岨固新壘東墉金湯是埒憑險作守兵食兼資風激電駭莫

不震壘城復于隍於是乎在此又公之功也獨夫昏很憑城靡懼鼓鍾鞺鞳傲
若有餘狎是邪孽忌斯冠冕凶狡因之將逞弩戮公奇謀密運威略潛回忠勇
之徒得申厥效白旗宣室未之或比此又公之功也公有拯億兆之勳重之以
明德爰初厲志服道儒門濯纓來仕清猷映世時運艱難宗社危殆崐岡已燎
玉石同焚驅率貔貅抑揚霆電義等南巢功齊牧野若夫禹功寂寞微管誰嗣
拯其將魚驅其祖髮解茲亂網理此棼絲復禮衽席反樂河海永平故事聞之
者歎息司隸舊章見之者隕涕請我人命還之斗極憫憫縉紳重符戴天之慶
哀哀黔首復蒙履地之恩德踰於嵩岱功隣於造物超哉邈矣越無得而言焉
朕又聞之疇庸命德建侯作屏咸用克固四維永隆萬葉是以二南流化九伯
斯征王道淳洽刑厝罔用惟公經綸天地寧濟區夏道冠乎伊稷賞薄於桓文
豈所以憲章齊魯長轡宇宙敬惟前烈朕甚懼焉今進授相國改揚州刺史為
牧以豫州之梁郡歷陽南徐州之義興揚州之淮南宣城吳吳興會稽新安東
陽十郡封公為梁公錫茲白土苴以白茅爰定爾邦用建冢社在昔旦奭入居

保佑逮于畢毛亦作卿士任兼內外禮實宜之今命使持節兼太尉王亮授相國揚州牧印綬梁公璽紱使持節兼司空王志授梁公茅土金虎符第一至第五左竹使符第一至第十左相國位冠羣后任總百司恆典彝數宜與事革其以相國總百揆去錄尚書之號上所假節侍中貂蟬中書監印中外都督大司馬印綬建安公印策驃騎大將軍如故又加公九錫其敬聽後命以公禮律兼脩刑德備舉哀矜折獄罔不用情是用錫公大輅戎輅各一玄牡二駟公勞心稼穡念在人天丕崇務本惟穀是寶是用錫公袞冕之服赤舄副焉公鎔鈞所被變風以雅易俗陶人載和邦國是用錫公軒縣之樂六佾之舞公文德廣覃義聲遠洽椎髻鑿首夷歌請吏是用錫公朱戶以居公揚清抑濁官方有序多士聿興棫樸流詠是用錫公納陛以登公正色御下以身範物式遏不虞折衝惟遠是用錫公虎賁之士三百人公威同夏日志清姦宄放命圮族刑茲罔赦是用錫公鈇鉞各一公跨躡嵩溟陵厲區宇譬諸日月容光必照是用錫公彤弓一彤矢百盧弓十盧矢千公永言惟孝至感通神恭嚴祀典祭有餘敬是用

錫公秬鬯一卣圭瓚副焉梁國置丞相以下一遵舊式欽哉其敬循往策祗服
大禮對揚天眷用膺多福以弘我太祖之休命帝固辭府僚勸進不許二月辛
酉府僚重請曰近以朝命蘊策冒奏丹誠奉被還令未蒙虚受縉紳顒顒深所
未達蓋聞受金於府通人之弘致高蹈海隅匹夫之小節是以履乘石而周公
不以爲疑贈玉璜而太公不以爲讓況世哲繼軌先德在人經綸草昧歎深微
管加以朱方之役荆河是依班師振旅大造王室雖復累繭救宋重胝存楚居
今觀古曾何足云而惑甚盜鍾功疑不賞皇天后土不勝其酷是以玉馬駿奔
表微子之去金板出地告龍逢之寃明公據鞍號哭厲三軍之志獨居掩涕激
義士之心故能使海若登祇罄圖效祉山戎孤竹束馬景從伐罪弔人一匡靜
亂匪叨天功實勤濡足龜玉不毁誰之功歟獨爲君子將使伊周何地於是始
受相國梁公之命命焚東昏淫奢異服六十二種於都街齊帝追贈梁公夫人
爲梁國妃乙丑南兗州隊主陳文興於宣武城内鑿井得玉鏤騏驎金鏤玉璧
水精環各二又鳳凰見建康縣桐下里宣德皇后稱美符瑞歸于相國府丙寅

詔梁國依舊選諸要職悉依天朝之制帝上表以前代選官皆立選簿請自今選曹精加隱括依舊立簿使冠履無爽名實不違庶人識涯涘造請自息且聞中間立格甲族以二十登仕後門以過立試吏豈所以弘獎風流希向後進此實巨蠹尤宜刊革詔依表施行丙戌詔進梁公爵爲王以豫州之南譙廬江江州之尋陽郢州之武昌西陽南徐州之南瑯邪南東海晉陵揚州之臨海永嘉十郡益梁國幷前爲二十郡其相國揚州牧驃騎大將軍如故帝固辭有詔斷表相國左長史王瑩等率百僚敦請三月癸巳受梁王之命下令赦國內殊死以下鰥寡孤獨不能自存者賜穀五斛府州所統亦同蠲蕩丙午齊帝命帝冕十有二旒建天子旌旗出警入蹕乘金根車駕六馬備五時副車置旄頭雲罕樂儛八佾設鍾簴宮縣王妃王子王女爵命之號一如舊儀丙辰齊帝下詔禪位卽安姑孰四月辛酉宣德皇后令曰西詔至帝憲章前代敬禪神器于梁明可臨軒遣使恭授璽紱未亡人便歸于別宮壬戌策曰咨爾梁王惟昔邃古之載肇有生靈皇雄大庭之辟赫胥尊盧之后斯並龍圖鳥跡以前慌惚杳冥之

世固無得而詳焉洎乎農軒炎皞之代放勳重華之主莫不以大道君萬姓公器御八紘居之如執朽索去之若釋重負一駕汾陽便有窅然之志暫適箕嶺卽動讓王之心故知戴黃屋服玉璽非所以示貴稱尊乘大輅建旂旗蓋欲令歸趣有地是故忘己而字兆庶徇物而君四海及於精華內竭畚橇外勞則撫茲歸運惟能是與四百告終有漢所以高揖黃德旣謝魏氏所以樂推爰及晉宋亦弘斯典我太祖握河受歷應符啓運二葉重光三聖係軌嗣君喪德昏棄紀度毀紊天綱彫絶地紐是以谷滿川枯山飛鬼哭七廟已危人神無主惟王體茲上哲明聖在躬端冕而協邕熙推鋒而拯塗炭武功與日車並運文敎與鵬翼齊舉固以幽顯宅心謳訟斯屬豈徒桴鼓播地卿雲叢天而已哉至於晝睹爭明夜飛枉矢除舊之徵必顯更姓之符允集今便仰祇乾象俯從人願敬禪神器授帝位于爾躬大祚告窮天祿永終於戲王允執其中式遵前典以副昊天之望禋上帝而臨億兆格文祖而膺大業以傳無疆之祚豈不盛與并命璽書遣兼太保中書監兼尚書令王亮兼太尉中書令王志奉皇帝璽紱受終

之禮一依唐虞故事帝抗表陳讓表不獲通於是齊百官豫章王元琳等八百
一十九人及梁臺侍中范雲等一百一十七人並上表勸進帝謙讓不受是日
太史令蔣道秀陳天文符讖六十四條事並明著羣臣重表固請乃從之
天監元年夏四月丙寅皇帝卽位于南郊設壇柴燎告天曰皇帝臣衍敢用玄
牡昭告于皇皇后帝齊氏以歷運斯旣否終則亨欽若天應以命于衍夫任是
司牧惟能是授天命不于常帝王非一族唐謝虞受漢替魏升爰及晉宋憲章
在昔咸以君德馭四海元功子萬姓故能大庇甿黎光宅區宇齊代云季世主
昏凶狡焉羣慝是崇是長肆厥姦回暴亂以播虐于我有邦俾九服八荒之內
連率岳牧之君蹶角頓顙匡救無術衍投袂星言推鋒萬里厲其挂冠之情用
拯兆庶之切遂因時來宰司邦國濟物康世實有厥勞而晷緯呈祥川岳効祉
代終之符旣顯革運之期已萃殊俗百蠻重譯獻款人神遠邇罔不和會於是
羣公卿士咸致厥誠並以皇乾降命難以謙拒衍自惟匪德辭不獲遂仰迫上
玄之眷俯惟億兆之心宸極不可久曠人神不可乏主遂藉樂推膺此嘉祚以

茲寡薄臨馭萬方顧求夙志永言祗惕敬簡元辰恭茲大禮升壇受禪告類上帝克播休祉以弘盛烈式傳厥後用永保于我有梁惟明靈是饗禮畢有詔放觀乃備法駕還建康宮臨太極前殿大赦改元賜人爵二級文武位二等鰥寡孤獨不能自存者人穀五斛逋布口錢宿責勿復收其犯鄉論清議贓汙淫盜一皆蕩滌洗除前注與之更始封齊帝爲巴陵王全食一郡載天子旌旗乘五時副車行齊正朔郊祀天地禮樂制度皆用齊典以齊宣德皇后爲齊文帝妃齊帝后王氏爲巴陵王妃齊代王侯封爵悉皆降省其効著艱難者別有後命惟宋汝陰王不在除例劫賊餘口沒在臺府者悉皆蠲放諸流徙之家並聽還本土以兼尚書令王亮爲尚書令兼尚書右僕射沈約爲尚書僕射封皇弟中護軍宏爲臨川王南徐州刺史秀爲安成王雍州刺史偉爲建安王右衞將軍恢爲鄱陽王荆州刺史憺爲始興王自郡王以下列爵爲縣六等皇弟皇子封郡王二千戶王之庶子爲縣侯五百戶謂之諸侯功臣爵邑無定科鳳凰集南蘭陵丁卯詔凡後宮樂府西解暴室諸如此例被幽逼者一皆放遣若衰老不

能自存者官給廩食戊辰遺巴陵王錢二百萬絹布各千疋綿二千斤車騎將軍高麗王高雲進號車騎大將軍鎮東大將軍百濟王餘太進號征東大將軍鎮東大將軍倭王武進號征東將軍己巳巴陵王殂于姑孰追諡爲齊和帝終禮一依故事庚午詔分遣內侍周省四方觀政聽謠訪賢舉滯其有田野不闢獄訟無章忘公徇私侵漁是務者悉隨事以聞若懷寶迷邦蘊奇待價蓄響藏真不求聞達各依名騰奏罔或遺隱又詔曰金作贖刑有聞自昔入縑以免施於中代永言叔季偷薄成風嬰愆入罪厥塗匪一死者不可復生刑者無因自反由此而望滋實庸可致乎可依周漢舊典有罪入贖外詳爲條格以時奏聞辛未以新除謝沐公蕭寶義爲巴陵王以奉齊祀復南蘭陵武進縣依前代之科徵新除相國軍諮祭酒謝朏爲侍中左光祿大夫開府儀同三司改南東海爲蘭陵郡土斷南徐州諸僑郡縣癸酉詔於公車府謗木肺石傍各置一函若肉食莫言山阿欲有橫議投謗木函若從我江漢功在可策犀兕徒弊龍蛇方縣次身才高妙擯壓莫通懷傅呂之術抱屈賈之歎其理有皦然受困包匭夫

大政侵小豪門陵賤百姓已窮九重莫達若欲自申並可投肺石函甲戌詔斷遠近上慶禮閏月丁酉以行宕昌王梁彌邕爲安西將軍河涼二州刺史正封宕昌王壬寅詔以憲綱日弛漸以爲俗令端右以風聞奏事依元熙舊制有司奏追尊皇考爲文皇帝廟號太祖皇妣張氏爲獻皇后陵曰建陵郗氏爲德皇后陵曰修陵五月乙亥夜盜入南北掖燒神武門總章觀害衞尉卿張弘策戊子江州刺史陳伯之舉兵反以領軍將軍王茂爲征南將軍江州刺史率衆討之六月庚戌封北秦州刺史楊紹先爲武都王是月陳伯之奔魏江州平前益州刺史劉季連據成都反秋七月丁巳朔日有蝕之八月戊戌置建康三官癸卯鸞鳥見樂游苑乙巳平北將軍西涼州刺史象舒彭進號安西將軍封鄧至王丁未命中書監王瑩等八人參定律令詔尚書郎依昔奏事交州獻能歌鸚鵡詔不納林邑干陁利國各遣使朝貢冬十一月己未立小廟甲子立皇子統爲皇太子賜天下爲父後者爵一級十二月大雪深三尺是歲大旱米斗五千人多餓死

二年春正月乙卯以尚書僕射沈約爲左僕射吏部尚書范雲爲右僕射辛酉
祀南郊降死罪以下囚庚辰以仇池公楊靈珍爲北梁州刺史封仇池王夏四
月癸卯尚書删定郎蔡法度上梁律二十卷令三十卷科四十卷五月尚書右
僕射范雲卒乙丑益州刺史鄧元起克成都曲赦益州六月丁亥以新除左光
祿大夫謝朏爲司徒尚書令甲午以中書監王瑩爲尚書右僕射是夏多癘疫
秋七月扶南龜兹中天竺國各遣使朝貢冬十月皇子綱生降都下死罪以下
囚十一月乙卯雷電大雨晦
三年春正月癸丑以尚書右僕射王瑩爲左僕射太子詹事柳惔爲右僕射二
月魏剋梁州三月隕霜殺草夏五月丁巳以扶南王憍陳如闍耶跋摩爲安南
將軍六月丙子詔分遣使巡察州部視人冤酷癸未大赦秋七月甲子立皇子
綜爲豫章王八月魏剋司州九月壬子以河南王世子伏連籌爲鎮西將軍西
秦河二州刺史封河南王北天竺國遣使朝貢冬十一月甲子詔除贖罪科是
歲魏正始元年

四年春正月癸卯詔自今九流常選年未三十不通一經不得解褐若有才同
甘顏勿限年次置五經博士各一人有司奏吳令唐傭鑄盤龍火爐翔鳳硯蓋
詔禁錮終身丙午省鳳凰銜書伎戊申詔往代多命宮人帷宮觀禋郊之禮非
所以仰虔蒼昊自今停止辛亥祀南郊大赦二月初置胄子律博士壬午遣衞
尉卿楊公則率宿衞兵塞洛口壬辰交州刺史李凱據州反長史李畟討平之
曲赦交州是月立建興苑於秣陵建興里夏四月丁巳以行宕昌王梁彌博爲
安西將軍河涼二州刺史正封宕昌王六月庚戌立孔子廟冬十月使中軍將
軍揚州刺史臨川王宏都督北討諸軍事侵魏以興師費用王公以下各上國
租及田穀以助軍資是歲大穰米斛三十
五年春正月丁卯朔詔凡諸郡國舊族邦內無在朝位者選官搜括使郡有一
人乙亥起前司徒謝朏爲中書監司徒甲申立皇子綱爲晉安王三月丙寅朔
日有蝕之夏四月甲寅初立詔獄詔建康縣置三官與廷尉三官分掌獄事號
建康爲南獄廷尉爲北獄五月置集雅館以招遠學秋七月乙丑鄧至國遣使

朝貢八月辛酉作東宮九月臨川王宏軍至洛口大潰所亡萬計宏單騎而歸冬十一月甲子都下地震生白毛乙丑以師出淹時大赦魏人乘勝攻鍾離十二月癸卯司徒謝朏薨

六年春三月庚申隕霜殺草是月有三象入建鄴夏四月壬辰置左右驍騎左右游擊將軍官癸巳曹景宗韋叡等破魏師於邵陽洲斬獲萬計己酉以江州刺史王茂爲尚書右僕射丁巳以揚州刺史臨川王宏爲驃騎大將軍開府儀同三司以右光祿大夫沈約爲尚書左僕射五月己巳置中衛中權將軍改驍騎爲雲騎游擊爲游騎秋八月戊子赦戊戌都下大水九月乙亥改閱武堂爲德陽堂聽訟堂爲儀賢堂冬閏十月乙丑以開府臨川王宏爲司徒以行太子太傅尚書左僕射沈約爲尚書令以行太子少傅吏部尚書袁昂爲兼尚書右僕射甲申以左光祿大夫夏侯詳爲左僕射十二月丙辰左僕射夏侯詳卒

七年春正月戊子以元樹爲恆朔二州都督封魏郡王戊戌詔作神龍仁獸闕於端門大司馬門外二月乙卯新作國門于越城南乙丑增置鎮衛將軍以下

爲十品以法日數凡二十四班以法氣序不登十品別有八班以象八風又置施外國將軍二十四班合一百九號庚午詔於州郡縣置州望郡宗鄉豪各一人專掌搜薦乙亥以車騎大將軍高麗王高雲爲撫東大將軍開府儀同三司夏四月乙卯以皇太子納妃故赦大辟以下頒賜朝臣及近侍各有差五月都下大水戊子詔蘭陵縣建脩二陵周回五里內居人賜復終身己亥詔復置宗正太僕大匠鴻臚又增太府太舟仍先爲十二卿及置朱衣直閤將軍官六月辛酉改陵監爲令秋八月丁巳皇子繹生赦大辟以下未結正者九月壬辰置童子奉車郎癸巳立皇子續爲南康王冬十月丙寅以吳興太守張稷爲尚書左僕射丙子詔大舉北侵丁丑魏縣瓠鎮主白皁生豫州刺史胡遜以城內屬是歲魏永平元年

八年春正月辛巳祀南郊大赦壬辰魏鎮東參軍成景儁以宿豫城內屬夏四月戊申以司徒臨川王宏爲司空揚州刺史以車騎將軍領太子詹事王茂即本號開府儀同三司秋七月癸巳巴陵王蕭寶義薨冬十一月壬寅立皇子續

爲廬陵王
九年春正月乙亥以左光祿大夫王瑩爲尚書令庚寅新作緣淮塘三月己丑
幸國子學親臨講肄賜祭酒以下各有差乙未詔皇太子及王侯之子年在從
師者皆入學夏四月丁巳選尚書五都令史革用士流六月癸丑盜殺宣城太
守朱僧勇閏六月己丑宣城盜轉寇吳興太守蔡撙討平之冬十二月癸未幸
國子學策試胄子賜訓授之司各有差是歲于闐林邑國並遣使朝貢
十年春正月辛丑祀南郊大赦戊申荆州言騶虞見三月盜殺東莞琅邪二郡
太守劉晣以朐山引魏徐州刺史盧昶夏六月以國子祭酒張充爲尚書右僕
射冬十二月山車見臨城縣振遠將軍馬仙琕大破魏軍斬馘十餘萬復朐山
城是歲初作宮城門三重樓及開二道宕昌國遣使朝貢婆利國貢金席
十一年春正月壬辰詔自今捕讁之家及罪應質作若年有老小可停將送加
鎮南將軍江州刺史建安王偉開府儀同三司司空揚州刺史臨川王宏進位
太尉以驃騎將軍王茂爲司空二月戊辰新昌濟陽二郡野蠶成繭三月丁巳

爲旱故曲赦揚徐二州庚申高麗國遣使朝貢夏四月百濟扶南林邑等國各遣使朝貢秋九月宕昌國遣使朝貢冬十月乙未以吳郡太守袁昂爲兼尚書右僕射己酉降太尉揚州刺史臨川王宏爲驃騎將軍開府同三司之儀癸丑齊宣德太妃王氏薨是歲魏延昌元年

十二年春正月辛卯祀南郊赦大辟罪以下辛酉兼尚書右僕射袁昂卽正丙寅詔明下遠近若委骸不葬或蔭衣莫改量給棺具收斂辛巳新作太極殿改爲十三間以從閏數閏三月乙丑特進中軍將軍沈約卒夏四月都下大水六月癸巳新作太廟增基九尺秋九月加揚州刺史臨川王宏位司空以司空王茂爲驃騎將軍開府同三司之儀位江州刺史冬十月丁亥詔曰明堂地居卑濕可量就埤起以盡誠敬

十三年春二月庚辰朔震于西南天如裂丁亥耕藉田大赦賜孝悌力田爵一級夏六月都下訛言有棖棖取人肝肺及血以飴天狗百姓大懼二旬而止秋七月乙亥立皇子綸爲邵陵王繹爲湘東王紀爲武陵王是歲林邑扶南于闐

國各遣使朝貢作浮山堰
十四年春正月乙巳朔皇太子冠大赦賜爲父後者爵一級王公以下班賚各有差停遠近上慶禮辛亥祀南郊詔班下遠近博採英異又前以墨刑用代重辟者除其條丙辰汝陰王劉胤薨丁巳魏宣武皇帝崩夏四月丁丑驃騎將軍開府同三司之儀江州刺史王茂薨冬十月浮山堰壞是歲蠕蠕狼牙修國各遣使來朝貢
十五年春三月戊辰朔日有蝕之既夏四月高麗國遣使朝貢六月庚子以尚書令王瑩爲左光祿大夫開府儀同三司尚書右僕射袁昂爲左僕射吏部尚書王暕爲右僕射秋八月蠕蠕河南國各遣使朝貢九月辛巳左光祿大夫開府儀同三司王瑩薨壬辰大赦冬十一月交州刺史李䂂斬反者阮宗孝傳首建鄴曲赦交州是歲魏孝明皇帝熙平元年
十六年春正月辛未祀南郊詔尤貧家勿收今年三調無田業者所在量宜賦給及優蠲產子之家恤理寃獄并賑孤老鰥寡不能自存者二月辛亥耕藉田

甲寅赦罪人三月丙子敕太醫不得以生類爲藥公家織官紋錦飾並斷仙人鳥獸之形以爲褻衣裁翦有乖仁恕於是祈告天地宗廟以去殺之理欲被之含識郊廟牲牷皆代以麪其山川諸祀則否時以宗廟去牲則爲不復血食雖公卿異議朝野喧囂竟不從冬十月宗廟薦羞始用蔬果是歲河南扶南婆利等國各遣使朝貢

十七年春二月癸巳雍州刺史安成王秀薨甲辰大赦三月丙申改封建安郡王偉爲南平王夏六月乙酉中軍將軍中書監臨川王宏以本號行司徒秋八月壬寅詔兵騶奴婢男年六十六女年六十免爲編戶閏八月于陁利國遣使朝貢冬十月乙亥以行司徒臨川王宏卽正十一月辛亥以南平王偉爲左光祿大夫開府儀同三司是歲魏神龜元年

十八年春正月甲申以領軍將軍鄱陽王恢爲征西將軍荊州刺史以荊州刺史始興王憺爲中撫將軍並開府儀同三司以尚書左僕射袁昂爲尚書令以右僕射王暕爲左僕射以太子詹事徐勉爲右僕射辛卯祀南郊孝悌力田賜

爵一級夏四月丁巳帝於無礙殿受佛戒赦罪人秋七月于闐扶南國各遣使

朝貢

南史卷六

南史卷六考證

梁武帝紀兩骻駢骨項上隆起○項梁書作頂今各本俱同仍之

公奇謀密運威略潛回○回一本作通

明公據鞍號哭厲三軍之志○號一本作輟

乙丑南兗州隊王陳文與於宣武城內鑿井○宣武梁書作桓

劫賊餘口沒在臺府者悉皆蠲放○皆監本作在梁書作可今從閣本

乙丑益州刺史鄧元起剋成都○丑監本訛巳今從梁書上文爲丁巳尙書右

僕射范雲卒下文爲壬申斷諸郡縣獻奉二宮改正

戊申荊州言騶虞見○申監本訛子今從梁書改正

冬十月乙未以吳郡太守袁昂爲兼尙書右僕射○十月梁書作十一月

南史卷六考證

南史卷七

唐　李　延　壽　撰

梁本紀中第七

普通元年春正月乙亥朔大赦改元丙子日有蝕之己卯以司徒臨川王宏爲太尉揚州刺史以金紫光祿大夫王份爲尙書左僕射庚子扶南高麗等國並遣使朝貢二月癸丑以高麗王嗣子安爲寧東將軍高麗王三月滑國遣使朝貢夏四月河南國遣使朝貢秋七月己卯江淮海並溢九月乙亥有星晨見東方光爛如火是歲魏正光元年

二年春正月辛巳祀南郊詔置孤獨園以恤孤幼戊子大赦二月辛丑祀明堂三月庚寅大雪平地三尺夏四月乙卯改作南北郊丙辰詔曰平秩東作義不在南前代因襲有乖禮制可於震方具茲千畝於是徙藉田於東郊外十五里五月癸卯琬琰殿火延燒後宮屋三千間閏月丁巳詔自今可停賀瑞六月丁卯義州刺史文僧明以州歸魏秋七月丁酉假大匠卿裴邃節督衆軍侵魏甲

寅魏荊州刺史桓叔興帥衆降八月丁亥始平郡石鼓村地自開成井方六尺六寸深三十二丈冬十一月百濟新羅國各遣使朝貢十二月戊辰以鎮東大將軍百濟王餘隆爲寧東大將軍

三年春正月庚子以吳郡太守王暕爲尚書左僕射庚戌都下地震三月乙卯巴陵王蕭屏薨夏四月丁卯汝陰王劉端薨五月壬辰朔日有蝕之既癸巳大赦詔公卿百僚各上封事連率郡國舉賢良方正直言之士秋八月甲子婆利白題國各遣使朝貢冬十一月甲申開府儀同三司始興王憺薨

四年春正月辛卯祀南郊大赦辛亥祀明堂二月乙亥耕藉田孝弟力田賜爵一級預耕之司剋日勞酒冬十月庚午以中衞將軍袁昂爲尚書令卽本號開府儀同三司十一月癸未朔日有蝕之甲辰尚書左僕射王暕卒十二月戊午用給事中王子雲議始鑄鐵錢狼牙修國遣使朝貢

五年夏六月乙酉龍鬭于曲阿王陂因西行至建陵城所經樹木倒折開數十丈庚子以員外散騎常侍元樹爲平北將軍北青兗二州刺史率衆侵魏

六年春正月辛亥祀南郊大赦庚申魏徐州刺史元法僧以彭城來降自去歲以來北侵諸軍所在剋獲甲戌以元法僧爲司空封始安郡王二月辛巳改封法僧爲宋王三月丙午賜新附人長復除註誤罪失一無所問夏五月己酉修宿豫堰又修曹公堰於濟陰壬子遣中護軍夏侯亶督壽陽諸軍侵魏六月庚辰豫章王綜奔魏魏復據彭城秋七月壬戌大赦冬十二月壬辰都下地震是歲魏孝昌元年

七年春正月辛丑朔赦死罪以下夏四月乙酉太尉臨川王宏薨南州津改置校尉增加奉秩詔在位羣臣各舉所知凡是清吏咸使薦聞秋九月己酉荊州刺史鄱陽王恢薨冬十一月庚辰丁貴嬪薨大赦是歲河南高麗林邑滑國並遣使朝貢

大通元年春正月乙丑以尙書右僕射徐勉爲尙書左僕射詔百官奉祿自今可長給見錢辛未祀南郊詔流亡者聽復宅業蠲役五年尤貧家勿收今年三調孝弟力田賜爵一級是月司州刺史夏侯夔進軍三關所至皆剋初帝創同

泰寺至是開大通門以對寺之南門取反語以協同泰自是晨夕講義多由此
門三月辛未幸寺捨身甲戌還宮大赦改元大通以符寺及門名夏五月丙寅
成景儁剋魏臨潼竹邑冬十月庚戌魏東豫州刺史元慶和以渦陽內屬甲寅
曲赦東豫州十一月丁卯以中護軍蕭藻爲都督侵魏鎭于渦陽是歲林邑師
子高麗等國各遣使朝貢
二年春正月乙酉蠕蠕國遣使朝貢二月築寒山堰癸丑魏孝明皇帝崩夏四
月戊戌魏尒朱榮推奉孝莊帝庚子榮殺幼主及太后胡氏辛丑魏郢州刺史
元願達以義陽降封願達爲樂平王是時魏大亂其北海王顥臨淮王彧汝南
王悅並來奔北青州刺史元儁南荊州刺史李志皆以地降冬十月丁亥以魏
北海王顥主魏遣東宮直閤將軍陳慶之衞送還北魏豫州刺史鄧獻以地降
是歲魏武泰元年尋改爲建義又改曰永安
中大通元年春正月辛酉祀南郊大赦賜孝悌力田爵一級辛巳祀明堂夏四
月癸巳陳慶之攻拔魏梁城進屠考城禽魏濟陰王暉業五月癸酉進剋虎牢

魏孝莊帝出居河北乙亥元顥入京師僭號建武六月壬午以永興公主疾篤故大赦公主志也是月都下疫甚帝於重雲殿爲百姓設救苦齋以身爲禱閏月護軍將軍南康王績薨己卯魏將尒朱榮攻殺元顥京師反正秋九月辛巳朱雀航華表災癸巳幸同泰寺設四部無遮大會上釋御服披法衣行清淨大捨以便省爲房素床瓦器乘小車私人執役甲午升講堂法坐爲四部大衆開涅槃經題癸卯羣臣以錢一億萬奉贖皇帝菩薩大捨僧衆默許乙巳百辟詣寺東門奉表請還臨宸極三請乃許帝三答書前後並稱頓首冬十月己酉又設四部無遮大會道俗五萬餘人會畢帝御金輅還宮御太極殿大赦改元十一月戊子魏巴州刺史嚴始欣以城降是歲盤盤蠕蠕國並遣使朝貢

二年夏四月癸丑幸同泰寺設平等會庚申大雨雹六月丁巳遣魏汝南王悅還北主魏庚申以魏尚書左僕射范遵爲司州牧隨悅北侵是月林邑扶南國遣使朝貢秋八月庚戌幸德陽堂祖魏主元悅山賊寇會稽郡縣九月壬午假超武將軍湛海珍節以討之是歲魏莊帝殺其權臣尒朱榮其黨奉魏長廣王

曄爲主而殺孝莊帝年號建明

三年春正月辛巳祀南郊大赦丙申以魏尚書僕射鄭元護爲征北大將軍二月辛丑祀明堂夏四月己巳皇太子統薨六月癸丑立昭明太子子華容公歡爲豫章郡王枝江公譽爲河東郡王曲江公詧爲岳陽郡王是月丹丹國遣使朝貢秋七月乙亥立晉安王綱爲皇太子大赦賜爲父後者及出處忠孝文武清勤並爵一級庚寅詔宗戚有服屬者並賜湯沐食鄉亭侯各隨遠近以爲差次壬辰以吏部尚書何敬容爲尚書右僕射九月狼牙修國遣使朝貢是秋吳興生野稻饑者賴焉冬十月己酉上幸同泰寺升法座爲四部衆說涅槃經訖于乙卯前樂山縣侯蕭正則有罪流徙至是招誘亡命欲寇廣州在所討平之十一月乙未上幸同泰寺升法座爲四部衆說般若經訖于十二月辛丑是歲魏尒朱兆又廢其主曄而奉節閔皇帝改建明二年爲普泰元年又魏渤海王高歡舉兵信都別奉渤海太守朗爲主改普泰元年爲中興

四年春正月丙寅以開府儀同三司南平王偉爲大司馬以司空宋王元法僧

爲太尉尚書令以開府儀同三司袁昂爲司空立臨川靖惠王宏子正德爲臨賀郡王庚午立嫡皇孫大器爲宣城郡王位列諸王上癸未魏南兗州刺史劉世明以城降二月壬寅以太尉元法僧還北主魏以侍中元景隆爲徐州刺史封彭城郡王通直常侍元景宗爲青州刺史封平昌郡王隨法僧北侵庚戌新除揚州刺史邵陵王綸有罪免爲庶人三月庚午侍中領國子博士蕭子顯表置制旨孝經助教一人生十人專通帝所釋孝經義夏四月盤盤國遣使朝貢秋七月甲辰星隕如雨九月乙巳加司空袁昂尚書令冬十一月高麗國遣使朝貢十二月丙子魏彭城王尒朱仲遠來奔以爲定洛將軍封河南王北侵隨所剋土使自封建庚辰以太尉元法僧爲郢州刺史驃騎大將軍開府同三司之儀是歲魏相渤海王高歡平尒朱氏廢節閔皇帝及自所奉渤海故王朗而奉平陽王修是爲孝武皇帝改中興二年爲大昌尋又改爲永熙元年

五年春正月辛卯祀南郊大赦賜孝悌力田爵一級先是一日丙夜南郊令解滌之等到郊所履行忽聞異香三隨風至及將行事奏樂迎神畢有神光圓滿

壇上朱紫黃白雜色食頃乃滅戊申都下地震己酉長星見辛亥祀明堂二月
癸未幸同泰寺設四部大會升法座發金字般若經題訖于己丑三月丙辰大
司馬南平王偉薨夏五月戊子都下大水御道通船六月己卯魏建義城主蘭
保殺東徐州刺史崔祥以下邳降冬十月庚申以尙書右僕射何敬容爲左僕
射以吏部尙書謝舉爲右僕射是歲河南波斯盤盤國並遣使朝貢
六年春二月癸亥耕藉田大赦賜孝悌力田爵一級三月己亥以行河南王可
沓振爲西秦河二州刺史正封河南王甲辰百濟國遣使朝貢夏四月丁卯熒
惑在南斗秋七月甲辰林邑國遣使進貢冬十月丁卯以信武將軍元慶和爲
鎭北將軍封魏王率衆北侵閏十二月丙午西南有雷聲二是歲魏孝武帝迫
于其相高歡出居關中歡又別奉淸河王世子善見爲主是爲孝靜帝改永熙
三年爲天平元年魏於是始分爲兩孝武旣至關中又與丞相宇文泰不平未
幾遇鴆而崩
大同元年春正月戊申朔大赦改元二月辛巳祀明堂丁亥耕藉田辛丑高麗

丹丹國並遣使朝貢三月丙寅幸同泰寺設無遮大會辛未滑國遣使朝貢夏四月庚子波斯國遣使朝貢壬戌幸同泰寺鑄十方銀像幷設無礙會秋七月辛卯扶南國遣使朝貢冬十月雨黃塵如雪十一月壬戌北梁州刺史蘭欽攻漢中魏梁州刺史元羅降癸亥復梁州是歲西魏文皇帝大統元年

二年春二月乙亥耕藉田三月庚申詔求讜言及令文武在位舉士戊寅帝幸同泰寺設平等法會夏四月乙未以開府同三司之儀元法僧爲太尉五月癸卯以魏梁州刺史元羅爲青冀二州刺史封東郡王六月丁亥詔郊明堂陵廟等令改視散騎侍郎秋九月辛亥幸同泰寺設四部無礙法會冬十月乙亥詔大舉北侵壬午幸同泰寺設無礙大會十一月雨黃塵如雪攬之盈掬己亥詔北侵衆軍班師辛亥都下地震生白毛長二尺十二月壬申與東魏通和

三年春正月辛丑祀南郊大赦賜孝弟力田爵一級是夜朱雀門災壬寅雨灰黃色二月丁亥耕藉田癸巳以護軍將軍蕭藻爲尚書左僕射三月戊戌立昭明太子子譽爲武昌郡王詧爲義陽郡王夏五月癸未幸同泰寺鑄十方金銅

像設無礙法會六月青州朐山隕霜秋七月青州雪害苗稼癸卯東魏人來聘
己酉義陽王讐薨八月辛卯幸阿育王寺設無礙法喜食大赦九月使兼散騎
常侍張臯聘于東魏閏九月甲子侍中太尉元法僧薨冬十月丙辰都下地震
是歲饑
四年春二月己亥耕藉田三月河南蠕蠕國並遣使朝貢夏五月甲戌東魏人
來聘六月辛丑日有蝕之秋七月癸亥詔以東冶徒李胤之降象牙如來真形
大赦戊辰使兼散騎常侍劉孝儀聘于東魏八月甲辰詔南兗等十二州旣經
饑饉曲赦逋租宿責勿收今年三調九月閱武于樂游苑
五年春正月乙卯以護軍將軍廬陵王續爲驃騎將軍安右將軍尚書左僕射
蕭藻爲中衞將軍並開府儀同三司中權將軍丹陽尹何敬容以本號爲尚書
令吏部尚書張纘爲尚書左僕射丁巳御史中丞參禮儀事賀琛奏今南北二
郊及藉田往還並宜御輦不復乘路二郊請用素輦藉田往還乘常輦皆以侍
中陪乘停大將軍及太僕詔付尚書博議施行改素輦名大同輦郊祀宗廟乘

佩輦辛未祀南郊詔孝弟力田及州閭鄉黨稱爲善人者各賜爵一級秋八月乙酉扶南國獻生犀冬十一月乙亥東魏人來聘十二月使兼散騎常侍柳豹聘于東魏是歲都下訛言天子取人肝以飴天狗大小相警曰晚便閉門持仗數月乃止

六年春正月庚戌朔曲赦司豫徐兗四州二月己亥耕藉田夏四月癸未詔晉宋齊三代諸陵有職司者勤加守護五月己卯河南王遣使朝獻馬及方物求釋迦像幷經論十四條勅付像幷制旨涅槃般若金光明講疏一百三卷秋七月丁亥東魏人來聘遣散騎常侍陸晏子報聘八月戊午大赦辛未盤盤國遣使朝貢九月戊戌司空袁昂薨冬十一月己卯曲赦都下十二月壬子江州刺史豫章王歡薨

七年春正月辛巳祀南郊大赦辛丑祀明堂二月乙巳以行宕昌王梁彌泰爲平西將軍河涼二州刺史正封宕昌王辛亥耕藉田乙卯都下地震夏四月戊申東魏人來聘遣兼散騎常侍明少遐報聘冬十一月丙子詔停所在使役女

丁十二月壬寅東魏人來聘遣兼散騎常侍袁狎報聘丙辰於宮城西立士林
館延集學者是歲宕昌蠕蠕高麗百濟滑國各遣使朝貢百濟求涅槃等經疏
及醫工畫師毛詩博士並許之交州人李賁攻刺史蕭諮

八年春正月安成郡人劉敬躬挾左道以反二月戊戌江州刺史湘東王繹遣
中兵曹子郢討禽之送于都斬之建康市三月於江州新蔡高塘立頌平屯墾
作蠻田

九年春閏正月丙申地震生毛三月以太子詹事謝舉爲尚書僕射夏四月林
邑王破德州攻李賁賁將范修又破林邑王於九德敗走之冬十一月益州刺
史武陵王紀進號征西將軍開府儀同三司

十年春正月李賁竊號於交阯年號天德三月甲午幸蘭陵庚子謁建陵有紫
雲蔭陵上食頃乃散帝望陵流涕所霑草皆變色陵傍有枯泉至是而流水香
潔辛丑哭于修陵壬寅於皇基寺設法會詔賜蘭陵老少位一階并加頒賚所
經縣邑無出今年租賦因賦還舊鄉詩癸卯詔園陵職司恭事勤勞並錫位一

階并加賜賚己酉幸京口城北固樓因改名北顧庚戌幸回賓亭宴帝鄉故老
及所經近縣奉迎候者少長數千人各賚錢二千夏四月乙卯至自蘭陵詔鰥
寡孤獨尤貧者贍恤各有差五月廣州人盧子略反刺史新渝侯暎討平之詔
曲赦廣州秋九月己丑赦冬十一月大雪平地三尺
十一年春正月震華林園光嚴殿重雲閣帝自貶拜謝上天累刻乃止夏四月
東魏人來聘冬十月己未詔復開贖罪典
中大同元年春正月丁未曲阿縣建陵隧口石辟邪起舞有大蛇鬭隧中其一
被傷奔走青蟲食陵樹葉略盡癸丑交州刺史楊瞟剋交阯嘉寧城李賁竄入
屈獠洞交州平三月乙巳大赦庚戌幸同泰寺講金字三慧經仍施身夏四月
丙戌皇太子以下奉贖仍於同泰寺解設法會大赦改元是夜同泰寺災六月
辛巳竟天有聲如風水相薄秋七月甲子詔自今有犯罪者非大逆父母祖父
母勿坐丙寅詔曰朝四暮三衆狙皆喜名實未虧而喜怒為用頃聞外間多用
九佰錢佰減則物貴佰足則物賤非物有貴賤是心有顛倒至於遠方日更滋

甚自今可通用足佰錢八月丁丑東揚州刺史武昌王訾薨甲午渴槃陁國遣
使獻方物冬十一月癸酉汝陰王劉哲薨
太清元年春正月己亥朔日有蝕之壬寅荊州刺史廬陵王續薨辛酉祀南郊
大赦甲子祀明堂是月東魏相渤海王高歡薨二月己卯白虹貫日庚辰東魏
司徒侯景求以河南十三州內屬壬午以景爲大將軍封河南王大行臺承制
如鄧禹故事丁亥耕藉田三月庚子幸同泰寺設無遮大會上釋御服服法衣
行清淨大捨名曰羯磨以五明殿爲房設素木牀葛帳土瓦器乘小輿私人執
役乘輿法服一皆屏除甲辰遣司州刺史羊鴉仁率土州刺史桓和仁州刺史
湛海珍等應接侯景兵未至而東魏遣兵攻景景又割地求救於西魏方解圍
乙巳帝升光嚴殿講堂坐師子講金字三慧經捨身夏四月庚午羣臣以錢一
億萬奉贖皇帝菩薩僧衆默許戊寅百辟詣鳳莊門奉表三請三答頓首並如
中大通元年故事丁亥服袞冕御輦還宮幸太極殿如即位禮大赦改元是月
神馬出皇太子獻寶馬頌六月戊辰以前雍州刺史鄱陽王範爲征北將軍總

督漢北征討諸軍事秋七月庚申羊鴉仁入縣瓠城八月乙丑諸軍北征以南豫州刺史蕭明爲大都督敕緣邊初附諸州戊子以大將軍侯景錄行臺尚書事九月癸卯王游苑成輿駕幸苑冬十一月東魏將慕容紹宗大敗蕭明于寒山明被俘執紹宗進圍潼州十二月戊辰命太子舍人元貞還北爲東魏主二年春正月癸巳朔兩月相承如鈎見于西方戊戌詔在位各舉所知己亥東魏克渦陽辛丑以尚書僕射謝舉爲尚書令以守吏部尚書王克爲尚書僕射甲辰東魏剋殷豫二州三月甲辰撫軍將軍高麗王高延卒以其子成爲寧東將軍高麗王樂浪公己未屈獠洞斬李賁傳首建鄴夏四月丙子詔在朝及州郡各舉士五月辛丑以新除中書令邵陵王綸爲安前將軍開府儀同三司辛亥曲赦交愛德三州六月天裂于西北長十丈闊二丈光出如電其聲若雷秋七月使兼散騎常侍謝班聘于東魏結和八月戊辰侯景舉兵反甲辰使開府儀同三司邵陵王綸都督衆軍討景曲赦南豫州九月戊辰地震江左尤甚壞屋殺人地生白毛長二尺益州市有飛蟲萬羣螫人死冬十月侯景襲譙州進

攻陷歷陽戊申以臨賀王正德爲平北將軍都督諸軍屯丹陽郡己酉景自横
江濟采石辛亥至建鄴臨賀王正德率衆附賊十一月戊午朔設壇刑白馬祀
蚩尤於太極殿前己未景立蕭正德爲天子於南闕前辛酉賊攻陷東府城庚
辰邵陵王綸帥武州刺史蕭弄璋前譙州刺史趙伯超等入援乙酉進軍湖頭
與賊戰賊敗績丙戌安北將軍鄱陽王範遣世子嗣雄信將軍裴之高等率衆
入援次張公洲十二月戊申天西北裂有光如火尚書令謝舉卒丙辰司州刺
史柳仲禮前衡州刺史韋粲高州刺史李遷仕前司州刺史羊鴉仁等率軍入
援
三年春正月丁巳大都督柳仲禮率衆軍分據南岸賊濟軍於青塘襲殺韋粲
庚申白虹貫日三重邵陵王綸臨城公大連等率兵集南岸戊辰有流星長三
十丈墮武庫李遷仕及天門太守樊文皎進軍青溪東爲賊所破文皎死之壬
午熒惑守心二月侯景遣使求和皇太子固請帝乃許之盟于西華門下景既
運東城米歸于石頭亦不解圍啓求遣諸軍退丁未皇太子又命南兗州刺史

南康王會理前青冀二州刺史湘潭侯退率江北之衆頓于蘭亭苑甲子以開府儀同三司丹陽尹邵陵王綸爲司空以合州刺史鄱陽王範爲征北大將軍開府儀同三司以司州刺史柳仲禮爲侍中尚書僕射時景奸計既成乃表陳帝失復舉兵向闕三月城內以景違盟設壇告天地神祇戊午前司州刺史羊鴉仁等進軍東府北與賊戰大敗時四方征鎮入援者三十餘萬莫有鬭志自相抄奪而已丁卯賊攻陷宮城縱兵大掠己巳賊矯詔遣石城公大款解外援軍庚午侯景自爲都督中外諸軍事大丞相錄尚書事辛未援軍各退散丙子熒惑守心夏四月己丑都下地震丙申又震己酉帝以所求不供憂憤寢疾是月青冀二州刺史明少遐東徐州刺史湛海珍北青州刺史王奉伯各舉州附東魏五月丙辰帝崩于淨居殿時年八十六辛亥遷梓宮于太極前殿十一月乙卯葬于修陵追尊爲武皇帝廟號高祖帝性淳孝六歲獻皇太后崩水漿不入口三日哭泣有過成人及丁文帝憂時爲齊隨王諮議隨府在荊鎮以病聞便投劾星馳不復寢食倍道就路憤風驚浪不暫停止帝形容本壯及至都銷

毁骨立親表士友皆不復識望宅奉諱氣絶久之每哭輒歐血數升服內日惟食麥二溢拜埽山陵涕淚所洒松草變色及居帝位卽於鍾山造大愛敬寺青溪邊造智度寺於臺內立至敬等殿又立七廟堂月中再設淨饌每至展拜涕泗滂沲哀動左右少而篤學能事畢究雖萬機多務猶卷不輟手燃燭側光常至戊夜撰通史六百卷金海三十卷制旨孝經義周易講疏及六十四卦二繫文言序卦等義樂社義毛詩春秋答問尙書大義中庸講疏孔子正言孝經講疏凡二百餘卷王侯朝臣皆奉表質疑帝皆爲解釋修飾國學增廣生員立五館置五經博士天監初何佟之賀瑒嚴植之明山賓等覆述制旨幷撰吉凶賓軍嘉五禮一千餘卷帝稱制斷疑焉大同中於臺西立士林館領軍朱异太府卿賀琛舍人孔子袪等遞互講述皇太子宣城王亦於東宮宣猷堂及揚州解開講於是四方郡國莫不向風爰自在田及登寶位躬制贊序詔誥銘誄箴頌牋奏諸文又百二十卷六藝備閑棊登逸品陰陽緯候卜筮占決草隸尺牘騎射莫不稱妙晚乃溺信佛道日止一食膳無鮮腴惟豆羹糲飯而已或遇事擁

日儻移中便嗽口以過製涅槃大品淨名三慧諸經義記數百卷聽覽餘閑即於重雲殿及同泰寺講說名僧碩學四部聽衆常萬餘人身衣布衣木綿皂帳一冠三載一被二年自五十外便斷房室後宮職司貴妃以下六宮褘褕三翟之外皆衣不曳地傍無錦綺不飲酒不聽音聲非宗廟祭祀大會饗宴及諸法事未嘗作樂勤於政務孜孜無怠每冬月四更竟即敕把燭看事執筆觸寒手爲皴裂然仁愛不斷親親及所愛愆犯多有縱捨故政刑弛紊每決死罪常有哀矜涕泣然後可奏性方正雖居小殿暗室恆理衣冠小坐暑月未嘗褰袒雖見內豎小臣亦如遇大賓也初齊高帝夢屐而登殿顧見武明二帝後一人手張天地圖而不識問之答曰順子後及崔慧景之逼長沙宣武王入援至越城夢乘馬飛半天而墜帝所馭化爲赤龍騰虛獨上時臺內有宿衛士爲覡常見太極殿有六龍各守一柱末忽失其二後見在宣武王宅時宣武爲益州覡乃往蜀伏事及宣武在郢此覡還都乃見六龍俱在帝所寢齋遂去郢之雍中途遇疾且死謂同侶曰蕭雍州必作天子具以前事語之推此而言蓋天命也雖

在蒙塵齋戒不廢及疾不能進膳盥漱如初皇太子日中再朝每問安否涕泗交面賊臣侍者莫不掩泣疾久口苦索蜜不得再曰荷荷遂崩賊祕之太子間起居不得見慟于閤下始天監中沙門釋寶誌爲詩曰昔年三十八今年八十三四中復有四城北火酣酣帝使周捨封記之及中大同元年同泰寺災帝啓封見捨手迹爲之流涕帝生於甲辰三十八剋建鄴之年也遇災歲實丙寅八十三矣四月十四日而起火之始自浮屠第三層三者帝之昆季次也帝惡之召太史令虞履筮之遇巛履曰無害其繇云西南得朋東北喪朋安貞吉文言云東北喪朋乃終有慶帝曰斯魔鬼也酉應見卯金來剋木卯爲陰賊鬼而帶賊非魔何也孰爲致之酉爲口舌當乎說位說言乎兌故知善言之口宜前爲法事於是人人讚善莫不從風或刺血灑地或刺血書經穿心然燈坐禪不食及太清元年帝捨身光嚴重雲殿游仙化生皆震動三日乃止當時謂之祥瑞識者以非動而動在鴻範爲祆以比石季龍之敗殿壁畫人頸皆縮入頭之類時海中浮鵠山去餘姚岸可千餘里上有女人年三百歲有女官道士四五百

人年並出百但在山學道遣使獻紅席帝方捨身時其使適至云此草常有紅鳥居下故以爲名觀其圖狀則鸞鳥也時有男子不知何許人於大衆中自割身以飴飢鳥血流徧體而顏色不變又沙門智泉鐵鉤挂體以然千燈一日一夜端坐不動開講日有三足鳥集殿之東戶自戶適于西南縣楣三飛三集白雀一見于重雲閣前連理樹又有五色雲浮於華林園昆明池上帝既流遁益甚境内化之遂至喪亡云

論曰梁武帝時逢昏虐家遭冤禍既地居勢勝乘機而作以斯文德有此武功始用湯武之師終濟唐虞之業豈曰人謀亦惟天命及據圖籙多歷歲年制造禮樂敦崇儒雅自江左以來年踰二百文物之盛獨美于茲然先王文武遞用德刑備舉方之水火取法陰陽爲國之道不可獨任而帝留心俎豆忘情干戚溺於釋教弛於刑典既而帝紀不立悖逆萌生反噬彎弧皆自子弟履霜弗戒卒至亂亡自古撥亂之君固已多矣其或樹置失所而以後嗣失之未有自己而得自己而喪追蹤徐偃之仁以致窮門之酷可爲深痛可爲至戒者乎

南史卷七

南史卷七考證

武帝紀三月乙卯巴陵王蕭屏薨○乙卯梁書作己卯又下文冬十一月甲申

梁書作甲午俱彼此小異

辛亥祀明堂○辛亥梁書作丙午

其北海王顥臨淮王彧汝南王悅並來奔○彧監本訛或今改正

先是一日丙夜南郊令解滌之等到郊所履行○丙夜梁書作東

及將行事奏樂迎神畢○迎監本作道今从閣本

二郊請用素輦○二監本訛三今从梁書

詔晉宋齊三代諸陵有職司者勤加守護○勤梁書作勒

曲阿縣建陵隧口石辟邪起舞○辟邪起舞梁書作騏驎動

頃聞外間多用九佰錢○佰梁書作陌

夏四月庚午羣臣以錢一億萬奉贖○午監本訛寅上文云三月庚子幸同泰

寺乙巳升殿講經下文云戊寅百辟表請丁亥御輦還宮凡四十七日計乙

巳後戊寅前不應有庚寅再查是年正月己亥朔則庚子乙巳爲三月初旬戊寅丁亥爲四月中旬末而庚午至戊寅距八日竊意庚午贖身既已默許戊寅奉表三請三答又遲九日丁亥回宮其爲午字無疑也

撰通史六百卷金海三十卷○海梁書作策

覆述制旨幷撰吉凶軍賓嘉五禮一千餘卷○幷監本訛拜今从梁書改正

南史卷七考證

南史卷八

唐　李延壽　撰

梁本紀下第八

太宗簡文皇帝諱綱字世讚小字六通武帝第三子昭明太子母弟也天監二年十月丁未生于顯陽殿五年封晉安王普通四年累遷都督雍州刺史中大通三年被徵入朝未至而昭明太子謂左右曰我夢與晉安王對奕擾道我以班劍授之王還當有此加乎四月昭明太子薨五月丙申立晉安王爲皇太子七月乙亥臨軒策拜以修繕東宮權居東府四年九月移還東宮太清三年臺城陷太子坐永福省見侯景神色自若無懼容五月丙辰帝崩辛巳太子即皇帝位大赦癸未追尊穆貴嬪爲皇太后追謚妃王氏爲簡皇后六月丙戌以南康王會理爲司空丁亥立宣城王大器爲皇太子壬辰立當陽公大心爲尋陽郡王石城公大款爲江夏郡王寧國公大臨爲南海郡王臨城公大連爲南郡王西豐公大春爲安陸郡王新塗公大成爲山陽郡王臨湘公大封爲宜都郡

王高唐公大莊爲新興郡王秋七月甲寅廣州刺史元景仲謀應侯景西江督護陳霸先攻之景仲自殺霸先迎定州刺史蕭勃爲刺史庚午以司空南康王會理爲兼尙書令是月九江大饑人相食者十四五八月癸卯征東大將軍開府儀同三司南徐州刺史蕭藻薨丙午侯景矯詔儀同三司位比正公自令悉不加將軍以爲定準冬十月丁未地震是月百濟國遣使朝貢見城寺荒蕪哭于闕下

大寶元年春正月辛亥朔大赦改元丁巳天雨黃沙己未西魏剋安陸執司州刺史柳仲禮盡有漢東地丙寅月晝見于東方癸酉前江都令祖皓起義兵于廣陵二月癸未侯景攻下廣陵皓見害乙巳以尙書僕射王克爲左僕射丙午侯景逼帝幸西州夏五月丙辰東魏靜帝遜位于齊庚午開府儀同三司鄱陽王範薨自春迄夏大旱人相食都下尤甚六月庚子前司州刺史羊鴉仁自尙書省出奔江陵秋七月戊辰賊行臺任約寇江州刺史尋陽王大心以州降之八月甲午湘東王繹遣領軍將軍王僧辯逼郢州邵陵王綸棄郢州走九月乙

亥侯景自進位相國封二十郡爲漢王冬十月乙未景又逼帝幸西州曲宴自加宇宙大將軍都督六合諸軍事立皇子大鈞爲西陽郡王大威爲武寧郡王大球爲建安郡王大昕爲義安郡王大摯爲綏建郡王大圜爲樂梁郡王壬寅侯景害司空南康王會理十一月任約進據西陽分兵寇齊昌執衡陽王獻送都下害之湘東王繹遣前寧州刺史徐文盛拒約南郡王前中兵參軍張彪起義於會稽若邪山攻破浙東諸縣

二年春二月邵陵王綸走至安陸董城爲魏所攻見殺三月庚戌魏文帝崩夏閏四月侯景圍巴陵六月乙巳解圍宵遁秋七月景還至建鄴八月戊午景遣僞衞尉卿彭儁廂公王僧貴入殿廢帝爲晉安王害皇太子大器尋陽王大心西陽王大鈞武寧王大威建安王大球義安王大昕及尋陽王諸子二十餘人矯爲帝詔以爲次當支庶宜歸正嫡禪位于豫章王棟使呂季略送詔令帝寫之帝書至先皇念神器之重思社稷之固越升非次遂主震方嗚咽不能自止賊衆皆爲掩泣乃幽帝于永福省棟卽位改元天正使害南海王大臨於吳郡

南郡王大連於姑熟安陸王大春於會稽新興王大莊於京口冬十月壬寅帝崩於永福省時年四十九賊僞謚曰明皇帝廟稱高宗明年三月己丑王僧辯平侯景率百官奉梓宮升朝堂元帝追崇爲簡文皇帝廟號太宗四月乙丑葬莊陵帝幼而聰睿六歲便能屬文武帝弗之信於前面試帝攬筆立成文武帝歎曰常以東阿爲虛今則信矣及長器宇寬弘未嘗見喜慍色尊嚴若神方頤豐下須鬢如畫直髮委地雙眉翠色項毛左旋連錢入背手執玉如意不相分辨眄睞則目光燭人讀書十行俱下辭藻艷發博綜羣言善談玄理自十一便能親庶務歷試藩政所在稱美性恭孝居穆貴嬪憂哀毀骨立所坐席霑濕盡爛在襄陽拜表侵魏遣長史柳津司馬董當門壯武將軍杜懷寶振遠將軍曹義宗等進軍剋南陽新野等郡拓地千餘里及居監撫多所弘宥文案簿領纖豪必察弘納文學之士賞接無倦嘗於玄圃述武帝所製五經講疏聽者傾朝野雅好賦詩其自序云七歲有詩癖長而不倦然帝文傷於輕靡時號宮體所著昭明太子傳五卷諸王傳三十卷禮大義二十卷長春義記一百卷法寶連

璧三百卷謝客文涇渭三卷玉簡五十卷光明符十二卷易林十七卷竈經二
卷沐浴經三卷馬槊譜一卷棋品五卷彈棋譜一卷新增白澤圖五卷如意方
十卷文集一百卷並行於世初即位制年號將曰文明以外制強臣取周易內
文明而外柔順之義恐賊覺乃改爲大寶雖在蒙塵尙引諸儒論道說義披尋
墳史未嘗暫釋及見南康王會理誅知不久指所居殿謂舍人殷不害曰龐涓
死此下又曰吾昨夢吞土試思之不害曰昔重耳饋塊卒反晉國陛下所夢將
符是乎帝曰儻幽冥有徵冀斯言不妄初景納帝女溧陽公主公主有美色景
惑之妨於政事王偉每以爲言景以告主主出惡言偉知之懼見譖乃謀廢帝
而後間主苦勸行殺以絕衆心廢後王偉乃與彭儁王修纂進觴於帝曰丞相
以陛下幽憂既久使臣上壽帝笑曰已禪帝位何得言陛下此壽酒將不盡此
乎於是儁等弃齎酒肴曲項琵琶與帝極飲帝知將見殺乃盡酣謂曰不圖爲
樂一至於斯既醉而寢偉乃出儁進土囊王修纂坐上乃崩竟協於夢偉撤戶
扉爲棺遷殯于城北酒庫中帝自幽縶之後賊乃撤內外侍衛使突騎圍守牆

垣悉有枳棘無復紙乃書壁及板鄣爲文自序云有梁正士蘭陵蕭世讚立身
行道終始若一風雨如晦雞鳴不已弗欺暗室豈況三光數至於此命也如何
又爲文數百篇崩後王偉觀之惡其辭切卽使刮去有隨偉入者誦其連珠三
首詩四篇絶句五篇文並悽愴云

世祖孝元皇帝諱繹字世誠小字七符武帝第七子也初武帝夢眇目僧執香爐稱託生王宮既而帝母在采女次侍始褰戶幔有風回裾武帝意感幸之采女夢月墮懷中遂孕天監七年八月丁巳生帝舉室中非常香有紫胞之異武帝奇之因賜采女姓阮進爲修容十三年封湘東王太清元年累遷爲鎮西將軍都督荊州刺史三年三月侯景陷建鄴四月世子方等至自建鄴知臺城不守帝命柵江陵城周回七十里鎮西長史王沖等拜牋請爲太尉都督中外諸軍事承制主盟帝不許曰吾於天下不賤寧俟都督之名帝子之尊何藉上台之重議者可斬投筆流淚沖等重請不從又請爲司空以主諸侯亦弗聽乃開鎮西府辟天下士是月帝徵兵於湘州刺史河東王譽譽拒命尋上甲侯韶自

建鄴至宣三月十五日密詔授帝位假黃鉞大都督中外諸軍事司徒承制於是立行臺於南郡而置官司焉七月遣世子方等討河東王譽軍敗死之又遣鎮兵將軍鮑泉討譽九月乙卯雍州刺史岳陽王詧舉兵寇江陵其將杜崱兄弟來降詧遁走鮑泉攻湘州未剋又遣左衞將軍王僧辯代將及簡文帝卽位改元爲大寶元年帝以簡文制于賊臣卒不遵用正月使少子方略質于魏魏不受質而約爲兄弟四月剋湘州斬譽湘州平雍州刺史岳陽王詧自稱梁王蕃于魏魏遣兵助伐襄陽先是邵陵王綸書已言凶事祕之以待湘州之捷是月壬寅始命陳瑩報武帝崩問帝哭于正寢六月江夏王大款山陽王大成宜都王大封自信安來奔九月辛酉以前郢州刺史南平王恪爲中衞將軍尚書令開府儀同三司改封大款爲臨川郡王大成爲桂陽郡王大封爲汝南郡王十一月甲子南平王恪等奉牋進位相國總百揆帝不從二年三月侯景悉兵西上閏四月景遣其將宋子仙任約襲郢州執刺史方諸庚戌領軍王僧辯屯師巴陵五月癸未帝遣將胡僧祐陸法和援巴陵六月僧祐等擊破景將任約

軍禽約景解圍宵遁以王僧辯爲征東將軍開府儀同三司尚書令帥衆追景所至皆捷進圍郢州獲賊將宋子仙等九月盤盤國獻馴象十月辛丑朔紫雲如蓋臨江陵城是月簡文帝崩開府儀同三司王僧辯等奉表勸進帝奉諱大臨三日百官縞素答表不許司空南平王恪率宗室領軍將軍胡僧祐率羣僚江州別駕張佚率吏人並奉牋勸進帝固讓十一月乙亥僧辯又奉表勸進又不從時巨寇尚存帝未欲即位而四方表勸前後相屬乃下令斷表

承聖元年二月王僧辯衆軍發自尋陽帝馳檄四方購獲景及逆者封萬戶開國公絹布五萬匹三月僧辯等平景傳首江陵戊子以賊平告明堂大社己丑僧辯等又表勸進曰衆軍以今月戊子總集建康賊景鳥伏獸窮頻擊頻挫姦竭詐盡深溝自固臣等分勒武旅百道同趨突騎短兵犀函鐵楯結隊千羣持戟百萬止紂七步圍項三重轟然大潰羣凶四滅京師少長俱稱萬歲長安酒食於此價高九縣雲開六合清朗矧伊黔首誰不載躍伏惟陛下咀痛茹哀嬰憤忍酷自紫庭絳闕胡塵四起壖垣好時冀馬雲屯泣血臨兵嘗膽誓衆而吳

楚一家方與七國俱反管蔡流言又以三監作亂西涼義衆阻秦塞而不通幷州遺黎跨飛狐而見絶猘狼當路非止一人鯨鯢不梟倏焉五載英武克振怨恥並雪永尋霜露伊何可勝臣等輒依故實奉修社廟使者持節分告園陵嗣后升遐龍輴未殯承華掩曜梓宮莫測並卽隨由備辦禮具凶荒四海同哀六軍袒哭聖情孝友理當感慟日者百司岳牧仰祈宸鑒以錫珪之功既歸有道當璧之禮允屬聖明而優詔謙沖杳然凝邈飛龍可躋而乾爻在四帝閽云叫而閶闔未開謳歌再馳是用翹首所以越人固執熏丹穴以求君周人樂推踰岐山而事主漢王不卽位無以貴功臣光武止蕭王豈謂紹宗廟黃帝迷於襄城尙訪御人之道放勛寂於姑射猶使樽俎有歸伊此儻來豈聖人所欲帝王所應不獲已而然伏讀璽書尋諷制旨領懷物外未奉慈衷陛下日角龍顏之姿表於徇齊之日形雲素靈之瑞基於應物之初博學則大哉無所與名深言則曄乎文章之觀忠爲令德孝實動天加以英威茂略雄圖武算指麾則丹浦不戰顧眄則阪泉自蕩地維絶而重紐天柱傾而更植鑿河津於孟門百川復

啓補穹儀以五石萬物再生縱陛下拂袗衣而游廣城登崢山而去東土羣臣安得仰訴兆庶何所歸仁況郊祀配天罍篚禮曠齋宮清廟匏竹不陳仰望鑾輿匪朝伊夕瞻言法駕載渴且饑豈可久稽衆議有曠彝則舊邦凱復函洛已平高奴櫟陽宮館雖毀濁河清渭佳氣猶存皐門有亢甘泉四敞土圭測景仙人承露斯蓋九州之赤縣六合之樞機博士捧圖書而稍還太常定禮儀其已立豈得不揚清警而赴名都具玉鑾而旋正寢昔東周既遷鎬京遂其不復長安一亂郟洛永以爲居夏后以萬國朝諸侯文王以六州匡天下方之跡基百里劍杖三尺以殘楚之地抗拒六戎一旅之卒剪夷三叛坦然大定御辯東歸解五牛於冀州秣六馬於譙郡緬求前古其可得歟對揚天命無所讓德有理存焉敢重祈奏帝尚未從辛卯宣猛將軍朱買臣奉帝密旨害豫章王棟及其二弟橋樛四月乙巳益州刺史新除假黃鉞太尉武陵王紀僭位於蜀年號天正帝遣兼司空蕭泰祠部尚書樂子雲拜謁塋陵修復社廟丁巳下令解嚴五月庚午司空南平王恪及宗室王侯大都督王僧辯等復拜表上尊號帝猶固

讓甲申以開府儀同三司江州刺史王僧辯爲司徒乙酉斬賊左僕射王偉尚
書呂季略少府卿周石珍舍人嚴亶於江陵市乃下令赦境內齊將潘樂辛術
等攻秦郡王僧辯遣將杜崱帥衆拒之以陳霸先爲征北大將軍開府儀同三
司徐州刺史齊人賀平侯景八月武陵王紀率巴蜀之衆東下遣護軍將軍陸
法和屯巴峽以拒之九月甲戌司空南平王恪薨十月乙未前梁州刺史蕭循
自魏至江陵以爲平北將軍開府儀同三司戊申執湘州刺史王琳於殿內庚
戌琳長史陸納及其將潘烏累等舉兵反攻陷湘州是月四方征鎮王公卿士
復勸進表三上乃許之冬十一月丙子皇帝即位於江陵改太清六年爲承聖
元年逋租宿責並許弘宥孝子順孫悉皆賜爵長徒鎖士特加原宥禁錮奪勞
一皆曠蕩是日帝不升正殿公卿陪列而已時有兩日俱見己卯立王太子方
矩爲皇太子改名元良立皇子方智爲晉安郡王方略爲始安郡王追尊所生
姚阮修容爲文宣太后改謚忠壯太子爲武烈太子封武烈子莊爲永嘉王是
月陸納遣將軍潘烏累等破衡州刺史丁道貴於淥口道貴走零陵十二月陸

納分兵襲巴陵湘州刺史蕭循擊走之天門山獲野人出山三日而死星隕吳郡淮南有野象數百壞人室廬宣城郡猛獸暴食人是歲魏廢帝元年
二年春正月乙丑詔王僧辯討陸納戊寅以吏部尚書王褒爲尚書僕射己卯江夏宮南門鑰牡飛三月庚寅有兩龍見湘州西江夏五月甲申魏大將尉遲迥進兵逼巴西潼州刺史楊乾運以城納迥己丑武陵王紀軍至西陵六月乙卯王僧辯平湘州秋七月武陵王紀衆大潰見殺八月戊戌尉遲迥平蜀九月齊遣郭元建及將邢杲遠步六汗薩東方老帥衆頓合肥冬十一月辛酉僧辯留鎮姑熟豫州刺史侯瑱據東關壘徵吳興太守裴之横帥衆繼之戊戌以尚書僕射王褒爲左僕射湘東太守張綰爲右僕射十二月宿豫士人東方光據城歸北齊江西州郡皆起兵應之
三年春正月魏帝爲相安定公所廢而立齊王廓是爲恭帝元年三月主衣庫見黑蛇長丈許數十小蛇隨之舉頭高丈餘南望俄失所在帝又與宮人幸玄洲苑復見大蛇盤屈於前羣小蛇遶之並黑色帝惡之宮人曰此非怪也恐是

錢龍帝敕所司卽日取數千萬錢鎭於蛇處以厭之因設法會赦囚徒振窮乏
退居栖心省又有蛇從屋墮落帝帽上忽然便失又龍光殿上所御肩輿復見
小蛇縈屈輿中以頭駕夾膝前金龍頭上見人走去逐之不及城濠中龍騰出
煥爛五色竦躍入雲六七小龍相隨飛去羣魚騰躍墜死於陸道龍處爲窟若
數百斛圖舊大城上常有紫氣至時稍復消歇甲辰以司徒王僧辯爲太尉車
騎大將軍戊申以護軍將軍郢州刺史陸法和爲司徒夏四月癸酉以征北大
將軍開府儀同三司陳霸先爲司空六月癸未有黑氣如龍見于殿內秋九月
辛卯帝於龍光殿述老子義先是魏使宇文仁恕來聘齊使又至江陵帝接仁
恕有闕魏相安定公憾焉乙巳使柱國萬紐于謹來攻冬十月丙寅魏軍至襄
陽梁王蕭詧率衆會之丁卯停講內外戒嚴輿駕出行城柵大風拔木丙子續
講百寮戎服以聽詔徵王僧辯十一月甲申幸津陽門講武置南北兩城主帝
親觀閱風雨總集部分未交旗幟飄亂帝趣駕而回無復次序風雨隨息衆竊
驚焉乙酉以領軍胡僧祐爲都督城東城北諸軍事右僕射張綰爲副左僕射

王褒都督城西城南諸軍事直殿省元景亮爲副丁亥魏軍至柵下丙申徵廣州刺史王琳入援丁酉大風城內火燒居人數千家以爲失在婦人斬首尸之是日帝猶賦詩不廢以胡僧祐爲開府儀同三司庚子信州刺史徐世譜晉安王司馬任約軍次馬頭岸是夜有流星墜城中帝援蓍筮之卦成取龜式驗之因抵于城曰吾若死此下豈非命乎因裂帛爲書催僧辯曰吾忍死待公可以至矣戊申胡僧祐朱買臣等出戰買臣敗績辛亥魏軍大攻帝出枇杷門親臨陣督戰僧祐中流矢薨軍敗反者斬西門守卒以納魏軍帝見執如梁王蕭詧營甚見詰辱他日乃見魏僕射長孫儉譎儉云埋金千斤於城內欲以相贈儉乃將帝入城帝因述詧相辱狀謂儉曰向聊相譎欲言耳豈有天子自埋金乎儉乃留帝於主衣庫十二月丙辰徐世譜任約退戍巴陵辛未魏人戕帝明年四月梁王方智承制追尊爲元皇帝廟號世祖帝聰悟俊朗天才英發出言爲論音響若鍾年五六歲武帝嘗問所讀書對曰能誦曲禮武帝使誦之卽誦上篇左右莫不驚歎初生患眼醫療必增武帝自下意療之遂盲一目乃憶先夢

彌加愍愛及長好學博極羣書武帝嘗問曰孫策在江東于時年幾答曰十七武帝曰正是汝年帝性不好聲色頗慕高名爲荊州刺史起州學宣尼廟嘗置儒林參軍一人勸學從事二人生三十人加廩餼帝工書善畫自圖宣尼像爲之贊而書之時人謂之三絶與裴子野劉顯蕭子雲張纘及當時才秀爲布衣交常自比諸葛亮桓溫惟纘許焉性好矯飾多猜忌於名無所假人微有勝己者必加毀害帝姑義興昭長公主子王銓兄弟八九人有盛名帝妬害其美遂改寵姬王氏兄王珩名琳以同其父名忌劉之遴學使人鴆之如此者甚衆雖骨肉亦徧被其禍始居文宣太后憂依丁蘭作木母及武帝崩祕喪逾年乃發凶問方刻檀爲像置于百福殿內事之甚謹朝夕進蔬食動靜必啓聞迹其虛矯如此性愛書籍既患目多不自執卷置讀書左右番次上直晝夜爲常略無休已雖睡卷猶不釋五人各伺一更恆致達曉常眠熟大鼾左右有睡讀失次第或偷卷度紙帝必驚覺更令追讀加以榎楚雖戎略殷湊機務繁多軍書羽檄文章詔誥點毫便就殆不游手常曰我韜於文士愧於武夫論者以爲得言

始在尋陽夢人曰天下將亂王必維之又背生黑子巫媪見曰此大貴不可言
初武帝勅賀革爲帝府諮議使議三禮革西上意甚不悅過別御史中丞江革
江革告之曰吾嘗夢主上徧見諸子至湘東王脫帽授之此人後必當璧卿其
行乎革領之及太清之禍遂膺歸運自侯景之難州郡太半入魏自巴陵以下
至建康緣以長江爲限荆州界北盡武寧西拒峽口自嶺以南復爲蕭勃所據
文軌所同千里而近人戶著籍不盈三萬中興之盛盡於是矣武陵之平議者
欲因其舟艦遷都建鄴宗懍黃羅漢皆楚人不願移帝及胡僧祐亦俱未欲動
僕射王褒左戶尚書周弘正驟言卽楚非便宗懍及御史大夫劉懿以爲建鄴
王氣已盡且渚宮洲已滿百於是乃留尋而歲星在井熒惑守心帝觀之慨然
而謂朝臣文武曰吾觀玄象將恐有賊但吉凶在我運數由天避之何益及魏
軍逼闔人朱買臣按劍進曰惟有斬宗懍黃羅漢可以謝天下帝曰曩實吾意
宗黃何罪二人退入於人中及魏人燒柵買臣謝答仁勸帝乘暗潰圍出就任
約帝素不便馳馬曰事必無成徒增辱耳答仁又求自將帝以問僕射王褒褒

曰答仁侯景之黨豈是可信成彼之勳不如降也乃聚圖書十餘萬卷盡燒之
答仁又請守子城收兵可得五千人帝然之即授城内大都督以帝鼓吹給之
配以公主既而又召王褒謀之答仁請入不得歐血而去遂使皇太子王褒出
質請降有頃黃門郎裴政犯門而出帝乘白馬素衣出東門抽劍擊闔曰蕭世
誠一至此乎魏師至凡二十八日徵兵四方未至而城見剋在幽逼求酒飲之
製詩四絶其一曰南風且絶唱西陵最可悲今日還蒿里終非封禪時其二曰
人世逢百六天道異貞恆何言異螻蟻一旦損鵾鵬其三曰松風侵曉哀霜霧
當夜來寂寥千載後誰畏軒轅臺其四曰夜長無歲月安知秋與春原陵五樹
杏空得動耕人梁王詧遣尚書傅準監行刑帝謂之曰卿幸爲我宣行準捧詩
流淚不能禁進土囊而殞之梁王詧使以布帊纏屍斂以蒲席束以白茅以車
一乘葬于津陽門外愍懷太子元良及始安王方略等皆見害徐世譜任約自
馬頭走巴陵約後降于齊將軍裴畿畿弟機並被害謝答仁三人相抱俱見屠
汝南王大封尚書左僕射王褒以下並爲俘以歸長安乃選百姓男女數萬口

分爲奴婢小弱者俱殺之帝於伎術無所不該嘗不得南信筮之遇剝之艮曰
南信已至今當遣左右季心往看果如所說賓客咸驚其妙凡所占决皆然初
從劉景受相術因訊以年答曰未至五十當有小厄禳之可免帝自勉曰苟有
期會禳之何益及是四十七矣特多禁忌牆壁崩倒屋宇傾頹年月不便終不
修廟庭草蕪沒令鞭去之其慎護如此著孝德傳忠臣傳各三十卷丹陽尹傳
十卷注漢書一百十五卷周易講疏十卷內典博要百卷連山三十卷詞林三
卷玉韜金樓子補闕子各十卷老子講疏四卷懷舊傳二卷古今全德志荊南
地記貢職圖古今同姓名錄一卷筮經十二卷式贊三卷文集五十卷初承聖
二年三月有二龍自南郡城西升天百姓聚觀五采分明江陵故老竊相泣曰
昔年龍出建康淮西天下大亂今復有焉禍至無日矣帝聞而惡之踰年而遘
禍又江陵先有九十九洲古老相承云洲滿百當出天子桓玄之爲荊州刺史
內懷篡逆之心乃遣鑿破一洲以應百數隨而崩散竟無所成宋文帝爲宜都
王在藩一洲自立俄而文帝纂統後遇元凶之禍此洲還沒太清末枝江楊之

閣浦復生一洲羣公上疏稱慶明年而帝卽位承聖末其洲與大岸相通惟九十九云

敬皇帝諱方智字慧相小字法真元帝第九子也太清三年封興梁侯承聖元年封晉安郡王二年出爲江州刺史三年十一月魏剋江陵太尉王僧辯司空陳霸先定議以帝爲梁王太宰承制四年二月癸丑於江州奉迎至建鄴入居朝堂以太尉王僧辯爲中書監錄尚書驃騎大將軍都督中外諸軍事加司空陳霸先班劍二十人以湘州刺史蕭循爲太尉廣州刺史蕭勃爲司徒三月齊遣其上黨王高渙送貞陽侯蕭明來主梁嗣至東關遣吳興太守裴之橫拒之與戰敗績死之四月司徒陸法和以郢州附齊遣江州刺史侯瑱討之七月辛丑僧辯納貞陽侯蕭明自采石濟江甲辰入建鄴丙午卽僞位年號天成以帝爲皇太子司空陳霸先襲殺王僧辯黜蕭明而奉帝焉

紹泰元年秋九月丙午皇帝卽位冬十月己巳大赦改元以貞陽侯蕭明爲司徒封建安郡公壬子加司空陳霸先尚書令都督中外諸軍事震州刺史杜龕

舉兵攻信武將軍陳蒨於長城義與太守韋載應之癸丑以太尉蕭循爲太保以司徒蕭明爲太傅司徒蕭勃爲太尉以鎮南將軍王琳爲車騎將軍開府儀同三司戊午尊所生夏貴妃爲皇太后立妃王氏爲皇后辛未司空陳霸先東討韋載降之丙子南豫州刺史任約譙秦二州刺史徐嗣徽舉兵據石頭反十一月庚辰齊安州刺史翟子崇楚州刺史柳達摩率衆赴任約入石頭十二月庚戌任約徐嗣徽等至采石迎齊援丙辰遣猛烈將軍侯安都於江寧邀擊敗之約嗣徽等奔江西庚申翟子崇等降並放還北

太平元年春正月戊寅大赦追贈諡簡文帝諸子封故永安侯確子後爲邵陵王奉攜王後癸未震州刺史杜龕降詔賜死赦吳興郡己亥以太保宜豐侯蕭循襲封鄱陽王東揚州刺史張彪圍臨海太守王懷振於剡岩二月庚戌遣周文育陳蒨襲會稽討彪敗走以中衛將軍臨川王大款即本號開府儀同三司丙辰若邪村人斬張彪傳首建鄴赦東揚州甲子以東土經杜龕張彪之亂遣大使巡省是月齊人來聘使侍中王廓報聘三月壬午班下遠近並雜用今古

錢戊戌齊將蕭軌出柵口向梁山陳霸先大敗之夏四月壬申侯安都輕兵襲
齊行臺司馬恭於歷陽大破之五月癸未太傅建安公蕭明薨庚寅齊軍水步
入丹陽縣內外纂嚴六月壬子齊軍至玄武湖西北乙卯陳霸先大破齊軍戊
午大赦辛酉解嚴秋七月丙子司空陳霸先進位司徒丁亥以開府儀同三司
侯瑱爲司空八月己酉太保鄱陽王循薨九月壬寅大赦改元司徒陳霸先進
位丞相錄尙書事改封義興郡公加中權將軍王沖開府儀同三司以吏部尙
書王通爲尙書右僕射冬十月乙亥魏相安定公薨十一月起雲龍神武門十
二月壬申進太尉蕭勃爲太保甲午封前壽昌令劉叡爲汝陰王前鎭西法曹
行參軍蕭沇爲巴陵王奉宋齊二代後庚子魏恭帝遜位于周
二年春正月壬寅詔求魯國孔氏族爲奉聖侯并繕廟堂供備祀典又詔諸州
各置中正舊放舉選不得輒承單狀序官皆須中正押上然後量授其選中正
每求耆德該悉以他官領之以開府儀同三司王琳爲司空以尙書右僕射王
通爲左僕射二月庚午遣領軍將軍徐度入東關太保廣州刺史蕭勃舉兵反

詔平西將軍周文育平南將軍侯安都等南討戊子徐度至合肥燒齊船舶三千艘癸巳周文育軍於巴山獲蕭勃僞帥歐陽頠三月甲寅德州刺史陳法武前衡州刺史譚遠於始興攻殺蕭勃夏四月癸酉曲赦江廣衡三州幷督內爲賊所拘逼者己卯鑄四柱錢一當二十齊遣使通和壬辰改四柱錢一當十丙申復用細錢五月乙巳平西將軍周文育進號鎮南將軍平南將軍侯安都進號鎮北將軍並開府儀同三司戊辰余孝頃遣使詣丞相府求降秋八月加丞相陳霸先殊禮九月周冢宰宇文護殺閔帝丞相陳霸先改授相國封陳國公冬十月戊辰進陳國公爵爲王辛未帝遜位于陳陳受命奉帝爲江陰王薨于外邸時年十六追諡敬皇帝

論曰帝王之位天下之重職文武之道守國所常遵其於行用義均水火相資則可專任成亂觀夫有梁諸帝皆一之而已簡文文明之姿稟乎天授粤自支庶入居明兩經國之算其道弗聞宮體所傳且變朝野雖主虛號何救滅亡元帝居勢勝之地啓中興之業既雪讎恥且應天人而內積猜忍外崇矯飾攀號

之節忍酷於踰年定省之制申情於木偶竟而雍州引寇釁起河東之戮盆部親尋事習邵陵之窘悖辭屈於僧辯殘虐極於圓正不義不昵若斯之甚而復謀無經遠心勞志大近捨宗國遠迫強隣外弛藩籬內崇講肄卒於溘至戕隕方追始皇之迹雖復文籍滿腹何救社廟之墟歷觀書契以來蓋亦廢興代有未見三葉遘愍頓若蕭宗之酷敬皇以此沖年當斯頹運將不高揖其可得乎初武帝末年都下用錢每百皆除其九謂爲九百竟而有侯景之亂及江陵將覆每百復除六文稱爲六百識者以爲九者陽九六者百六蓋符歷數非人事也善乎鄭文貞公論之曰高祖固天攸縱聰明稽古道亞生知學爲博物允文允武多藝多才爰自諸生有不羈之度屬昏凶肆虐天倫及禍糾合義旅將雪家冤曰紂可伐不期而會龍躍樊漢電擊湘郢翦離德如振槁取獨夫如拾遺其雄才大略固無得而稱矣既縣白旗之首方應皇天之眷布德施惠悅近來遠開蕩蕩之王道革靡靡之商俗大修文教盛飾禮容鼓扇玄風闡揚儒業介冑仁義折衝尊俎聲振寰宇澤流遐裔干戈載戢凡數十年濟濟焉洋洋焉魏

晉以來未有若斯之盛也然不能息末敦本斲彫爲樸慕名好事崇尚浮華抑
揚孔墨流連釋老或終夜不寢或日旰不食非弘道以利物惟飾智以驚愚且
心未遺榮虛厠蒼頭之伍高談脫屣終戀黃屋之尊夫人之大欲在乎飲食男
女至於軒冕殿堂非有切身之急高祖屏除嗜欲眷戀軒冕得其所難而滯於
所易可謂神有所不達智有所不通矣逮夫精華稍竭鳳德已衰惑於聽受權
在奸佞儲后百辟莫能盡言險躁之心暮年逾甚見利而動愎諫違卜開門揖
盜棄好即讎釁起蕭牆禍成戎羯身殞非命災被億兆衣冠斃鋒鏑之下老幼
粉戎馬之足瞻彼黍離痛深周廟永言麥秀悲甚殷墟自古以安爲危既成而
敗顛覆之速書契所未聞也易曰天之所助者順人之所助者信高祖之遇斯
屯剝不得其死蓋動而之險不由信順失天人之助其能免於此乎太宗敏叡
過人神采秀發多聞博達富贍詞藻然文豔用寡華而不實體窮淫麗義罕疏
通哀思之音遂移風俗以此而貞萬國異乎周誦漢莊矣我生不辰載離多難
桀逆構扇巨猾滔天始同牖里之拘終類望夷之禍悠悠蒼昊其可問哉昔國

步初屯兵纏魏闕羣后釋位投袂勤王元帝以盤石之宗受分陝之任屬君親之難居連率之長不能撫劍嘗膽枕戈泣血躬先士卒致命前驅遂乃擁衆逡巡內懷觖望坐觀國變以爲身幸不急莽卓之誅先行昆弟之戮又沉猜忍酷多行無禮騁智辯以飾非肆忿戾以害物爪牙重將心膂謀臣或顧眄以就拘囚或一言而反葅醢朝之君子相顧懍然自謂安若太山算無遺策怵於邪說卽安荊楚雖元惡克翦社稷未寧而西鄰責言禍敗旋及斯乃上靈降鑒此焉假乎天道人事其可誣乎其篤志藝文採浮華而棄忠信戎昭果毅先骨肉而後寇讎口誦六經心通百氏有仲尼之學有公旦之才適足以益其驕矜增其禍患何補金陵之覆沒何救江陵之滅亡哉敬帝遭家不造紹茲屯運征伐有所自出政刑不由於己時無伊霍之輔焉得不爲高讓歟

南史卷八

南史卷八考證

簡文帝紀三月己丑王僧辯平侯景〇己丑梁書作癸丑

弘納文學之士〇弘梁書作引

孝元帝紀齊將潘樂辛術等攻秦郡〇梁書齊作魏樂作洛

十月乙未前梁州刺史蕭循自魏至江陵〇乙監本訛己今从梁書及上下文改正

齊遣郭元建及將邢杲遠步六汗薩東方老帥衆頓合肥〇六監本訛大今从閣本

其虛嬌如此〇嬌監本訛嬌今改从南本

敬帝紀十一月庚辰齊安州刺史翟子崇楚州刺史柳達摩率衆赴任約入石頭〇梁書陳書皆作楚州刺史劉仕榮淮州刺史柳達摩又見於下卷陳武帝紀此脫去劉仕榮淮州刺史七字

齊將蕭軌出柵口向梁山〇軌監本訛軌今从齊書梁書陳書改正

南史卷八考證

南史卷九

唐　　李　延　壽　撰

陳本紀上第九

陳高祖武皇帝諱霸先字興國小字法生吳興長城下若里人姓陳氏其本甚微自云漢太丘長寔之後也寔玄孫晉太尉準準生匡匡生達永嘉中南遷爲丞相掾太子洗馬出爲長城令悅其山水遂家焉嘗謂所親曰此地山川秀麗當有王者興焉二百年後我子孫必鍾斯運達生康復爲丞相掾咸和中土斷故爲長城人康生盱眙太守英英生尚書郎公弼公弼生步兵校尉鼎鼎生散騎侍郎高高生懷安令詠詠生安成太守猛猛生太常卿道巨道巨生皇考文讚帝以梁天監二年癸未歲生少俶儻有大志長於謀略意氣雄傑不事生產及長涉獵史籍好讀兵書明緯候孤虛遁甲之術多武藝明達杲斷爲當時推服身長七尺五寸日角龍顏垂手過膝嘗游義興館於許氏夢天開數丈有四人朱衣捧日而至納之帝口及覺腹內猶熱帝心獨喜初仕鄉爲里司後至建

鄰為油庫吏徙為新喻侯蕭映傳教勤於其事為映所賞及映為吳與太守甚
重帝謂僚佐曰此人將來遠大必勝於我及映為廣州帝為中直兵參軍隨之
鎮映令帝招集士馬先是武林侯蕭諮為交州刺史以嚴刻失和土人李賁連
結數州豪傑同時反臺遣高州刺史孫冏新州刺史盧子雄將兵擊賁冏等不
時進皆於廣州伏誅子雄弟子略與冏子姪及其主帥杜天合杜僧明共舉兵
執南江督護沈顗進寇廣州晝夜苦攻州中震恐帝率精兵救之賊衆大潰僧
明後有功業遂降梁武帝深歎異焉授直閤將軍封新枋縣子仍遣圖帝貌而
觀之其年冬蕭映卒明年帝送喪還至大庾嶺會有詔以帝為交州司馬與刺
史楊瞟南討帝益招勇敢器械精利瞟委帝經略時蕭勃為定州刺史於西江
相會勃知軍士憚遠役因詭說留瞟瞟集諸將問計帝曰交阯叛渙罪由宗室
節下奉辭伐罪故當死生以之於是鼓行而進軍至交州瞟推帝為前鋒所向
摧陷賁竄入屈獠洞中屈獠斬賁傳首建鄴是歲太清元年也賁兄天寶遁入
九真與劫帥李紹隆收餘兵殺德州刺史陳文戒進圍愛州帝討平之除西江

督護高要太守督七郡諸軍事二年冬侯景寇逼帝將赴援廣州刺史元景仲陰將圖帝帝知之與成州刺史王懷明等集兵於南海馳檄以討景仲景仲縊於閤下帝迎蕭勃鎮廣州時臨賀內史歐陽頠監衡州蘭裕蘭京禮扇誘始興等十郡共攻頠頠請援於勃勃令帝救之悉禽裕等仍監始興郡事帝遣杜僧明胡穎將二千人頓于嶺上幷厚結始興豪傑同謀義舉侯安都張偲等率衆來附蕭勃聞之遣鍾休悅說停帝帝泣謂休悅曰君辱臣死誰敢愛命僕行計決矣時蔡路養起兵據南康勃遣腹心譚世遠爲曲江令與路養相結同遏義軍大寶元年正月帝發始興次大庾嶺大破路養軍進頓南康湘東王繹承制授帝交州刺史改封南野縣伯於是修理崎頭古城徙居之劉惠騫等望見恆有紫氣冒城上遠近驚異故惠騫等深自結於帝尋改封長城縣侯南江州刺史時寧都人劉藹等資高州刺史李遷仕舟艦兵仗將襲南康帝遣杜僧明等據白口禦之二年僧明禽遷仕送南康斬之承制授帝江州刺史帝發南康灨石舊有二十四灘灘多巨石行旅以爲難帝之發水暴起數丈三百里間巨石

皆沒進軍頓西昌有龍見水濱高五丈五采鮮曜軍人觀者數萬人帝又嘗獨
坐胡牀於閤下忽有神光滿閤廊廡之間並得相見趙知禮侍側怪而問帝帝
笑不答時承制遣征東將軍王僧辯督衆軍討侯景次盆城帝率杜僧明等合
三萬將會焉時西軍乏食帝先計軍糧五十萬石至是分三十萬石以資之仍
頓巴丘會侯景廢簡文立豫章嗣王棟帝遣兼長史沈袞奉表於江陵勸進承
制授帝東揚州刺史領會稽太守三年帝帥師發自豫章二月次桑落洲時僧
辯已發盆城會帝于白茅灣乃登岸結壇刑牲盟約進次大雷軍人杜稜夢雷
池君周何神自稱征討大將軍乘朱航陳甲仗稱下征侯景須臾便還云已殺
景竟三月帝與諸軍進剋姑熟仍次蔡洲侯景登石頭城望官軍之盛不悅曰
一把子人何足可打密謂左右曰此軍上有紫氣不易可當乃以舩艕貯石沉
塞淮口緣淮作城自石頭迄青溪十餘里中樓雉相接僧辯遣杜崱問計於帝
帝以諸將不敢當鋒請先往立柵卽於石頭西橫壠築柵衆軍次連八城直出
東北賊恐西州路斷亦於東北果林作五城以遏大路帝曰善用兵者如常山

之蚍使救首救尾困而無暇今我師既衆賊徒甚寡應分賊兵力以弱制彊乃命諸將分處置兵帝與王琳杜龕等悉力乘之景衆大潰僧辯啓命帝鎮京口五月齊遣將辛術圍嚴超達于秦郡帝命徐度領兵助其固守齊衆起土山穿地道攻之甚急帝乃自率萬人解其圍振旅南歸承制授帝征北大將軍開府儀同三司南徐州刺史進封長城縣公及王僧辯征陸納於湘州承制命帝代鎮揚州承聖二年湘州平帝旋鎮京口三年三月進帝位司空及魏平江陵帝與王僧辯等進啓請晉安王以太宰承制十二月晉安王至自尋陽入居朝堂給帝班劍二十人四年五月齊送貞陽侯明還主社稷王僧辯納之明即位改元天成以晉安王爲皇太子初齊之納貞陽也帝固爭之以爲不可不見從帝居常憤歎曰嗣主高祖之孫元皇之子竟有何事坐致廢黜假立非次此情可知乃密具袍數千領及錦綿金銀以爲賞賜之資九月壬寅帝召徐度侯安都周文育仍部列將士水陸俱進夜發南徐州討王僧辯甲辰帝至石頭前遣勇士自城北踰入時僧辯方視事聞外白有兵遽走帝大兵尋至因風縱火僧辯

就禽是夜縊之及其子頠於是廢貞陽侯而奉晉安王即位改承聖四年爲紹泰元年壬子詔授帝侍中大都督中外諸軍事車騎將軍揚南徐二州刺史持節司空班劍鼓吹並如故仍詔甲仗百人出入殿省震州刺史杜龕據吳興與義興太守韋載舉兵逆命辛未帝表自東討留高州刺史侯安都石州刺史杜稜宿衞臺省甲戌軍至義興秦州刺史徐嗣徽據城入齊又要南豫州刺史任約舉兵應龕齊人資其兵食嗣徽乘虛奄至闕下侯安都出戰嗣徽等退據石頭丁丑載及龕從弟北叟來降帝撫而釋之仍以載兄鼎知郡事以嗣徽寇逼卷甲還都命周文育進討杜龕十一月己卯齊遣兵五千度據姑熟又遣安州刺史翟子崇楚州刺史劉士榮淮州刺史柳達摩領兵萬人於胡墅度米粟三萬石馬千匹入石頭帝乃遣侯安都領水軍夜襲胡墅燒齊船周鐵武率舟師斷齊運輸帝領鐵騎自西明門襲之齊人大潰嗣徽留達摩等守城自率親屬腹心往南州采石以迎齊援先是太白自十一月丙戌不見十二月乙卯出于東方丙辰帝盡命衆軍分部甲卒對冶城日立航度兵攻其水南二柵柳達摩

等度淮置陣帝督兵疾戰縱火燒柵煙塵漲天齊人大潰盡收其船艦是日嗣
徽約等領齊兵還據石頭帝遣侯安都領水軍襲破之嗣徽等單舸脫走丁巳
拔石頭南岸柵移度北岸起柵以絕其汲路又堙塞東門故城中諸井齊所據
城中無水水一合貿米一升一升米貿絹一疋或炒米食之達摩謂其衆曰頃
在北童謠云石頭擣兩襠擣青復擣黃侯景服青已倒於此今吾徒衣黃豈謠
言驗邪庚申達摩遣侯子欽劉士榮等請和帝許之乃於城外盟約其將士恣
其南北辛酉帝出石頭南門陳兵送齊人歸北者及至齊人殺之壬戌齊和州
長史烏丸遠自南州奔還歷陽江寧令陳嗣黃門侍郎曹朗據姑熟不從帝命
侯安都徐度等討平之聚其首爲京觀是月杜龕以城降二年正月癸未誅龕
其弟翕從弟北叟司馬沈孝敦並賜死三月戊戌齊遣水軍儀同蕭軌庫狄伏
連堯難宗東方老侍中裴英起東廣州刺史獨孤辟惡洛州刺史李希光并任
約徐嗣徽王僧愔等衆十萬出柵口向梁山帳內盪主黃叢逆擊敗之燒其前
軍船艦齊頓軍保蕪湖五月丙申齊兵至秣陵故城己亥帝率宗室王侯及朝

臣於大司馬門外白虎闕下刑牲告天以齊人背約發言慷慨涕泗交流士卒觀者益奮辛丑齊軍於秣陵故城跨淮立橋柵引度兵馬癸卯自方山進及兒塘游騎至臺都下震駭帝潛以精卒三千配沈泰度江襲齊行臺趙彥深於瓜步獲其舟粟六月甲辰齊兵潛至鍾山龍尾丁未進至莫府山帝遣錢明領水軍出江乘要擊齊人糧運盡獲之齊軍大餒殺馬驢而食之壬子齊軍至玄武湖西北莫府山南將據北郊壇衆軍自覆舟東移頓郊壇北與齊人相對其夜大雨震電暴風拔木平地水丈餘齊軍晝夜坐立泥中縣鬲以爨足指皆爛而臺中及潮溝北水退路燥官軍每得番易甲寅少霽是時食盡調市人餽軍皆是麥屑爲飯以荷葉裹而分給間以麥餅兵士皆困會文帝遣送米三千石鴨千頭帝即炊米煑鴨誓申一戰士及防身計糧數臠人人裹飯混以鴨肉帝命衆軍蓐食攻之齊軍大潰執嗣徽及其弟嗣宗斬之以徇虜蕭軌東方老王敬寶李希光裴英起王僧智等將帥四十六人其軍士得竄至江者縛筏以濟中江而溺流屍至京口者彌岸惟任約王僧愔獲免先是童謠云虜萬夫入五湖

城南酒家使虜奴自晉宋以後經紀在魏境江淮以北南人皆謂爲虜是時以賞俘貿酒者一人裁得一醉丁巳衆軍出南州燒賊舟己未斬劉歸義徐嗣產傅野猪于建康市是日解嚴庚申誅蕭軌東方老王敬寶李希光裴英起等太平元年九月壬寅帝進位丞相錄尚書事鎭衞大將軍揚州牧進封義興郡公庚申追贈皇考侍中光祿大夫封義興郡公謚曰恭十月甲戌梁帝勅丞相自今開訊可施別榻以近扆坐二年正月壬寅詔加帝班劍十人并前爲三十丁未詔贈皇兄道談南兗州刺史長城縣公謚曰昭烈皇弟休光侍中南徐州刺史武康縣侯謚曰忠壯甲寅遣兼侍中謁者僕射陸繕策拜長城縣夫人章氏爲義興國夫人丁卯詔贈皇祖侍中太常卿謚曰孝追封皇祖妣許氏吳郡嘉興縣君謚曰敬皇妣張氏義興國太夫人謚曰宣二月庚午蕭勃舉兵自廣州度嶺頓南康遣其將歐陽頠傅泰及其子孜爲前軍至豫章分屯要險南江州刺史余孝頃起兵應勃帝命周文育侯安都率衆討平之八月甲午帝進位太傅加黃鉞劍履上殿入朝不趨贊拜不名丙申加前後部羽葆鼓吹是時湘州

刺史王琳擁兵不應命遣周文育侯安都率衆討之九月辛丑梁帝進帝位相國總百揆封十郡爲陳公備九錫之禮加璽紱遠游冠綠綟綬位在諸侯王上策曰大哉乾元資日月以貞觀至哉坤元憑山川以載物故惟天爲大陟配者欽明惟王建國翼輔者齊聖是以文武之佐磻谿蘊其玉璜堯舜之臣滎河鏤其金板況乎體得一之鴻姿寧陽九之危厄援橫流於碣石撲燎火於崑岡驅馭於韋彭跨躡於齊晉神功行而靡用聖道運而無名者乎今將授公典策其敬聽朕命曰者昊天不弔鍾亂于我國家綱漏吞舟彊胡內鼎茫茫宇宙惵惵黎元方趾圓顱萬不遺一太清否亢橋山之痛以深大寶屯如平陽之禍相繼上宰膺運康救黔黎鞠旅於溟池之南揚旌於桂嶺之北縣三光於已墜謐四海於羣飛光啓中興蕩寧上國此則公之大造於皇家者也既而天未悔禍夷醜薦臻南夏崩騰西京蕩覆冢司昏撓旁引寇讎既見貶於桐宮方謀危於漢閣皇運已殆何殊贅旒中國搖然非徒如綫公赫然投袂匡救本朝復莒齊都平戎王室朕所以還膺寶曆重履宸居挹建武之風猷歌宣王之雅頌此又公

之再造於皇家者也公應務之初登庸惟始孫盧肇釁越貊為災蕃部阽危勢將淪殄公赤旗所指祅壘洞開白羽纔撝凶徒粉潰此又公之功也大同之末邊政不修李賁狂迷竊我交愛公英謨雅算電埽風行馳御樓船直跨滄海三山獠洞八角蠻陬逖矣水寓之鄉悠哉火山之國馬援之所不居陶璜之所未開莫不懼我王靈爭朝邊候歸賝天府獻狀鴻臚此又公之功也自寇虜陵江宮闈幽辱而番禺連率本自諸夷言得其朋是懷同惡公仗此忠誠乘機勦定執沛令而釁鼓平新野而據鞌此又公之功也世道初艱方隅多難公以國盜邊警知無不為恤是同盟誅其醜類南土黔黎重保蘇息此又公之功也長驅嶺嶠夢想京畿緣道酋豪遞為榛梗路養渠帥全據大都蓄聚逋逃方謀阻亂公龍驤虎步嘯吒風雲山靡堅城野無彊陣清祅氛於瀨石滅沴氣於雩都此又公之功也遷仕凶慝屯據大皐乞活類馬騰之軍流人多杜弢之衆公坐揮三略遙制六奇義勇同心貔貅騁力雷奔電擊谷靜山空列郡無犬吠之驚叢祠罷狐鳴之盜此又公之功也王師討虜次居淪波兵乏兼儲士有饑色公回

麾彭蠡積穀巴丘億庾之詠斯豐壺漿之旺是衆故使三軍勇銳百戰無前承此兵糧遂殄凶逆此又公之功也盆壘猜攜用淹戎略公志惟同奬師克在和屈禮交盟神祇感咽故能使舟師並路遠邇朋心此又公之功也姑熟襟要崤函所憑寇虜據其關梁大盜負其扃鐍公一校纔攜三雄並奮左賢右角沙潰土崩鄂坂之隘斯開夷庚之道無塞此又公之功也義軍大衆俱集帝京逆豎凶徒猶屯皇邑公回茲地軸抗此天羅曾不崇朝俾無遺噍此又公之功也內難初靜諸侯出關外郡傳烽鮮卑犯塞公舟師步甲亘野橫江殲厥羣氐遂殫封豕此又公之功也公克黜禍難劬勞皇室而孫甯之黨翻啓狄人伊洛之閒咸爲虜戍朝闇戎塵夜喧胡鼓公三籌既畫八陣斯張裁舉靈鍠亦抽金僕咸俘醜類悉反高墉此又公之功也任約叛渙梟聲不悛戎羯貪婪狠心無改公左甄右落箕張翼舒掃是攙搶驅其獫狁投秦坑而盡沸噎漢水而不流此又公之功也一相居中自折彝鼎五湖小守妄懷同惡公夙駕兼道秉羽杖戎玉斧將揮金鉦且戒祆酋震慴遽請灰釘此又公之功也賊龕凶橫陵虐具區阻

兵安忍憑災怙亂公雖宗居汝頹世寓東南眷言桑梓公私憤切戮此大憝如烹小鮮此又公之功也同姓有扈頑凶不賓憑藉宗盟圖危社稷公論兵於廟堂之上決勝於尊俎之間寇賈樊滕浮江下瀨一朝翦撲無待甸師此又公之功也豫章祆寇依憑山澤繕甲完聚多歷歲時結從連橫爰洎交廣呂嘉旣獲吳濞已擒命我還師征其不恪連營盡拔僞黨斯禽此又公之功也自八紘九野瓜剖豆分竊帝偷王連州比縣公武靈已暢文德又宣折簡馳書風猷斯遠此又公之功也京師禍亂亟積寒暄雙闕低昂九門寥豁公求衣昧旦昃食高春興構宮闈具瞻遐邇郊庠宗稷之典六符十等之章還聞太始之風流重覩永平之遺事此又公之功也公有濟天下之勳重之以明德凝神體道合德符天周百姓以爲心隨萬機以成務上德不德無爲以爲夏長春生顯仁藏用功成化洽樂奏咸雲安上御人禮兼文質是以天無蘊寶地有呈祥旣景煥於圖書方葳蕤於史牒高勳踰於象緯積德冠於嵩華固無得而稱者矣朕又聞之前王宰世茂賞尊賢式樹藩長總征羣伯二南崇絕四履遐曠泱泱表海祚土

維齊巖巖泰山俾侯于魯況復經營宇宙寧惟斷鼇足之功弘濟蒼生非直鑿
龍門之險而疇庸報德寂爾無聞朕所以垂拱當宁載懷慚悸者也今授公相
國以南豫州之陳留南丹陽宣城揚州之吳興東陽新安新寧南徐州之義興
江州之鄱陽臨川十郡封公爲陳公錫茲青土苴以白茅爰定爾邦用建冢社
昔旦奭分陝俱爲保師晉鄭諸侯咸作卿士兼其內外禮實攸宜今命使持節
兼太尉王通授相國印綬陳公璽紱使持節兼司空王瑒授陳公茅土金虎符
第一至第五左竹使符第一至第十左相國秩踰三鉉任總百司位絕朝班禮
由事革以相國總百揆除錄尚書之號上所假節侍中貂蟬中書監印章中外
都督太傅印綬義興公印策其鎮衛大將軍揚州牧如故又加公九錫其敬聽
後命以公禮爲楨幹律等銜策四維皆舉八柄有章是用錫公大輅戎輅各一
玄牡二駟以公賤寶崇穀疏爵待農室富京坻人知榮辱是用錫公袞冕之服
赤舄副焉以公調理陰陽燮諧風雅三靈允降萬國同和是用錫公軒縣之樂
六佾之儛以公宣導王猷弘闡風教光景所照鞮象必通是用錫公朱戶以居

以公抑揚清濁褒德進賢髦士盈朝幽人虛谷是用錫公納陛以登以公嶷然
廊廟爲世鎔範折衝四表臨御八荒是用錫公虎賁之士三百人以公軌茲明
罰期在刑厝象恭無赦干紀必誅是用錫公斧鉞各一以公英猷遠量跨厲嵩
溟包一車書括囊寰寓是用錫公彤弓一彤矢百盧弓十盧矢千以公天經地
義貫徹幽明春露秋霜允供粢盛是用錫公秬鬯一卣圭瓚副焉陳國置丞相
以下一遵舊式往欽哉其恭循朕命克相皇天弘建邦家允興鴻業以光我高
祖之休命十月戊辰又進帝爵爲王以揚州之會稽臨海永嘉建安南徐州之
晉陵信安江州之尋陽豫章安成廬陵幷前爲二十郡益封陳國其相國揚州
牧鎮衞大將軍並如故又命陳王冕十有二旒建天子旌旗出警入蹕乘金根
車駕六馬備五時副車置旄頭雲罕樂儛八佾設鍾虡宮縣王妃王子王女爵
命之號陳臺百官一依舊典辛未梁帝禪位于陳策曰咨爾陳王惟昔上古厥
初生人驪連栗陸之前容成大庭之世杳冥慌忽故靡得而議焉自羲農軒昊
之君陶唐有虞之主或垂衣而御四海或無爲而子萬姓居之如馭朽索去之

如脫弊屣裁遇許由便能捨帝暫逢善卷卽以讓王故知玄扈璇璣非關尊貴
金根玉輅示表君臨及南觀河渚東沉刻璧霄華既竭耄勤已倦則抗首而笑
惟賢是與謳然作歌簡能斯授遺風餘烈昭晰圖書漢魏因循是爲故實宋齊
授受又弘斯義我高祖應期撫運握樞御宇三后重光祖宗齊聖及時屬陽九
封豕薦食西都失馭夷狄交侵乃鼠天成輕弄龜鼎慄慄黔首若崩厥角徽徽
皇極將甚綴旒惟王乃聖乃神欽明文思二儀並運四時合序天錫智勇人挺
雄傑珠庭日角龍行虎步爰初投袂日迺勤王霜埽番禺雲撤彭蠡翦其元惡
定我京畿及王賀帝弘貿茲冠履既行伊霍用保沖人震澤稽塗並懷叛逆獯
羯醜虜三亂皇都裁命偏師二邦自殄薄伐獫狁六戎盡殪嶺南叛渙湘郢連
結賊帥既禽凶渠傳首用能百揆時序四門允穆無思不服無遠不居上達穹
昊下漏淵泉蛟魚並見謳歌攸屬況乎長彗橫天已徵布新之兆璧日斯既實
表更姓之符七百無常期皇王非一族昔木德既季而傳祚于我有梁天之歷
數允集明哲式遵前典廣詢羣議王公卿尹莫不攸屬敬從人祇之願授帝位

于爾躬四海困窮天祿永終王其允執厥中軌儀前式以副溥天之望禋郊祀
帝時膺大禮永固洪業豈不盛與又命璽書遣兼太保尚書左僕射王通兼太
尉司徒左長史王瑒奉皇帝璽紱受終之禮一依唐虞故事是日梁帝遜于別
宮帝謙讓再三羣臣固請乃許之永定元年冬十月乙亥皇帝卽位于南郊柴
燎告天曰皇帝臣霸先敢用玄牡昭告于皇皇后帝梁氏以圮剝薦臻曆運有
極欽若天應以命于霸先夫肇有黎蒸乃樹司牧選賢與能未常厥姓有梁末
運仍葉遘屯獯醜憑陵久移神器承聖在外非能祀夏天未悔禍復罹寇逆嫡
嗣廢黜宗枝僭詐天地板蕩紀綱泯絶霸先爰初投袂大拯橫流重舉義兵實
戡多難廢王立帝實有厥功安國定社用盡其力是謂小康方期大道既而煙
雲表色日月呈祥除舊布新既彰玄象遷虞事夏且協謳謌九域八荒同布衷
款百神羣祀皆有誠願梁帝高謝萬邦授以大寶霸先自惟菲薄讓德不嗣至
于再三辭弗獲許僉以百姓須主萬機難曠皇靈眷命非可謙拒畏天之威用
膺嘉祚永言夙志能無慚德敬簡元辰升壇受禪告類上帝用答甿心永保于

我有陳惟明靈尙饗先是氛霧雨雪晝夜晦冥至是日景氣清晏禮畢輿駕還
宮臨太極前殿大赦改元賜百姓爵二級文武二等鰥寡孤獨不能自存者人
穀五斛逋租宿責皆勿復收有犯鄉論清議贓汚淫盜者皆洗除先注與之更
始其長徒勅繫特皆原之亡官失爵禁錮奪勞一依舊典又詔以江陰郡奉梁
主爲江陰王行梁正朔車旗服色一依前準梁皇太后爲江陰國太妃皇后爲
江陰國妃又詔百司各依位攝職丙子幸鍾山祭蔣帝廟戊寅幸華林園覽辭
訟臨赦囚徒己卯分遣大使宣勞四方庚辰詔出佛牙於杜姥宅集四部設無
遮大會辛巳追尊皇考曰景皇帝廟號太祖皇妣董太夫人曰安皇后前夫人
錢氏爲昭皇后世子克爲孝懷太子立夫人章氏爲皇后癸未尊景帝陵曰瑞
陵昭皇后陵曰嘉陵依梁初園陵故事立删定郎刊定律令戊子遷景皇帝神
主祔于太廟是月西討都督周文育侯安都於郢州敗績沒于王琳十一月丙
申封皇兄子長城縣侯蒨爲臨川郡王頊襲封始興郡王皇弟子曇朗襲封南
康郡王庚申都下火十二月庚辰皇后謁太廟是歲周閔帝元年及九月冢宰

宇文護廢閔帝而奉明帝又爲明帝元年
二年春正月乙未以車騎將軍開府儀同三司侯瑱爲司空辛丑祀南郊大赦甲寅遣中書舍人韋鼎策吳興楚王神爲帝戊午祀明堂二月壬申南豫州刺史沈泰奔齊辛卯詔司空侯瑱總督水陸衆軍以禦齊三月王琳立梁永嘉王蕭莊以奉梁後即位于郢州夏四月甲子祀太廟乙丑江陰王殂陳志也追謚梁敬帝詔太宰弔祭司空監護喪事以梁武林侯蕭諮子季卿嗣爲江陰王戊辰重雲殿東鴟尾有紫煙屬天五月乙未都下地震壬寅立梁邵陵攜王廟室祭以太牢辛丑帝幸大莊嚴寺捨身壬戌羣臣表請還宮六月己巳詔司空侯瑱領軍將軍徐度討王琳初侯景之平也太極殿被焚承聖中議欲營之獨闕一柱秋七月有樟木大十八圍長四丈五尺流泊陶家後渚監軍鄒子度以聞詔中書令沈衆兼起部尚書搆太極殿八月周文育侯安都等於王琳所逃歸自劾廷尉即日引見宥之並復本官丁亥加江州刺史周迪平南將軍開府儀同三司冬十月庚午遣鎮南將軍周文育都督衆軍出豫章討余孝勱乙亥幸

莊嚴寺發金光明經題丁酉加高州刺史黃法𣰰平南將軍開府儀同三司十
二月甲子幸大莊嚴寺設無碍大會捨乘輿法物羣臣備法駕奉迎即日還宮
丙戌加北江州刺史熊曇朗平西將軍開府儀同三司
三年春正月丁酉鎮南將軍廣州刺史歐陽頠即本號開府儀同三司是夜大
雪及旦太極殿前有龍跡見甲子廣州言仙人見于羅浮山寺小石樓二月辛
酉加平西將軍桂州刺史淳于量鎮西大將軍開府儀同三司夏閏四月甲午
詔依前代置西省學士兼取伎術士是時久不雨丙午幸鍾山祭蔣帝廟是日
降雨迄于月晦五月丙辰朔日有蝕之有司奏舊儀帝御前殿服朱紗袍通天
冠詔曰此乃前代承用意有未同合朔仰助太陽宜備袞冕之服自今永可爲
準丙子扶南國遣使朝貢乙酉北江州刺史熊曇朗殺都督周文育舉兵反王
琳遣其將常衆愛曹慶率兵援余孝勱六月戊子儀同侯安都敗衆愛等於左
里獲琳從弟襲主帥羊暕等四十餘人衆愛遁走庚寅廬山人斬之傳首建鄴
甲午衆軍凱歸丁酉帝不豫遣兼太宰尚書右僕射王通以疾告太廟兼太宰

中書令謝哲告大社南北郊辛丑帝小瘳故司空周文育之柩至自建昌壬寅帝素服哭于朝堂哀甚癸卯上臨訊獄訟是夜熒惑在天尊上疾甚丙午帝崩于璿璣殿時年五十七遺詔追臨川王蒨入纘大業甲寅殯于太極殿西階八月甲午羣臣上諡曰武皇帝廟號高祖丙申葬萬安陵帝雄武多英略性甚仁愛及居阿衡恆崇寬簡雅尚儉素常膳不過數品私饗曲宴皆瓦器蚌盤肴核庶羞裁令充足不爲虛費初平侯景及立敬帝子女玉帛皆班將士其充閨房者衣不重采飾無金翠聲樂不列於前踐阼之後彌厲恭儉故能隆功茂德光于江左云

世祖文皇帝諱蒨字子華始興昭烈王之長子也少沉敏有識量美容儀留意經史武帝甚愛之常稱吾家英秀梁太清初帝夢兩日鬭一大一小大者光滅墜地色正黃其大如斗帝三分取一懷之侯景之亂避地臨安縣郭文舉舊宅及武帝舉兵南下景遣吳興太守信都遵收帝及衡陽獻王出都帝乃密袖小刀候見景欲圖之及至以付郎中王翻幽守故其事不遂武帝圍石頭景欲加

害者數矣會景敗乃得出起家吳興太守武帝之討王僧辯也先召帝與謀時
僧辯壻杜龕據吳興兵衆甚盛武帝密令帝還長城立柵備之龕遣將杜泰乘
虛掩至將士相視失色帝言笑自若部分益明於是衆心乃定及武帝遣周文
育討龕帝遣將軍劉澄蔣元舉攻下龕拜會稽太守武帝受禪立爲臨川王蒨
梁武帝以寶刀授己周文育侯安都之敗於沌口武帝詔帝入總軍政尋命率
兵城南皖永定三年六月丙午武帝崩皇后稱遺詔徵帝入纂皇統甲寅至自
南皖入居中書省皇后令帝嗣膺寶籙帝辭讓至于再三公卿固請其日卽皇
帝位於太極前殿大赦詔州郡悉停奔赴秋七月丙辰尊皇后爲皇太后辛酉
以司空侯瑱爲太尉以南豫州刺史侯安都爲司空以南徐州刺史徐度爲侍
中中撫軍將軍開府儀同三司乙丑重雲殿災八月庚戌立皇子伯茂爲始興
王奉昭烈王後徙封始興嗣王頊爲安成王九月辛酉立皇子伯宗爲皇太子
王公以下賜帛各有差乙亥立妃沈氏爲皇后冬十月甲子齊文宣帝殂十一
月乙卯王琳寇大雷詔太尉侯瑱司空侯安都儀同徐度禦之是歲周明帝改

天王稱皇帝復建年號曰武成元年

天嘉元年春正月癸丑大赦改元詔賜鰥寡孤獨不能自存者人粟五斛孝弟力田殊行異等加爵一級甲寅分遣使者宣勞四方辛酉祀南郊詔賜人爵一級二月丙申太尉侯瑱敗王琳于梁山敗齊兵于博望禽齊將劉伯球王琳及其主蕭莊奔齊庚子分遣使者齎璽書宣勞四方乙巳遣太尉侯瑱鎮盆城庚戌立武帝第六子昌爲衡陽王三月丙辰蕭莊所署郢州刺史孫瑒舉州內附丁巳江州刺史周迪平南中斬賊帥熊曇朗傳首建鄴戊午齊軍棄魯山城走詔南豫州刺史程靈洗守之丙子衡陽王昌沈于江夏四月丁亥立皇子伯信爲衡陽王奉獻王後辛丑周明帝崩六月辛巳改諡皇祖妣景安皇后曰景文皇后壬辰詔改葬梁元帝於江寧舊塋車騎禮章悉用梁典仍依魏葬漢獻帝故事甲午追策故始興昭烈王妃曰孝妃辛丑國哀周忌上臨于太極前殿百僚陪哭赦建鄴殊死以下秋七月丙辰立皇子伯山爲鄱陽王八月壬午齊孝昭帝廢其主殷而自立戊子詔非兵器及國容所須金銀珠玉衣服雜玩悉皆

禁斷丁酉幸正陽堂閱武九月癸丑彗星見乙卯周將獨孤盛領水軍趣巴湘
與賀若敦水陸俱進太尉侯瑱自尋陽禦之冬十月癸巳侯瑱襲破獨孤盛於
楊葉洲盛登岸築城自保丁酉詔司空侯安都率衆會侯瑱南拒周軍十二月
己亥周巴陵城主尉遲憲降庚子獨孤盛潛遁走
二年春正月庚戌大赦辛未周湘州城主殷亮降湘州平二月庚寅曲赦湘州
諸郡三月乙卯太尉湘州刺史侯瑱薨夏六月己亥齊人通好秋七月丙午周
將賀若敦遁歸武陵天門南平義陽河東宜都郡悉平九月甲寅詔以故太尉
侯瑱故司空周文育故開府儀同三司杜僧明故中護軍胡穎故領軍陳擬配
食武帝廟庭冬十月癸丑霍州西山蠻率部內屬乙卯高麗國遣使朝貢十一
月甲辰齊孝昭帝殂十二月甲申立始興國廟于都下用王者禮以國用不足
立煮海鹽傳及榷酤科先是縉州刺史留異應王琳丙戌詔司空侯安都討之
是歲周武帝保定元年
三年春正月庚戌設帷宮於南郊幣告胡公以配天辛亥祀南郊詔賜人爵一

級孝弟力田加一等二月梁宣帝殂閏月己酉以百濟王餘明爲撫東大將軍高麗王高湯爲寧東將軍江州刺史周迪舉兵應留異甲子改鑄五銖錢三月丙子安成王頊至自周丁丑以安右將軍吳明徹爲安南將軍江州刺史督衆軍南討甲申大赦庚寅司空侯安都破留異於姚支嶺異奔晉安東陽郡平夏四月癸卯曲赦東陽郡乙巳齊人來聘秋七月己丑皇太子納妃王氏在位文武賜帛各有差孝弟力田爲父後者賜爵二級九月戊辰朔日有蝕之以侍中到仲舉爲尚書右僕射丁亥周迪請降

四年春正月丙子于陁利國遣使朝貢甲申周迪走投閩州刺史陳寶應納之夏四月辛丑設無碍大會捨身於太極前殿乙卯加驃騎將軍揚州刺史安成王頊開府儀同三司六月癸巳司空侯安都賜死秋九月壬戌開府儀同三司廣州刺史歐陽頠薨癸亥曲赦都下辛未周迪復寇臨川詔護軍將軍章昭達討平之冬十二月丙申大赦詔昭達進軍建安討陳寶應

五年春三月壬午詔以故護軍將軍周鐵虎配食武帝廟庭夏五月周齊並遣

使來聘秋七月丁丑曲赦都下九月城西城冬十一月己丑章昭達禽陳寶應留異送建鄴晉安郡平甲辰以護軍將軍章昭達爲鎮軍將軍開府儀同三司十二月甲子曲赦建安晉安二郡討陳寶應將士死王事者並給棺櫬送還本鄉幷復其家癸未齊人來聘

六年春正月甲午皇太子加元服王公以下賜帛各有差孝弟力田爲父後者賜爵一級鰥寡孤獨不能自存者穀人五斛夏四月甲寅以開府儀同三司揚州刺史安成王頊爲司空五月齊武成帝傳位於太子緯自號太上皇帝六月辛酉彗星見于上台北周人來聘秋七月癸未有大風自西南至廣百餘步激壞靈臺候樓甲申儀賢堂無故自壞丙戌臨川太守駱牙斬周迪傳首建鄴梟於朱雀航八月己卯立皇子伯固爲新安王伯恭爲晉安王伯仁爲廬陵王伯義爲江夏王九月新作大航冬十月辛亥齊人來聘十二月乙卯立皇子伯禮爲武陵王癸亥曲赦都下

天康元年春二月丙子大赦改元三月己卯以司空安成王頊爲尚書令夏四

月乙卯皇孫至澤生賜在位文武帛各有差爲父後者賜爵一級癸酉皇帝崩于有覺殿遺詔皇太子可卽君臨山陵務存儉速大斂竟羣臣三日一臨公除之制率依舊典六月甲子羣臣上謚曰文皇帝廟號世祖丙寅葬永寧陵文帝起自布衣知百姓疾苦國家資用務從儉約妙識真僞下不容姦一夜內刺閨取外事分判者前後相續每雞人伺漏傳籤於殿中者令投籤於階石上鎗然有聲云吾雖得眠亦令驚覺其自彊若此云

廢帝諱伯宗字奉業小字藥王文帝嫡長子也梁承聖三年五月庚寅生永定二年二月戊辰拜臨川王世子三年文帝嗣位八月庚戌立爲皇太子自梁室亂離東宮焚燼太子居于永福省天康元年四月癸酉文帝崩是日太子卽皇帝位于太極前殿大赦詔內外文武各復其職遠方悉停奔赴五月己卯尊皇太后曰太皇太后皇后曰皇太后庚寅以司空揚州刺史新除尚書令安成王頊爲司徒錄尚書都督中外諸軍事丁酉以中軍大將軍開府儀同三司徐度爲司空以鎮東將軍東揚州刺史始興王伯茂爲征東將軍開府儀同三司以

吏部尚書袁樞爲尚書左僕射以吳興太守沈欽爲右僕射秋七月丁酉立妃王氏爲皇后冬十月庚申享太廟十一月乙亥周人來弔十二月甲子高麗國遣使朝貢是歲周天和元年

光大元年春正月癸酉尚書左僕射袁樞卒乙亥大赦改元賜孝弟力田爵一級辛卯祀南郊二月辛亥南豫州刺史余孝頃謀反伏誅三月甲午以尚書右僕射沈欽爲侍中尚書僕射夏五月乙未湘州刺史華皎不從執政丙申以中撫軍大將軍淳于量爲征南大將軍總舟師討之六月壬寅以中軍大將軍司空徐度爲車騎將軍總督都下衆軍自步道襲湘州秋七月戊申立皇子至澤爲皇太子賜天下爲父後者爵一級王公以下賚帛各有差九月丙辰百濟國遣使朝貢是月周將拓拔定入郢州與華皎水陸俱進都督淳于量吳明徹等大破之皎單舸奔江陵禽定送建鄴冬十月辛巳曲赦湘巴二州爲皎所詿誤者十一月甲子中權將軍開府儀同三司王沖薨十二月庚寅以儀同三司兼從事中郎孔英哲爲奉聖亭侯奉孔子祀

二年春正月己亥司徒安成王頊進位太傅領司徒加殊禮以新除征南大將軍淳于量爲中軍大將軍及安南將軍湘州刺史吳明徹卽本號並開府儀同三司庚子詔討華皎軍人死王事者並給棺櫬送還本鄉仍復其家甲子司空徐度薨夏五月丙辰太傅安成王頊獻玉璽一六月丁亥彗星見秋七月戊申新羅國遣使朝貢壬戌立皇弟伯智爲永陽王伯謀爲桂陽王九月林邑狼牙修國並遣使朝貢冬十一月甲寅慈訓太后令曰伯宗昔在儲宮本無令聞及居崇極遂騁凶淫太傅親承顧託義深垣屛而攢塗未御翌日無淹仍遣劉師知殷不佞等顯言排斥陰謀禍亂賴元相維持但除君側又以余孝頃密邇京師便相徵召宗社之靈祆氛是滅於是密謂華皎稱兵上流國祚憂惶幾移醜類又別勅歐陽紇等攻逼衡州嶺表紛紜殊淹弦望但賊豎皆亡日望懲改而悖禮忘德情性不悛盪主侯法喜等太傅麾下恆游府內陷以深利謀興肘腋又盪主孫泰等潛相連結大有交通天誘其衷自然開發此諸文迹今以相示豈可復肅恭禋祀臨御生靈今可特降爲臨海郡王送還藩邸太傅安成王固

天生德齊聖廣深二后鍾心三靈佇眷自前朝不豫任總邦家威惠相宣刑禮
兼設且地彰靈璽天表長彗布新除舊禎祥咸顯文皇知子之鑒事甚帝堯傳
弟之懷久符太伯今可還申舊志崇立賢君中外宜依舊典奉迎輿駕是日帝
出居別第太建二年四月乙卯薨時年十九帝性仁弱無人君之器及即尊位
政刑皆歸冢宰故宣太后稱文帝遺志而廢焉
論曰陳武帝以雄毅之姿屬殷憂之運功存拯溺道濟橫流應變無方蓋惟人
傑及乎西都盪覆江表阽危僧辯任同伊尹空結桐宮之恨貞陽入假秦兵不
息穆嬴之泣帝乘隙以舉乃蹈玄機王業所基始自於此柴天改物蓋有憑云
文帝以宗枝承統情存兢惕加以崇尚儒術愛悅文義恭儉行己勤勞濟物志
度弘遠有前哲之風至於臨下明察得永平之政矣臨海懦弱有同於帝摯文
后雖欲不鑒殷道蓋亦其可得耶

南史卷九考證

陳武帝紀封新枋縣子○陳書封新安子與此小異

勅遣腹心譚世遠爲曲江令○前卷梁太平二年三月內稱衡州刺史譚遠蓋以避諱故去世字也玆復作世遠前後互異如此

帝先計軍糧五十萬石○計陳書作貯

乃以舣艕貯石沈塞淮口○舣監本誤般今從梁書改正

十一月己卯齊遣兵五千度據姑熟○度陳書作濟渡

楚州刺史劉士榮○士梁書陳書皆作仕

鞠旅於溟池之南○溟陳書作滇

呂嘉既獲吳濞已摐○摐監本作鏦今從陳書

金虎符第一至第五左竹使符第一至第十左○陳書無第二左字乃脫去也

壬寅立梁邵陵攜王廟室祭以太牢辛丑帝幸大莊嚴寺捨身○先壬寅而後辛丑不知何以顛倒至此陳書武帝紀永定二年不載立廟室事又辛丑作

辛酉
甲子廣州言仙人見於羅浮山寺小石樓○上云正月丁酉下云二月辛酉則
此二十六日內當是庚子或壬子此作甲訛也若陳書作甲午則更訛矣
丙子扶南國遣使朝貢○丙子陳書作丙寅
文帝紀十月癸丑霍州西山蠻率部內屬乙卯高麗國遣使朝貢十一月甲辰
齊孝昭帝殂○癸丑陳書作乙巳又乙卯上有十一月三字與此小異
丙戌臨川太守駱牙斬周迪○駱牙陳書作駱文牙
廢帝紀六月丁亥彗星見○丁亥陳書作丁卯
此諸文迹今以相示○此監本作比今從陳書及閣本

南史卷九考證

唐　李延壽　撰

陳本紀下第十

高宗孝宣皇帝諱頊字紹世小字師利始興昭烈王第二子也梁中大通二年七月辛酉生有赤光滿室少寬容多智略及長美容儀身長八尺三寸垂手過膝有勇力善騎射武帝平侯景鎮京口梁元帝徵武帝子姪入侍武帝遣帝赴江陵累官爲中書侍郎時有軍主李總與帝有舊每同游處帝嘗夜被酒張燈而寐總適出尋反乃見帝是大龍便驚走他室魏平江陵遷于長安帝貌若不慧魏將楊忠門客張子煦見而奇之曰此人虎頭當大貴也永定元年遙襲封始興郡王文帝嗣位改封安成王天嘉三年自周還授侍中中書監中衞將軍置佐吏歷位司空尚書令廢帝即位拜司徒錄尚書都督中外諸軍事光大二年正月進位太傅領司徒加殊禮劍履上殿十一月甲寅慈訓太后黜廢帝爲臨海王以帝入纘皇統是月齊武成帝殂

大建元年春正月甲午皇帝卽位於太極前殿大赦改元文武賜位一階孝弟
力田及爲父後者賜爵一級鰥寡不能自存者人賜穀五斛復太皇太后尊號
曰皇太后立妃柳氏爲皇后世子叔寶爲皇太子封皇子江州刺史康樂侯叔
陵爲始興王奉昭烈王祀乙未謁太廟丁酉分命大使觀省四方風俗以尚書
僕射沈欽爲左僕射度支尚書王勱爲右僕射辛丑祀南郊壬寅封皇子建安
侯叔英爲豫章王豐城侯叔堅爲長沙王二月乙亥耕籍田夏五月甲午齊人
來聘丁巳以吏部尚書徐陵爲尚書右僕射秋七月辛卯皇太子納妃沈氏王
公以下賜帛各有差冬十月新除左衞將軍歐陽紇據廣州反辛未遣開府儀
同三司章昭達討之
二年春二月癸未章昭達禽歐陽紇送都斬于建康市廣州平三月丙申皇太
后崩丙午曲赦廣衡二州丁未大赦又詔自討周迪華皎以來兵所有死亡者
並令收斂并給棺槥送還本鄉夏四月乙卯臨海王伯宗薨戊寅皇太后祔葬
于萬安陵五月壬午齊人來弔六月戊子新羅國遣使朝貢辛卯大雨雹乙巳

分遣大使巡州郡省冤屈冬十一月辛酉高麗國遣使朝貢十二月癸巳雷

三年春正月癸丑以尚書右僕射徐陵爲尚書僕射辛酉祀南郊二月辛巳祀明堂丁酉耕籍田三月丁丑大赦夏四月壬辰齊人來聘五月辛亥高麗新羅丹丹天竺盤盤等國並遣使朝貢六月丁亥江陰王蕭季卿以罪免甲辰封東中郎長沙王府諮議參軍蕭彝爲江陰王冬十月乙酉周人來聘十二月壬辰司空章昭達薨

四年春正月丙午以尚書僕射徐陵爲左僕射中書監王勱爲右僕射二月乙酉立皇子叔卿爲建安王三月乙丑扶南林邑國並遣使朝貢夏五月癸卯尚書右僕射王勱卒是月周人誅冢宰宇文護秋八月辛未周人來聘九月庚子朔日有蝕之辛亥大赦丙寅以故太尉徐度儀同三司杜稜程靈洗配食武帝廟庭故司空章昭達配食文帝廟庭冬十一月己亥地震是歲周建德元年

五年春正月癸酉以吏部尚書沈君理爲尚書右僕射領吏部辛巳祀南郊二月辛丑祀明堂乙卯夜有白氣如虹自北方貫北斗紫宮三月壬午以開府儀

同三司吳明徹都督征討諸軍事略地北邊丙戌西衡州獻馬生角己丑皇孫胤生內外文武賜帛各有差爲父後者賜爵一級夏六月癸卯周人來聘秋九月癸未尚書右僕射沈君理卒壬辰晦夜明冬十月己亥以特進周弘正爲尚書右僕射乙巳吳明徹剋壽陽城斬王琳傳首建鄴梟于朱雀航十二月壬辰詔熊曇朗留異陳寶應周迪鄧緒等及王琳首並還親屬以弘廣宥乙巳立皇子叔明爲宜都王叔獻爲河東王是歲諸軍略地所在剋捷

六年春正月壬戌赦江右淮北諸州甲申周人來聘高麗國遣使朝貢二月壬辰朔日有蝕之辛亥耕籍田夏四月庚子彗星見六月壬辰尚書右僕射周弘正卒冬十一月乙亥詔北邊行軍之所並給復十年十二月戊戌以吏部尚書王瑒爲尚書僕射

七年春正月辛未祀南郊三月辛未詔豫二兗譙徐合霍南司定九州及南豫江郢所部在江北諸郡置雲旗義士往大軍及諸鎮備防夏四月丙戌有星孛于大角庚寅監豫州陳桃根獻青牛詔以還百姓乙未桃根又上織成羅紋錦

被表各二詔於雲龍門外焚之壬子郢州獻瑞鍾六六月丙戌詔爲北行將士
死王事者剋日舉哀壬辰以尚書右僕射王瑒爲尚書僕射己酉改作雲龍神
虎門秋八月癸卯周人來聘閏九月壬辰都督吳明徹大破齊軍於呂梁是月
甘露頻降樂游苑丁未輿駕幸苑採甘露宴羣臣詔於苑龍舟山立甘露亭冬
十月己巳立皇子叔齊爲新蔡王叔文爲晉熙王十二月壬戌以尚書僕射王
瑒爲左僕射太子詹事陸繕爲右僕射甲子南康郡獻瑞鍾一
八年春二月壬申以開府儀同三司吳明徹爲司空夏五月庚寅尚書左僕射
王瑒卒六月甲寅以尚書右僕射陸繕爲左僕射新除晉陽太守王克爲右僕
射秋九月戊戌立皇子叔彪爲淮南王
九年春正月乙亥齊主傳位於其太子恆自號太上皇是月周滅齊二月壬子
耕籍田秋七月己卯百濟國遣使朝貢庚辰大雨震萬安陵華表己丑震慧日
寺剎及瓦官寺重門一女子震死冬十月戊午司空吳明徹破周將梁士彥於
呂梁十二月戊申東宮成皇太子移于新宮

十年春二月甲子周軍救梁士彥大敗司空吳明徹於吕梁及將卒皆見囚俘不反三月辛未震武庫丙子分命衆軍以備周乙酉大赦夏四月庚戌詔絓在軍者並賜爵二級又詔御府堂署所營造禮樂儀服軍器之外悉皆停息掖庭常供王侯妃主諸有奉卹者並各量減庚申大雨雹六月丁酉周武帝崩閏六月丁卯大雨震大皇寺刹莊嚴寺露盤重陽閣東樓千秋門內槐樹及鴻臚府門秋七月戊戌新羅國遣使朝貢八月戊寅隕霜殺稻菽九月乙巳立方明壇于婁湖戊申以揚州刺史始興王叔陵兼王官伯臨盟甲寅幸婁湖臨誓衆乙卯分遣大使以盟誓班下四方以上下相警冬十月戊子以尚書左僕射陸繕爲尚書僕射十二月乙亥合州廬江蠻田伯與出寇樅陽刺史魯廣達討平之是歲周宣政元年

十一年春正月丁酉南兗州言龍見二月癸亥耕籍田秋七月辛卯初用大貨六銖錢八月丁卯幸大壯觀閱武冬十月甲戌以尚書僕射陸繕爲尚書左僕射以祠部尚書晉安王伯恭爲右僕射十一月辛卯大赦戊戌周將梁士彥圍

壽陽剋之辛亥又剋霍州癸丑以揚州刺史始興王叔陵爲大都督總督水步衆軍十二月乙丑南北兗晉三州及盱台山陽陽平馬頭秦歷陽沛北譙南梁等九郡民並自拔向建鄴周又剋譙北徐二州自是淮南之地盡歸于周矣己巳詔非軍國所須多所減損歸于儉約是歲周宣帝大象元年

十二年夏四月癸亥尚書左僕射陸繕卒己卯大雩壬午雨五月癸巳以尚書右僕射晉安王伯恭爲尚書僕射己酉周宣帝崩六月壬戌大風吹壞皐門中闥秋八月己未周鄖州總管司馬消難以所統九州八鎭之地來降詔因以消難爲大都督加司空封隨郡公庚申詔鎭西將軍樊毅進督沔漢諸軍事遣南豫州刺史任忠率衆趨歷陽超武將軍陳慧紀爲前軍都督趨南兗州戊辰以司空司馬消難爲大都督水陸諸軍事庚午通直散騎常侍淳于陵剋臨江郡癸酉智武將軍魯廣達剋郭默城甲戌大雨霖丙子淳于陵剋柘州城九月癸未周臨江太守劉顯光率衆來降是夜天東南有聲如風水相激三夜乃止丁亥周將王延貴率衆援歷陽任忠擊破之禽延貴等己酉周廣陵義軍主曹藥

率衆來降冬十月癸丑大雨震雹十二月庚辰南徐州刺史河東王叔獻薨

十三年春正月壬午以中權將軍護軍將軍鄱陽王伯山即本號開府儀同三司以尚書僕射晉安王伯恭爲左僕射吏部尚書袁憲爲右僕射二月乙亥耕籍田秋九月癸亥夜大風從西北來發屋拔樹大雨雹冬十月壬寅丹丹國遣使朝貢十二月辛巳彗星見西南是歲周靜帝大定元年遜位于隋文帝改元開皇元年

十四年春正月己酉上弗豫甲寅崩于宣福殿時年五十三遺詔凡厥終制事從省約金銀之飾不以入壙明器皆用瓦以日易月及公除之制悉依舊準在位百司三日一臨四方州鎮五等諸侯各守所職並停奔赴二月辛卯羣臣上諡曰孝宣皇帝廟號高宗癸巳葬顯寧陵帝之在田本有恢弘之度及居尊位實允天人之屬于時國步初弭創痍未復淮南之地並入于齊帝志復舊境意反侵地彊弱之形理則懸絕犯斯不韙適足爲禽及周兵滅齊乘勝而舉略地還至江際自此懼矣既而修飾都城爲扞禦之備獲銘云二百年後當有癡人

修破吾城者時莫測所從云
後主諱叔寶字元秀小字黄奴宣帝嫡長子也梁承聖二年十一月戊寅生于
江陵明年魏平江陵宣帝遷于長安留後主於穰城天嘉三年歸建鄴立爲安
成王世子光大二年累遷侍中太建元年正月甲午立爲皇太子十四年正月
甲寅宣帝崩乙卯始興王叔陵搆逆伏誅丁巳太子卽皇帝位于太極前殿大
赦在位文武及孝弟力田爲父後者竝賜爵一級孤老鰥寡不能自存者賜穀
人五斛帛二匹癸亥以侍中丹陽尹長沙王叔堅爲驃騎將軍開府儀同三司
揚州刺史乙丑尊皇后爲皇太后丁卯立皇弟叔敦爲始興王奉昭烈王祀己
巳立妃沈氏爲皇后辛未立皇弟叔儼爲尋陽王叔愼爲岳陽王叔達爲義陽
王叔熊爲巴山王叔虞爲武昌王甲戌設無礙大會於太極前殿三月癸亥詔
內外衆官九品以上各薦一人又詔求忠讜無所隱諱己巳以新除翊左將軍
永陽王伯智爲尚書僕射夏四月丙申立皇子永康公胤爲皇太子賜天下爲
父後者爵一級王公以下賚帛各有差庚子詔鏤金銀薄庶物化生土木人綵

華之屬及布帛短狹輕疎者並傷財廢業尤成蠹患又僧尼道士挾邪左道不
依經律人間淫祀祅書諸珍怪事詳爲條制並皆禁絶秋七月辛未大赦是月
自建鄴至荆州江水色赤如血八月癸未天有聲如風水相激乙酉夜又如之
九月丙午設無礙大會於太極前殿捨身及乘輿御服大赦辛亥夜天東北有
聲如蟲飛漸移西北丙寅以驃騎將軍開府儀同三司揚州刺史長沙王叔堅
爲司空征南將軍江州刺史豫章王叔英即本號開府儀同三司
至德元年春正月壬寅大赦改元以江州刺史豫章王叔英爲驃騎將軍開府
儀同三司以司空揚州刺史長沙王叔堅爲江州刺史征東將軍開府儀同三
司癸卯立皇子深爲始安王秋八月丁卯以驃騎將軍開府儀同三司長沙王
叔堅爲司空九月丁巳天東南有聲如蟲飛冬十月丁酉立皇弟叔平爲湘東
王叔敖爲臨賀王叔宣爲陽山王叔穆爲西陽王叔儉爲南安王叔澄爲南郡
王叔興爲沅陵王叔韶爲岳山王叔純爲新興王十二月丙辰頭和國遣使朝
貢司空長沙王叔堅有罪免戊午夜天開自西北至東南其內有青黃雜色隆

隆若雷聲
二年春正月丁卯分遣大使巡省風俗癸巳大赦夏五月戊子以吏部尚書江總爲尚書僕射秋七月壬午皇太子加元服在位文武賜帛各有差孝弟力田爲父後者賜爵一級鰥寡癃老不能自存者人穀五斛冬十一月丙寅大赦是月盤盤百濟國並遣使朝貢
三年春正月戊午朔日有蝕之庚午鎮左將軍長沙王叔堅即本號開府儀同三司三月辛酉前豐州刺史章大寶舉兵反夏四月庚戌豐州義軍主陳景詳斬大寶傳首建鄴冬十月己丑丹丹國遣使朝貢十一月己未詔修復仲尼廟辛巳幸長干寺大赦十二月癸卯高麗國遣使朝貢是歲梁明帝殂
四年春正月甲寅詔王公以下各薦所知無隔輿皁二月丙申立皇弟叔謨爲巴東王叔顯爲臨江王叔坦爲新會王叔隆爲新寧王夏五月丁巳立皇子莊爲會稽王秋九月甲午幸玄武湖肄艫艦閱武丁未百濟國遣使朝貢冬十月癸亥以尚書僕射江總爲尚書令吏部尚書謝伷爲尚書僕射十一月己卯大

赦
禎明元年春正月戊寅大赦改元乙未地震秋九月庚寅梁太傅安平王蕭巖
荆州刺史蕭瓛遣其都官尚書沈君公詣荆州刺史陳紀請降辛卯巖等帥其
文武官男女濟江甲午大赦冬十一月丙子以蕭巖爲平東將軍開府儀同三
司東揚州刺史丁亥以驃騎大將軍開府儀同三司豫章王叔英爲兼司徒十
二月丙辰以前鎮衞大將軍開府儀同三司東揚州刺史鄱陽王伯山爲鎮衞
大將軍開府儀同三司
二年春正月辛巳立皇子恮爲東陽王恬爲錢唐王夏四月戊申有羣鼠無數
自蔡洲岸入石頭渡淮至于青塘兩岸數日自死隨流出江是月郢州南浦水
黑如墨五月甲午東冶鑄鐵有物赤色大如數升自天墜鎔所有聲隆隆如雷
鐵飛出牆外燒人家六月戊戌扶南國遣使朝貢庚子廢皇太子胤爲吳興王
立揚州刺史始安王深爲皇太子辛丑以太子詹事袁憲爲尚書僕射丁巳大
風自西北激濤水入石頭城淮渚暴溢漂沒舟乘冬十月己亥立皇子蕃爲吳

王己酉幸莫府山大校獵十一月丁卯詔剋日於大政殿訊獄丙子立皇弟叔榮爲新昌王叔匡爲太原王初隋文帝受周禪甚敦鄰好宣帝尚不禁侵掠太建末隋兵大舉聞宣帝崩乃命班師遣使赴弔修敵國之禮書稱姓名頓首而後主益驕書末云想彼統內如宜此宇宙清泰隋文帝不說以示朝臣清河公楊素以爲主辱再拜請罪及襄邑公賀若弼並奮求致討後副使袁彥聘隋竊圖隋文帝狀以歸後主見之大駭曰吾不欲見此人每遣閒諜隋文帝皆給衣馬禮遣以歸後主愈驕不虞外難荒于酒色不恤政事左右嬖佞珥貂者五十人婦人美貌麗服巧態以從者千餘人常使張貴妃孔貴人等八人夾坐江總孔範等十人預宴號曰狎客先令八婦人襞采箋製五言詩十客一時繼和遲則罰酒君臣酣飲從夕達旦以此爲常而盛修宮室無時休止稅江稅市徵取百端刑罰酷濫牢獄常滿覆舟山及蔣山柏林冬月常多采醴後主以爲甘露之瑞前後災異甚多有神自稱老子游於都下與人對語而不見形言吉凶多驗得酒輒醻之經三四年乃去船下有聲云明年亂視之得嬰兒長三尺而無

頭蔣山衆鳥鼓兩翼以拊膺曰奈何帝奈何帝又建鄴城無故自壞青龍出建陽門井涌霧赤地生黑白毛大風拔朱雀門臨平湖草舊塞忽然自通後主又夢黃衣圍城乃盡去繞城橘樹又見大蛇中分首尾各走夜中索飲忽變爲血有血霑階至於坐牀頭而火起有狐入其牀下捕之不見以爲祆乃自賣於佛寺爲奴以禳之於郭內大皇佛寺起七層塔未畢火從中起飛至石頭燒死者甚衆又采木湘州擬造正寢栰至牛渚磯盡沒水中既而漁人見栰浮於海上起齊雲觀國人歌曰齊雲觀寇來無際畔始北齊末諸省官人多稱省主未幾而滅至是舉朝亦有此稱識者以爲省主主將見省之兆隋文帝謂僕射高熲曰我爲百姓父母豈可限一衣帶水不拯之乎命大作戰船人請密之隋文帝曰吾將顯行天誅何密之有使投栰於江若彼能改吾又何求及納梁蕭瓛蕭巖隋文愈忿以晉王廣爲元帥督八十總管致討乃送璽書暴後主二十惡又散寫詔書書三十萬紙徧喻江外諸軍既下江濱鎭戍相繼奏聞新除湘州刺史施文慶中書舍人沈客卿掌機密並抑而不言初蕭巖蕭瓛之至也德教學

士沈君道夢殿前長人朱衣武冠頭出欄上攘臂怒曰那忽受叛蕭誤人事後主聞之忌二蕭故遠散其衆以巖爲東揚州刺史瓛爲吳州刺史使領軍任忠出守吳興郡以襟帶二州使南平王嶷鎮江州永嘉王彥鎮南徐州尋詔二王赴期明年元會命緣江諸防船艦悉從二王還都爲威勢以示梁人之來者由是江中無一鬭船上流諸州兵皆阻楊素軍不得至都下甲士尚十餘萬人及聞隋軍臨江後主曰王氣在此齊兵三度來周兵再度至無不摧沒虜今來者必自敗孔範亦言無渡江理但奏伎縱酒作詩不輟

三年春正月乙丑朔朝會大霧四塞入人鼻皆辛酸後主昏睡至晡時乃罷是日隋將賀若弼自北道廣陵濟韓擒虎趨橫江濟分兵晨襲采石取之進拔姑熟次於新林時弼攻下京口緣江諸戍望風盡走弼分兵斷曲阿之衝而入丙寅采石戍主徐子建至告變戊辰乃下詔曰犬羊陵縱侵竊郊畿蠭蠆有毒宜時掃定朕當親御六師廓清八表內外並可戒嚴於是以蕭摩訶爲皇畿大都督樊猛爲上流大都督樊毅爲下流大都督司馬消難施文慶並爲大監軍重

立賞格分兵鎮守要害僧尼道士盡皆執役庚午賀若弼攻陷南徐州辛未韓
擒虎又陷南豫州隋軍南北道並進辛巳賀若弼進軍鍾山頓白土岡之東南
衆軍敗績弼乘勝進軍宮城燒北掖門是時韓擒虎率衆自新林至石子岡鎮
東大將軍任忠出降擒虎仍引擒虎經朱雀航趣宮城自南掖門入城內文武
百司皆遁出唯尚書僕射袁憲後閤舍人夏侯公韻侍側憲勸端坐殿上正色
以待之後主曰鋒刃之下未可交當吾自有計乃逃於井二人苦諫不從以身
蔽井後主與爭久之方得入沈后居處如常太子深年十五閉閤而坐舍人孔
伯魚侍焉戍士叩閤而入深安坐勞之曰戎旅在塗不至勞也既而軍人窺井
而呼之後主不應欲下石乃聞叫聲以繩引之驚其太重及出乃與張貴妃孔
貴人三人同乘而上隋文帝聞之大驚開府鮑宏曰東井上於天文爲秦今王
都所在投井其天意邪先是江東謠多唱王獻之桃葉辭云桃葉復桃葉度江
不用檝但度無所苦我自接迎汝及晉王廣軍於六合鎮其山名桃葉果乘陳
船而度丙戌晉王廣入據臺城送後主于東宮三月己巳後主與王公百司同

發自建鄴之長安隋文帝權分京城人宅以俟內外修整遣使迎勞之陳人謳詠忘其亡焉使還奏言自後主以下大小在路五百里纍纍不絕隋文帝嗟歎曰一至於此及至京師列陳之車服器物於庭引後主於前及前後二太子諸父諸弟衆子之爲王者凡二十八人司空司馬消難尚書令江總僕射袁憲驃騎蕭摩訶護軍樊毅中領軍魯廣達鎮軍將軍任忠吏部尚書姚察侍中中書令蔡徵左衞將軍樊猛自尚書郎以上二百餘人文帝使納言宣詔勞之次使內史令宣詔讓後主後主伏地屏息不能對乃見宥隋文帝詔陳武文宣三帝陵總給五戶分守之初武帝始卽位其夜奉朝請史普直宿省夢有人自天而下導從數十至太極殿前北面執玉策金字曰陳氏五帝三十二年及後主在東宮時有婦人突入唱曰畢國主有鳥一足集其殿庭以觜畫地成文曰獨足上高臺盛草變爲灰欲知我家處朱門當水開解者以爲獨足蓋指後主獨行無衆盛草言荒穢隋承火運草得火而灰及至京師與其家屬館於都水臺所謂上高臺當水也其言皆驗或言後主名叔寶反語爲少福亦敗亡之徵云既

見宥隋文帝給賜甚厚數得引見班同三品每預宴恐致傷心爲不奏吳音後監守者奏言叔寶云既無秩位每預朝集願得一官號隋文帝曰叔寶全無心肝監者又言叔寶常耽醉罕有醒時隋文帝使節其酒既而曰任其性不爾何以過日未幾帝又問監者叔寶所嗜對曰嗜驢肉問飲酒多少對曰與其子弟日飲一石隋文帝大驚及從東巡登芒山侍飲賦詩曰日月光天德山川壯帝居太平無以報願上東封書幷表請封禪隋文帝優詔謙讓不許後從至仁壽宮常侍宴及出隋文帝目之曰此敗豈不由酒將作詩功夫何如思安時事當賀若弼度京口彼人密啓告急叔寶爲飲酒遂不省之高熲至日猶見啓在牀下未開封此亦是可笑蓋天亡也昔苻氏所征得國皆榮貴其主苟欲求名不知違天命與之官乃違天也隋文帝以陳氏子弟既多恐京下爲過皆分置諸州縣每歲賜以衣服以安全之後主以隋仁壽四年十一月壬子終於洛陽時年五十二贈大將軍封長安縣公謚曰煬葬河南洛陽之芒山

論曰陳宣帝器度弘厚有人君之量文帝知冢嗣仁弱早存太伯之心及乎弗

僉咸已委託矣至於纘業之後拓土開疆蓋德不逮文智不及武志大不已晚
致呂梁之敗江左日蹙抑此之由也後主因削弱之餘鍾滅亡之運刑政不樹
加以荒淫夫以三代之隆歷世數十及其亡也皆敗於婦人況以區區之陳外
鄰明德覆車之跡尚且追蹤叔季其獲支數年亦爲幸也雖忠義感慨致慟井
隅何救麥秀之深悲適足取笑乎千祀嗟乎始梁末童謠云可憐巴馬子一日
行千里不見馬上郎但見黃塵起黃塵汙人衣皁莢相料理及僧辯滅羣臣以
謠言奏聞曰僧辯本乘巴馬以擊侯景馬上郎王字也塵謂陳也而不解皁莢
之謂既而陳滅於隋說者以爲江東謂羖羊角爲皁莢隋氏姓楊楊羊也言終
滅於隋然則興亡之兆蓋有數云

南史卷十

南史卷十考證

宣帝紀乙未桃根又上織成羅紋錦被表各二詔於雲龍門外焚之○表陳書作裘

二月壬子耕籍田○壬子陳書作壬午

丙子淳于陵尅柘州城○柘陳書作祐

後主紀光大二年累遷侍中○二監本訛三今以光大止有二年改正之

立皇弟叔敦爲始興王○敦陳書作重

庚子詔鏤金銀薄庶物化生土木人綵華之屬○庶監本作度今从陳書及南本

叔韶爲岳山王○岳監本訛樂今从本傳改

肆艫艦閱武○肆南本作肄閣本注一作肄

東冶鑄鐵有物赤色大如數升自天墜鎔所○升陳書作斗蓋升斗二字古文相似易致訛也

南史卷十考證

南史卷十一

唐　李延壽　撰

列傳第一

后妃上

宋孝穆趙皇后　孝懿蕭皇后　武敬臧皇后
武張夫人　文章胡太后　少帝司馬皇后
文元袁皇后潘淑妃　孝武昭路太后　明宣沈太后
孝武文穆王皇后宣貴妃　前廢帝何皇后　明恭王皇后
後廢帝陳太妃　後廢帝江皇后　順陳太妃
順謝皇后　齊宣孝陳皇后　高昭劉皇后
武穆裴皇后　文安王皇后　鬱林王何妃
海陵王王妃　明敬劉皇后　東昏褚皇后
和王皇后

六宮位號前史代有不同晉武帝采漢魏之制置貴嬪夫人貴人是爲三夫人位視三公淑妃淑媛淑儀脩華脩容脩儀婕妤容華充華是爲九嬪位視九卿其餘有美人才人中才人爵視千石以下宋武帝省二才人其餘仍用晉制案貴嬪魏文帝所制夫人魏武初建魏國所制貴人漢光武所制淑妃魏明帝所制淑媛魏文帝所制淑儀脩華晉武帝所制脩容魏文帝所制脩儀魏明帝所制婕妤容華前漢舊號充華晉武帝所制美人漢光武所制及孝武孝建三年省夫人置貴妃位比相國進貴嬪比丞相貴人比三司以爲三夫人又置昭儀昭容昭華以代脩華脩儀脩容又置中才人充衣以爲散位案昭儀漢元帝所制昭容孝武所制昭華魏明帝所制中才人晉武帝所制充衣前漢舊制及明帝泰始二年省淑妃昭華中才人充衣復置脩華脩儀脩容才人良人三年又省貴人置貴姬以備三夫人之數又置昭華增淑容承徽列榮以淑媛淑儀淑容昭華昭儀昭容脩華脩儀脩容爲九嬪婕妤容華充華承徽列榮凡五職亞九嬪美人才人良人三職爲散役其後帝留心後房擬百官備置內職焉及齊

高帝建元元年有司奏置貴嬪夫人貴人爲三夫人脩華脩儀脩容淑妃淑媛淑儀婕妤容華充華爲九嬪美人中才人才人爲散職三年太子宮置三內職良娣比開國侯保林比五等侯才人比駙馬都尉及永明元年有司奏貴妃淑妃並加金章紫綬佩于窴玉淑妃舊擬九棘以淑爲溫恭之稱妃爲亞后之名進同貴妃以比三司夫人之號不殊蕃國降淑媛以比九卿七年復立昭容位在九嬪焉梁武撥亂反正深鑒奢逸配德早終長秋曠位定令制貴妃貴嬪貴姬爲三夫人淑媛淑儀淑容昭華昭儀昭容脩華脩儀脩容爲九嬪婕妤容華充華承徽列榮爲五職美人才人良人爲三職東宮置良娣保林爲二職及簡文元帝出自儲蕃或追在拘縶或逼於寇亂且妃並先殂更不建椒闈陳武光膺天歷以朴素自居故後宮員位其數多闕文帝天嘉之後詔宮職備員其所制立無改梁舊編之令文以爲後法然帝性恭儉而嬪嬙不備宣帝後主無所改作今總綴輯以立此篇云

宋孝穆趙皇后諱安宗下邳僮人也父裔平原太守后以晉穆帝升平四年嬪

于孝皇帝以產武帝殂於丹徒官舍葬晉陵丹徒縣東鄉練壁里雩山宋初追崇號諡陵曰興寧永初二年有司奏追贈裔光祿大夫加金章紫綬裔命婦孫氏封豫章郡建昌縣君其年又追封裔臨賀縣侯裔子倫之自有傳

孝懿蕭皇后諱文壽蘭陵人也父卓字子略洮陽令后爲孝皇帝繼室生長沙景王道憐臨川烈武王道規義熙七年拜豫章公太夫人武帝爲宋公宋王又加太妃太后之號帝踐阼尊曰皇太后居宣訓宮上以恭孝爲行奉太后素謹及即大位春秋已高每旦朝太后未嘗失時刻少帝即位加崇曰太皇太后景平元年崩于顯陽殿年八十一遺令漢世帝后陵皆異處今可於塋域之內別爲一壙一遵往式乃開別壙與興寧合墳初武帝微時貧約過甚孝皇之殂葬禮多闕帝遺旨太后百歲後不須祔葬至是故稱后遺令云卓初與趙裔俱贈金紫光祿大夫又追封封陽縣侯妻下邳趙氏封吳郡壽昌縣君卓子源之襲爵源之見子思話傳

武敬臧皇后諱愛親東莞人也祖汪尚書郎父儁郡功曹后適武帝生會稽宣

長公主與弟帝以儉正率下后恭謹不違義熙四年正月甲子殂於東城故贈
豫章公夫人還葬丹徒帝臨崩遺詔留葬建鄴於是備法駕迎梓宮祔葬初寧
陵宋初追贈儁金紫光祿大夫妻高密叔孫氏封永陵平鄉君儁子燾熹並自
有傳
武帝張夫人諱闕不知何許人也生少帝及義興恭長公主惠媛永初元年拜
夫人少帝卽位有司奏上尊號爲皇太后宮曰永樂少帝廢太后還璽紱隨居
吳郡文帝元嘉元年拜營陽國太妃二年薨
文章胡太后諱道女淮南人也義熙初武帝所納文帝生五年被譴賜死葬丹
徒武帝踐阼追贈婕妤文帝卽位有司奏上尊號曰章皇太后陵曰熙寧立廟
建鄴
少帝司馬皇后諱茂英晉恭帝女也初封海鹽公主少帝以公子尚焉宋初拜
皇太子妃少帝卽位爲皇后元嘉元年降爲營陽王妃又爲南豐王太妃十六
年薨

文元袁皇后諱齊嬀陳郡陽夏人左光祿大夫湛之庶女也母本卑賤后年五六歲方見舉後適文帝初拜宜都王妃生子劭東陽獻公主英娥上待后恩禮甚篤袁氏貧薄后每就上求錢帛以贍之上性儉所得不過五三萬五三十匹後潘淑妃有寵愛傾後宮咸言所求無不得后聞之未知信否乃因潘求三十萬錢與家以觀上意宿昔便得因此恚恨稱疾不復見上遂憤恚成疾元嘉十七年疾篤上執手流涕問所欲言后視上良久乃引被覆面崩于顯陽殿上甚悼痛之詔前永嘉太守顏延之爲哀策文甚麗及奏上自益撫存悼亡感今懷昔八字以致意焉有司奏謚宣皇后詔謚曰元初后生劭自詳視之使馳白帝此兒形貌異常必破國亡家不可舉便欲殺之文帝狼狽至後殿戶外手撥幔禁之乃止后亡後常有小小靈應明帝所生沈美人嘗以非罪見責應賜死從后昔所住徽音殿前度此殿有五間自后崩後常閉美人至殿前流涕大言曰今日無罪就死先后若有靈當知之殿戶應聲豁然開職掌者遽白文帝驚往視之美人乃得釋大明五年孝武乃詔追后之所生外祖親王夫人爲豫章郡

新淦平樂鄉君又詔趙蕭臧光祿袁敬公平樂鄉君墓先未給塋戶各給蠻戶三以供灑掃后父湛之自有傳

潘淑妃者本以貌進始未見賞帝好乘羊車經諸房淑妃每莊飾褰帷以候并密令左右以鹹水灑地帝每至戶羊輒舐地不去帝曰羊乃爲汝徘徊況於人乎於此愛傾後宮

孝武昭路太后諱惠男丹陽建康人也以色貌選入後宮生孝武帝拜爲淑媛及年長無寵常隨孝武出蕃孝武卽位有司奏奉尊號曰太后宮曰崇憲太后居顯陽殿上於閨房之內禮敬甚寡有所御幸或留止太后房內故人間或有醜聲宮掖事祕亦莫能辯也孝建二年追贈太后父與之散騎常侍與之妻餘杭縣廣昌鄉君大明四年太后弟子撫軍參軍瓊之上表自陳有司承旨奏贈瓊之父道慶給事中瓊之及弟休之茂之並居顯職太后頗豫政事賜與瓊之等財物家累千金居處器服與帝子相侔大明五年太后隨上巡南豫州妃主以下並從廢帝立號太皇太后明帝踐阼號崇憲太后初明帝少失所生爲太

后所攝養撫愛甚篤及即位供奉禮儀不異舊日有司奏宜別居外宫詔欲親奉晨昏盡懽閨禁不如所奏及聞義嘉難作太后心幸之延上飲酒置毒以進侍者引上衣上寤起以其巵上壽是日太后崩祕之喪事如禮還殯東宫題曰崇憲宫又詔述太后恩慈特齊衰三月以申追遠謚曰昭皇太后葬孝武陵東南號曰脩寧陵先是晉安王子勛未卒巫者謂宜開昭太后陵毀去梓宫以厭勝脩復倉卒不得如禮上性忌慮將來致災泰始四年夏詔有司曰崇憲昭太后脩寧陵地大明之世久所考卜前歲遭諸蕃之難禮從權宜未暇營改而塋隧之所山原卑陋可式遵舊典以禮改創有司奏請脩寧陵玄宫補葺毀壞權施油殿暫出梓宫事畢即定詔可廢帝景和中又追贈與之侍中金紫光祿大夫謚曰孝侯道慶光祿大夫開府儀同三司謚曰敬侯道慶女爲皇后以休之爲侍中

明宣沈太后諱容姬不知何許人也爲文帝美人生明帝拜婕妤元嘉三十年卒葬建康之莫府山孝武即位追贈湘東國太妃明帝即位有司奏上尊號爲

皇太后諡曰宣陵號崇寧

孝武文穆王皇后諱憲嫄琅邪臨沂人也元嘉二十年拜武陵王妃生廢帝豫章王子尚山陰公主楚玉臨淮康哀公主楚佩皇女楚琇康樂公主脩明孝武在蕃后甚寵異及即位爲皇后焉大明四年后率六宮躬桑于西郊皇太后觀禮妃主以下並加班錫廢帝即位尊曰皇太后宮曰永訓其年崩于含章殿祔葬景寧陵父偃別有傳

殷淑儀南郡王義宣女也麗色巧笑義宣敗後帝密取之寵冠後宮假姓殷氏左右宣泄者多死故當時莫知所出及薨帝常思見之遂爲通替棺欲見輒引替覩屍如此積日形色不異追贈貴妃諡曰宣及葬給轀輬車虎賁班劍鑾輅九旒黃屋左纛前後部羽葆鼓吹上自於南掖門臨過喪車悲不自勝左右莫不掩泣上痛愛不已精神罔罔頗廢政事每寢先於靈牀酌奠酒飲之既而慟哭不能自反又諷有司奏曰據春秋仲子非魯惠公元嫡尚得考別宮今貴妃蓋天秩之崇班理應創新乃立別廟於都下時有巫者能見鬼說帝言貴妃可

致帝大喜令召之有少頃果於帷中見形如平生帝欲與之言默然不對將執手奄然便歇帝尤哽恨於是擬李夫人賦以寄意焉謝莊作哀策文奏之帝臥覽讀起坐流涕曰不謂當今復有此才都下傳寫紙墨爲之貴或云貴妃是殷琰家人入義宣家義宣敗入宮云

前廢帝何皇后諱令婉廬江灊人也孝建三年納爲皇太子妃大明五年薨于東宮徽光殿諡曰獻妃廢帝卽位追崇曰獻皇后明帝踐阼遷后與廢帝合葬龍山北后父瑀字幼玉晉尚書左僕射澄曾孫也瑀尚武帝少女豫康長公主諱次男公主先適徐喬美容色聰敏有智數文帝世禮待特隆瑀豪競於時與平昌孟靈休東海何勖等並以輿馬相尚公主與瑀情愛隆密何氏疎戚莫不霑被恩禮瑀位右衞將軍主薨瑀墓開孝武追贈瑀金紫光祿大夫子邁尚文帝第十女新蔡公主諱英媚邁少以貴戚居顯官好犬馬馳逐多聚才力士位南濟陰太守廢帝納公主於後宮僞言薨殞殺一婢送出邁第殯葬行喪禮常疑邁有異圖邁亦招聚同志欲因行廢立事覺見誅明帝卽位追封建寧縣侯

瑀兄子衍性躁動位黃門郎拜竟求司徒司馬得司馬復求太子右率拜一二日復求侍中旬日之閒求進無已不得侍中以怨罵賜死

明恭王皇后諱貞風琅邪臨沂人也初拜淮陽王妃明帝改封又爲湘東王妃生晉陵長公主伯姒建安長公主伯媛明帝即位立爲皇后上嘗宮內大集而裸婦人觀之以爲歡笑后以扇鄣面獨無所言帝怒曰外舍家寒乞今共作笑樂何獨不視后曰爲樂之事其方自多豈有姑姊妹集聚而裸婦人形體以此爲樂外舍爲歡適與此不同帝大怒令后起后兄揚州刺史景文以此事語從舅陳郡謝綽曰后在家爲儜弱婦人不知今段遂能剛正如此廢帝即位尊爲皇太后宮曰弘訓廢帝失德太后每加勖譬始猶見順後狂慝稍甚太后嘗賜帝玉柄毛扇帝嫌毛扇不華因此欲加酖害令太醫煑藥左右止之曰若行此事官便作孝子豈得出入狡獪帝曰汝語大有理乃止順帝即位齊高帝執權宗室劉晃劉綽卜伯與等有異志太后頗與相關順帝禪位太后與帝遜于東邸因遷居丹陽宮拜汝陰王太后順帝殂于丹陽更立第都下建元元年薨于

第追加諡葬以宋禮后父僧朗別有傳

後廢帝陳太妃諱妙登丹陽建康屠家女也孝武嘗使尉司采訪人閒子女有姿色者太妃家在建康縣居有草屋兩三閒上出行問尉曰御道那得此草屋當由家貧賜錢三萬令起瓦屋尉自送錢與之家人並行唯太妃在家時年十二三尉見其美即以白孝武於是迎入宮在路太后房內經二年再呼不見幸太后因言於上以賜明帝始有寵一年衰歇以賜李道兒尋又迎還生廢帝先是人閒言明帝不男故皆呼廢帝爲李氏子廢帝後每微行自稱李將軍或自謂李統明帝即位拜貴妃秩同皇太子廢帝踐阼有司奏上尊號曰皇太妃輿服一如晉孝武李太妃故事宮曰弘化置家令一人改諸國太妃曰太姬昇明初降爲蒼梧王太妃

後廢帝江皇后諱簡珪濟陽考城人也太始五年明帝訪太子妃而雅信小數名家女多不合江氏雖爲華族而后父祖並已亡弟又弱小以卜筮吉故爲太子納之六年拜皇太子妃諷朝士州郡皆令獻物多者將直百金始興太守孫

奉伯止獻琴書其外無餘物上大怒封藥賜死旣而原之太子卽帝位立爲皇后帝旣廢降后爲蒼梧王妃祖智深自有傳

順陳太妃諱法容丹陽建康人也明帝素肥晚年廢疾不能內御諸弟姬人有懷孕者輒取以入宮及生男皆殺其母而與六宮所愛者養之順帝桂陽王休範子也以陳昭華爲母明帝崩昭華拜安成王太妃順帝卽位進爲皇太妃順帝禪位去皇存太妃之號

順謝皇后諱梵境陳郡陽夏人右光祿大夫莊之孫也父颺車騎功曹昇明二年立爲皇后順帝禪位降爲汝陰王妃祖莊自有傳

齊宣孝陳皇后諱道止臨淮東陽人魏司徒矯之後也后家貧少勤織作家人矜其勞或止之后終不改嫁于宣帝宣帝庶生子衡陽元王道度始安貞王道生后生高帝高帝年二歲乳人乏乳后夢人以兩甌麻粥與之覺而乳驚因此豐足宣帝從任在外后常留家有相者謂后曰夫人有貴子而不見之后歎曰我三子誰當應之呼高帝小字曰政應是汝耳宣帝殂後后親執勤婢使有過

皆怒而不問高帝雖從宦而家業本貧爲建康令時明帝等冬月猶無纊而
奉膳甚厚后每撤去兼肉曰於我過足矣殂于縣舍昇明二年追贈竟陵公國
太夫人齊國建爲齊國太妃並璽印畫青綬祠以太牢建元元年追尊孝皇后
贈外祖父肇之金紫光祿大夫謚敬侯后母胡氏爲永昌縣靖君永明九年詔
太廟四時祭宣皇帝薦起麪餅鴨臛孝皇后薦筍鴨卵脯醬炙白肉高皇帝薦
肉膾葅羹昭皇后薦茗粣炙魚並生平所嗜也

高昭劉皇后諱智容廣陵人也祖玄之父壽之並員外郎后母桓氏夢吞玉勝
生后時有紫光滿室以告壽之壽之曰恨非是男桓笑曰雖女亦足興家矣后
寢卧見有羽蓋蔭其上家人試察之常見其上掩藹如似雲氣年十七裴方明
爲子求婚酬許已定后夢見先有迎車至猶如常家迎法后不肯去次有迎至
龍旂豹尾有異於常后喜而從之既而與裴氏不成婚竟嬪于上嚴整有軌度
造次必依禮法生太子及豫章王嶷太子初在孕后嘗歸寧遇家奉祠爾日陰
晦失曉舉家狼狽共營祭食后助炒胡麻始復內薪未及索火火便自然宋泰

豫元年殂歸葬先帝墓側則泰安陵也門生王清與墓工始下插有白兎跳起尋之不得及墳成兎還栖其上昇明二年贈竟陵公國夫人三年贈齊國妃印綬齊建元元年尊謚昭皇后二年贈后父壽之金紫光祿大夫母桓氏上虞都鄉君

武穆裴皇后諱惠昭河東聞喜人也祖封之給事中父璣之左軍參軍后少與豫章王妃庾氏爲娣姒庾氏勤女工奉事高昭后恭謹不倦后不能及故不爲舅姑所重武帝亦薄焉性剛嚴竟陵王子良妃袁氏布衣時有過后加訓罰昇明三年爲齊世子妃建元元年爲皇太子妃二年后薨謚穆妃葬休安陵時議欲立石誌王儉曰石誌不出禮起宋元嘉中顏延之爲王球石誌素族無銘策故以紀行自爾以來共相祖習儲妃之重禮絶恆例既有哀策不煩石誌從之武帝卽位追尊皇后贈父璣之金紫光祿大夫后母檀氏餘杭廣昌鄉元君舊顯陽昭陽二殿太后皇后所居也永明中無太后皇后羊貴嬪居昭陽殿西范貴妃居昭陽殿東寵姬荀昭華居鳳華柏殿宮內御所居壽昌畫殿南閤置白

鼙鼓吹二部乾光殿東西頭置鍾磬兩廂皆宴樂處也上數游幸諸苑囿載宮人後從車宮內深隱不聞端門鼓漏聲置鍾於景陽樓上應五鼓及三鼓宮人聞鍾聲早起莊飾車駕數幸琅邪城宮人常從早發至湖北埭雞始鳴故呼爲雞鳴埭婦人吳郡韓蘭英有文辭宋孝武時獻中興賦被賞入宮宋明帝時用爲宮中職僚及武帝以爲博士教六宮書學以其年老多識呼爲韓公云

文安王皇后諱寶明琅邪臨沂人也祖韶之吳興太守父曄之太宰祭酒宋世高帝爲文惠太子納后建元元年爲南郡王妃四年爲皇太子妃無寵太子宮人製新麗衣裳及首飾而后牀帷陳故古舊釵鑷十餘枚永明十一年爲皇太孫太妃鬱林卽位尊爲皇太后稱宣德宮置男左右三十人前代所未有也贈后父曄之金紫光祿大夫母桓氏豐安縣君其年十二月備法駕謁太廟明帝卽位出居鄱陽王故第爲宣德宮永元三年梁武帝定建鄴迎入宮后稱制至禪位遜居外宮梁天監十一年薨葬崇安陵諡曰安后祖韶之自有傳

鬱林王何妃諱婧英廬江灊人撫軍將軍戢女也初將納爲南郡王妃文惠太

子嫌戢無男門孤不欲與昏王儉以南郡王妃便爲將來外戚唯須高冑不須強門今何氏蔭華族弱實允外戚之義永明三年乃成昏妃稟性淫亂南郡王所與無賴人游妃擇其美者皆與交歡南郡王侍書人馬澄年少色美甚爲妃悅常與鬪腕較力南郡王以爲歡笑澄者本剡縣寒人嘗於南岸逼略人家女爲秣陵縣所錄南郡王語縣散遣之澄又逼求姨女爲妾姨不與澄詣建康令沈徽孚訟之徽孚曰姨女可爲婦不可爲妾澄曰僕父爲給事中門戶既成姨家猶是寒賤政可爲妾耳徽孚訶而遣之十一年爲皇太孫妃又有女巫子楊珉之亦有美貌妃尤愛悅之與同寢處如伉儷及太孫卽帝位爲皇后封后嫡母劉爲高昌縣都鄉君所生母宋爲餘杭廣昌鄉君后將拜鏡在牀無因墮地其冬與太后同日謁太廟楊珉之爲帝所幸常居中侍明帝爲輔與王晏徐孝嗣王廣之並面請不聽又令蕭諶坦之固請皇后與帝同席坐流涕覆面謂坦之曰楊郎好年少無罪過何可枉殺坦之耳語於帝曰此事別有一意不可令人聞帝謂皇后爲阿奴曰阿奴暫去坦之乃曰外間並云楊珉之與皇后有異

情彰聞退邇帝不得已乃爲敕坦之馳報明帝卽令建康行刑而果有敕原之

而珉之已死后既淫亂又與帝相愛褻故帝恣之又迎后親戚入宮嘗賜人百

數十萬以武帝曜靈殿處后家屬帝廢后貶爲王妃父戢自有傳

海陵王王妃諱韶明琅邪臨沂人太常慈之女也永明八年納爲臨沂公夫人

鬱林王卽位爲新安王妃延興元年爲皇后其年降爲海陵王妃妃父慈自有

傳

明敬劉皇后諱惠端彭城人光祿大夫道弘孫也高帝爲明帝納之建元三年

除西昌侯夫人永明七年卒葬江乘縣張山延興元年贈宣城王妃明帝卽位

追尊敬皇后贈父通直郎景猷爲金紫光祿大夫母王氏平陽鄉君明帝崩改

葬祔于興安陵

東昏褚皇后諱令璩河南陽翟人太常澄之女也建武二年納爲皇太子妃而

無寵帝謂左右曰若得如山陰主無恨矣山陰主明帝長女也後遂與之爲亂

明年妃謁敬后廟東昏卽位爲皇后帝寵潘妃后不被遇黃淑儀生太子誦而

卒東昏廢后及誦並爲庶人后父澄自有傳

和王皇后諱蕣華琅邪臨沂人太尉儉之孫也初爲隨王妃中興元年爲皇后

帝禪位后降爲妃妃祖儉自有傳

南史卷十一

南史卷十一考證

后妃傳敘淑妃舊擬九棘以淑爲温恭之稱○棘各本訛[illegible]查字書[illegible]同棘亦从東不从來今改正

宋孝穆趙皇后傳葬晉陵丹徒縣東鄉練璧里雩山○練一本作練璧一本作壁

武敬臧皇后傳封永陵平鄉君○監本訛作遷陵永平鄉君今从宋書改正

文元袁皇后○元監本訛帝今从目錄改正

前廢帝何皇后傳瑀尙武帝少女豫康公主諱次男○凡公主之名皆不書諱獨本傳此處與下文邁尙文帝第十女新蔡公主諱英媚各衍一諱字

齊宣孝陳皇后傳並蜜印畫青綬祠以太牢○南本蜜作密畫作書

武穆裴皇后傳上數游幸諸苑囿載宮人後從車宮內深隱不聞端門鼓漏聲○一本後作從宮內作置內

海陵王王妃傳諱韶○韶閣本作昭

南史卷十一考證

南史卷十二

唐　　李　延　壽　撰

列傳第二

后妃下

梁文獻張皇后　　武德郗皇后　　武丁貴嬪
武阮脩容　　簡文王皇后　　元徐妃
敬夏太后　　敬王皇后　　陳武宣章皇后
文沈皇后　　廢帝王皇后　　宣柳皇后
後主沈皇后張貴妃

梁文獻張皇后諱尚柔范陽方城人也父穆之娶文帝從姑而生后后以宋元嘉中嬪於文帝生長沙宣武王懿永陽昭王敷次生武帝方孕忽見庭前菖蒲花光采非常驚報侍者皆云不見后曰常聞見菖蒲花者當富貴因取吞之是月生武帝將產之夕后見庭內若有衣冠陪列焉次生衡陽宣王暢義與昭長

公主令嬿后宋泰始七年殂於秣陵縣同夏里舍葬晉陵武進縣東城里山天
監元年五月甲辰追上尊號爲皇后諡曰文獻穆之字思靜晉司空華六世孫
也少方雅有識鑒初爲員外散騎侍郎深被始興王濬引納穆之鑒其禍萌求
爲交趾太守政有異績宋文帝將以爲交州刺史會病卒子弘籍字真藝齊初
爲鎮西參軍卒於官梁武踐阼追贈穆之光祿大夫加金章紫綬贈弘籍廷尉
卿弘籍無子從弟弘策以子纘嗣別有傳

武德郗皇后諱徽高平金鄉人也祖紹宋國子祭酒領東海王師父曄太子舍
人早卒后母宋文帝女尋陽公主也方娠夢當生貴子及后生有赤光照室器
物盡明家人怪之巫言此女光高將有所妨乃於水濱祓除之后幼明慧善隸
書讀史傳女工之事無不閑習宋後廢帝將納爲后齊初安陸王緬又欲結婚
郗氏並辭以女疾乃止齊建元末嬪于武帝生永興公主玉姚永世公主玉婉
永康公主玉嬛及武帝爲雍州刺史殂于襄陽官舍年三十二其年歸葬南徐
州南東海武進縣東城里山中興二年武帝爲梁公齊帝詔贈后爲梁公妃及

武帝踐阼，追崇爲皇后，謚曰德，陵曰脩陵。后父曄，贈金紫光祿大夫。后酷妒忌，及終，化爲龍，入于後宮，通夢於帝，或見形，光彩照灼。帝體將不安，龍輒激水騰涌。於露井上爲殿，衣服委積，常置銀鹿盧金瓶，灌百味以祀之。故帝卒不置后。

武丁貴嬪諱令光，譙國人也。祖父從官襄陽，因居沔北五女村，寓於劉惠明廡下。貴嬪生於樊城，初產有神光之異，紫氣滿室，故以光爲名。相者云當大貴。少時與鄰女月下紡績，諸女並患蚊蚋，貴嬪弗之覺也。鄉人魏益德將聘之，未及成而武帝鎮樊城，嘗登樓以望，見漢濱五采如龍，下有女子擘絖，則貴嬪也。又丁氏因人以相者言聞之於帝，帝贈以金環，納之，時年十四。貴嬪生而有赤痣在左臂，療之不滅；又體多疣子，至是無何並失所在。德后酷忌，遇貴嬪無道，使日舂五斛，舂每中程，若有助者。被遇雖嚴，益小心祗敬。嘗於供養經案側，髣髴若見神人，心獨異之。天監元年五月，有司奏爲貴人，未拜；其年八月，又奏初貴嬪，居顯陽殿。及太子定位，有司奏曰：「皇太子副貳宸極，率土咸執吏禮，既盡禮皇儲，則所生不容無敬。王侯妃主常得通信問者，及六宮三夫人，雖與貴嬪同列並應以敬皇太子之禮敬貴嬪宋元嘉中始與武陵國臣並以吏敬敬王所生潘淑妃路淑媛貴嬪於宮臣雖非小君其義不異與宋泰豫朝議百官以吏敬敬帝所生事義政同謂宮僚施敬宜同吏禮詣神虎門奉牋致謁年節稱慶亦同如此且儲妃作配率由盛則以婦踰姑彌乖從序謂貴嬪典章一與太子不異於是貴嬪備典章禮數同乎太子言則稱令貴嬪性仁恕及居宮接馭自下皆得其歡心不好華飾器服無珍麗未嘗爲親戚私謁及武帝弘佛教貴嬪長進蔬膳受戒日甘露降于殿前方一丈五尺帝所立義皆得其指歸尤精淨名經普通七年十一月庚辰薨移殯於東宮臨雲殿時年四十二詔吏部郎張纘爲哀冊文有司奏謚曰穆葬寧陵祔于小廟簡文即位追崇曰太后貴嬪父道遷天監初爲歷陽太守廬陵威王之生武帝謂之曰賢女復育一男答曰莫道猪狗子世人以爲笑後位兗州刺史宣城太守

文宣阮太后諱令嬴會稽餘姚人也本姓石初齊始安王遙光納焉遙光敗入東昏宮建康城平爲武帝采女在孕夢龍罩其牀天監六年八月生元帝于後

宮是日大赦尋拜爲脩容賜姓阮氏嘗隨元帝出藩大同六年六月薨于江州
正寢時年六十七其年十一月歸葬江寧縣通望山謚曰宣元帝卽位有司奏
追崇爲文宣太后還祔小廟承聖二年追贈太后父齊故奉朝請石靈寶散騎
常侍左衞將軍封武康縣侯母陳氏武康侯夫人
簡文王皇后諱靈賓琅邪臨沂人也祖儉齊太尉南昌文憲公父騫金紫光祿
大夫南昌安侯后幼而柔明叔父暕見之曰吾家女師也天監十一年拜晉安
王妃生哀太子大器南郡王大連長山公主妙䂮大通三年十月拜皇太子妃
太清三年三月薨于永福省時年四十五其年簡文卽位追崇爲皇后謚曰簡
大寶元年九月葬莊陵
元帝徐妃諱昭佩東海郯人也祖孝嗣齊太尉枝江文忠公父緄侍中信武將
軍妃以天監十六年十二月拜湘東王妃生世子方等益昌公主含貞妃無容
質不見禮帝三二年一入房妃以帝眇一目每知帝將至必爲半面粧以俟帝
見則大怒而出妃性嗜酒多洪醉帝還房必吐衣中與荊州後堂瑤光寺智遠

道人私通酷妬忌見無寵之妾便交杯接坐纔覺有娠者即手加刀刃帝左右暨季江有姿容又與淫通季江每嘆曰柏直狗雖老猶能獵蕭溧陽馬雖老猶駿徐娘雖老猶尚多情時有賀徽者美色妃要之於普賢尼寺書白角枕爲詩相贈答既而貞惠世子方諸母王氏寵愛未幾而終元帝歸咎於妃及方等死愈見疾太清三年遂逼令自殺妃知不免乃透井死帝以屍還徐氏謂之出妻葬江陵瓦官寺帝制金樓子述其淫行初妃嫁夕車至西州而疾風大起發屋折木無何雪霰交下帷簾皆白及長還之日又大雷震西州廳事兩柱俱碎帝以爲不祥後果不終婦道

敬夏太后會稽人也普通中納于湘東王宮生敬帝承聖元年冬拜晉安王國太妃紹泰元年尊爲太后明年冬降爲江陰國太妃

敬王皇后琅邪臨沂人也承聖元年十一月拜晉安王妃紹泰元年十月拜皇后明年降爲江陰王妃父僉自有傳

陳武宣章皇后諱要兒吳興烏程人本姓鈕父景明爲章氏所養因改姓焉后

母蘇嘗遇道士以小龜遺己光采五色曰三年有徵及期后生紫光照室因失龜所在后少聰慧美容儀手爪長五寸色並紅白每有舂功之服則一爪先折

武帝先娶同郡錢仲方女早卒後乃聘后后善書計能誦詩及楚辭帝爲長城縣公后拜夫人永定元年立爲皇后追贈后父梁散騎侍郎景明特進金紫光祿大夫加金章紫綬拜后母蘇安吉縣君二年安吉君卒與后父葬吳興明年追封后父爲廣德縣侯謚曰溫武帝崩后與中書舍人蔡景歷定計祕不發喪時衡陽獻王昌未至召文帝及卽位尊后爲皇太后宮曰慈訓廢帝卽位后爲太皇太后光大二年后下令黜廢帝爲臨海王命宣帝嗣立大建元年復爲皇太后二年三月丙申崩于紫極殿時年六十五遺令喪事並從儉約諸饋奠不用牲牢其年四月羣臣上謚曰宣祔葬萬安陵后親屬無在朝者惟本族兄鈕洽官至中散大夫

文沈皇后諱妙容吳興武康人也父法深梁安前中錄事參軍后年十歲餘以梁大同中歸于文帝武帝之討侯景文帝時在吳興及后並被收景平乃獲免

武帝踐阼后爲臨川王妃文帝卽位爲皇后追贈后父法深光祿大夫加金章紫綬封建城縣侯謚曰恭追贈后母高爲綏安縣君謚曰定廢帝卽位尊后爲皇太后宮曰安德時宣帝與僕射到仲舉舍人劉師知等並受遺輔政師知與仲舉恆居禁中參決衆事而宣帝爲揚州刺史與左右三百人入居尚書省師知忌宣帝權重矯敕令還東府理州務宣帝將出毛喜止帝曰今若出外便受制於人如曹爽願作富家公不可得也宣帝乃稱疾召師知留與語使毛喜先入言之於后后曰今伯宗年幼政事並委二郎此非我意喜又言於廢帝廢帝曰此自師知等爲非朕意也喜出報宣帝帝因囚師知自入見后及帝極陳師知之短仍自草敕請畫以師知付廷尉其夜於獄賜死自是政歸宣帝后憂悶計無所出乃密賂宦者蔣裕令誘建安人張安國使據郡反冀因此圖帝安國事發被誅時后左右近侍頗知其事后恐連逮黨與並殺之宣帝卽位以后爲文皇后陳亡入隋大業初自長安歸于江南頃之卒后兄欽襲爵建城侯位尚書左僕射欽素無伎能奉己而已卒謚曰成子觀嗣頗有學識官至御史中丞

廢帝王皇后琅邪臨沂人也天嘉元年爲皇太子妃廢帝卽位立爲皇后廢帝爲臨海王后廢爲妃至德中薨后生臨海嗣王至澤至澤光大元年爲皇太子大建元年襲封臨海嗣王陳亡入長安后父固自有傳

宣柳皇后諱敬言河東解縣人也曾祖世隆祖惲父偃並有傳后九歲幹理家事有若成人侯景之亂后與弟盼往江陵依梁元帝帝以長城公主故待遇甚厚以配宣帝承聖二年后生後主於江陵及魏剋江陵宣帝遷于關右后與後主俱留穰城天嘉二年與後主還朝后爲安成王妃宣帝卽位立爲皇后后美姿容身長七尺二寸手垂過膝初宣帝居鄉里先娶吳興錢氏及卽位拜貴妃甚有寵后傾心下之每尙方供奉物其上者皆推於貴妃而己御其次焉宣帝崩始興王叔陵爲亂後主賴后與吳媼救而獲免後主卽位尊后爲皇太后宮曰弘範是時新失淮南地隋師臨江又國遭大喪後主患創不能聽政其誅叔陵供大行喪事邊境防守及百司衆務雖假後主之敕實皆決之於后後主創愈乃歸政焉后性謙謹未嘗以宗族爲請雖衣食亦無所分遺陳亡入長安隋

大業十二年薨於東都年八十三葬于洛陽之芒山
後主沈皇后諱婺華吳興武康人也父君理自有傳后母卽武帝女會稽穆公主早亡時后尚幼爲毀瘠過甚及服畢每歲時朔望恆獨坐涕泣哀動左右內外敬異焉大建二年拜爲皇太子妃後主卽位立爲皇后后性端靜有識量寡嗜欲聰敏強記涉獵經史工書翰後主在東宮而后父君理卒居憂處別殿哀毀逾禮後主遇后既薄而張貴妃有寵總後宮之政后澹然未嘗有所忌怨而身居儉約衣服無錦繡之飾左右近侍纔百許人唯尋閱圖史及釋典爲事嘗遇歲旱自暴而誦佛經應時雨降無子養孫姬子胤爲己子數上書諫爭後主將廢之而立張貴妃會國亡不果乃與後主俱入長安及後主薨后自爲哀辭文甚酸切隋煬帝每巡幸恆令從駕及煬帝被殺后自廣陵過江於毗陵天靜寺爲尼名觀音貞觀初卒
張貴妃名麗華兵家女也父兄以織席爲業後主爲太子以選入宮時龔貴嬪爲良娣貴妃年十歲爲之給使後主見而悅之因得幸遂有娠生太子深後主

卽位拜爲貴妃性聰慧甚被寵遇後主始以始興王叔陵之亂被傷臥于承香殿時諸姬並不得進唯貴妃侍焉而柳太后猶居柏梁殿卽皇后之正殿也而沈皇后素無寵於後主不得侍疾別居求賢殿至德二年乃於光昭殿前起臨春結綺望仙三閣高數十丈並數十間其窗牖壁帶縣楣欄檻之類皆以沈檀香爲之又飾以金玉閒以珠翠外施珠簾內有寶牀寶帳其服玩之屬瑰麗皆近古未有每微風暫至香聞數里朝日初照光映後庭其下積石爲山引水爲池植以奇樹雜以花藥後主自居臨春閣張貴妃居結綺閣龔孔二貴嬪居望仙閣並複道交相往來又有王季二美人張薛二淑媛袁昭儀何婕妤江脩容等七人並有寵遞代以游其上以宮人有文學者袁大捨等爲女學士後主每引賓客對貴妃等游宴則使諸貴人及女學士與狎客共賦新詩互相贈答采其尤豔麗者以爲曲調被以新聲選宮女有容色者以千百數令習而歌之分部迭進持以相樂其曲有玉樹後庭花臨春樂等其略云璧月夜夜滿瓊樹朝朝新大抵所歸皆美張貴妃孔貴嬪之容色張貴妃髮長七尺鬒黑如漆其光

可鑑特聰慧有神彩進止閑華容色端麗每瞻視眄睞光彩溢目照映左右嘗於閣上靚粧臨于軒檻宮中遙望飄若神仙才辯強記善候人主顏色薦諸宮女後宮咸德之競言其善又工厭魅之術假鬼道以惑後主置淫祀於宮中聚諸女巫使之鼓舞時後主怠於政事百司啓奏並因宦者蔡臨兒李善度進請後主倚隱囊置張貴妃於膝上共決之李蔡所不能記者貴妃並爲疏條無所遺脫因參訪外事人間有一言一事貴妃必先知白之由是益加寵異冠絕後庭而後宮之家不遵法度有絓於理者但求恩於貴妃貴妃則令李蔡先啓其事而後從容爲言之大臣有不從者因而譖之言無不聽於是張孔之權熏灼四方內外宗族多被引用大臣執政亦從風而靡閹宦便佞之徒內外交結轉相引進賄賂公行賞罰無常綱紀瞀亂矣及隋軍剋臺城貴妃與後主俱入井隋軍出之晉王廣命斬之於青溪中

論曰飲食男女人之大欲存焉故聖人順于人情而爲之度王宮六列士室二等皆隨事升降以立節文若夫義篤閨闈政刑邦國古先哲王有以之致化矣

夫后妃專夕配以德升姬嬙並御進非色幸欲使情有覃被愛罔偏流專貞內表妖蠱外息乃可以輔興君德燮理陰政宋氏因晉之舊典聘納有方俔天作儷必四岳之後自元嘉以降內職稍繁所選止於軍署徵引極乎廝皁非若晉氏采擇濫及冠冕者焉而愛止帷房權無外授戚屬餼賚歲時不過肴腶斯爲美矣及文帝之傾惑潘姬謀及婦人大明之淪沒殷姬並后匹嫡其爲喪敗亦已甚矣齊氏孝昭二后並有賢明之訓惜乎早世不得母臨萬國有婦人焉空慕周典禎符顯瑞徒萃徽名高皇受命宮禁貶約衣不文繡色無紅采永巷貧空有同素室武帝嗣位運藉休平壽昌前興鳳華晚構香柏文檉花梁繡柱雕金鏤寶照燭房帷趙瑟吳趨承閑奏曲事由私蓄無損國儲明帝統業矯情儉陋奉己之制曾莫云改東昏喪道後風大扇哲婦傾城同符殷夏可以垂誡其在斯乎梁武志在約己示存宮掖雖貴嬪之徽華早著誕育元良唯見崇重無聞正位徐妃無行其殲滅也宜哉陳武撫茲歸運奄開帝業若夫儷天作則燮隆王化則宣太后其懿焉文宣宮壼無聞於喪德後主嗣業實敗于椒房既曰

牝晨亦唯家之索也

南史卷十二

南史卷十二考證

武丁貴嬪傳貴嬪生而有赤痣在左臂○痣南本作誌

元帝徐妃傳東海郯人也○郯梁書作剡又下文蕭溧陽馬雖老猶駿句溧訛

漂今改正

敬夏太后傳拜晉安王國太妃○監本脫太字今从南本增入

張貴妃傳共賦新詩互相贈答○監本缺贈字今增入

南史卷十二考證

珍做朱版印

南史卷十三

唐　　李　延　壽　撰

列傳第三

宋宗室及諸王上

長沙景王道憐　臨川烈武王道規鮑照　營浦侯遵考從子季連

武帝諸子

長沙景王道憐宋武帝中弟也謝琰爲徐州命爲從事史武帝剋京城及平建鄴道憐常留侍太后後以軍功封新渝縣男從武帝征廣固所部獲慕容超以功改封竟陵縣公及討司馬休之道憐監太尉留府事江陵平爲驃騎將軍開府儀同三司荊州刺史護南蠻校尉加都督北府文武悉配之道憐素無才能言音甚楚舉止多諸鄙拙畜聚常若不足去鎮日府庫爲空徵拜司空徐兗二州刺史加都督出鎮京口武帝受命遷太尉封長沙王先是廬陵王義真爲揚州刺史太后謂上曰道憐汝布衣兄弟宜用爲揚州上曰寄奴於道憐豈有所

惜揚州根本所寄事務至重非道憐所了太后曰道憐年五十豈不如十歲子
邪上曰車士雖爲刺史事無大小皆由寄奴道憐年長不親其事於聽望不足
太后乃無言竟不授永初三年薨加贈太傅葬禮依晉太宰安平王孚故事鸞
路九旒黃屋左纛轀輬車挽歌二部前後羽葆鼓吹虎賁班劍百人文帝元嘉
九年詔故太傅長沙景王故大司馬臨川烈武王故司徒南康文宣公劉穆之
開府儀同三司華容縣公王弘開府儀同三司永修縣公檀道濟故青州刺史
龍陽縣公王鎮惡並勒功天府配祭廟庭道憐子義欣嗣位豫州刺史鎮壽陽
境內畏服道不拾遺遂爲盛藩強鎮薨贈開府儀同三司謚曰成王子悼王瑾
嗣傳爵至子齊受禪國除瑾弟韞字彥文位雍州刺史侍中領右衛將軍領軍
將軍昇明二年被齊高帝誅韞人才凡鄙特爲明帝所寵在湘州雍州使善畫
者圖其出行鹵簿羽儀常自披翫嘗以圖示征西將軍蔡興宗興宗戲之陽若
不解畫者指韞形問之曰此何人而在輿韞曰政是我其庸鄙類如此韞弟述
字彥思亦甚庸劣從子俁疾危篤父彥節母蕭對之泣述嘗候之便命左右取

酒肉令侯進之皆莫知其意或問焉答曰禮云有疾飲酒食肉述又嘗新有緦慘或詰之問其母安否述曰惟有愁惛次訪其子對曰所謂父子聚麀蓋謂麀爲憂也義欣弟義融封桂陽縣侯邑千戶凡王子爲侯食邑皆千戶義融位五兵尚書領軍有質幹善於用短卒謚恭侯子孝侯覬嗣無子弟襲以子晃繼襲字茂德性庸鄙爲郢州刺史暑月露褌上聽事時綱紀政伏閤怪之訪問乃知是襲義融弟義宗幼爲武帝所愛字曰伯奴封新渝縣侯位太子左衞率坐門生杜德靈放橫打人入義宗第藏隱免官德靈以姿色故義宗愛寵之義宗卒於南兗州刺史謚曰惠侯子懷珍嗣無子弟彥節以子承繼彥節少以宗室清謹見知孝武時其弟遐坐通嫡母殷氏養女雲敷殷每禁之及殷亡口血出衆疑遐行毒害孝武使彥節從弟祗諷彥節啓證其事彥節曰行路之人尙不應爾今日迺可一門同盡無容奉敕衆以此稱之後廢帝卽位累遷尙書左僕射參選元徽元年領吏部加兵五百人桂陽王休範爲逆中領軍劉勔出守石頭彥節權兼領軍將軍所給加兵自隨入殿封當陽侯與齊高帝袁粲褚彥回分

日入直平決機事遷中書令加撫軍將軍及帝廢爲蒼梧王彥節出集議於路
逢從弟韞韞問曰今日之事故當歸兄邪彥節曰吾等已讓領軍矣韞搥胸曰
兄肉中詎有血邪今年族矣齊高帝聞而惡之順帝卽位轉尙書令時齊高帝
輔政彥節知運祚將遷密懷異圖及沈攸之舉兵齊高入屯朝堂袁粲鎮石頭
潛與彥節及諸大將黃回等謀夜會石頭詰旦乃發彥節素怯騷擾不自安再
晡後便自丹陽郡車載婦女盡室奔石頭臨去婦蕭氏強勸令食彥節歠羹寫
胸中手振衣自禁其主簿丁靈衞聞難卽入語左右曰今日之事難以取濟但
我受劉公厚恩義無二情及至見粲粲驚曰何遽便來事今敗矣彥節曰今得
見公萬死何恨從弟韞直省內與直閣將軍卜伯與謀其夜共攻齊高帝會彥
節事覺秣陵令劉寶建康令劉遐密告齊高帝高帝夜使驍騎將軍王敬則收
殺之伯與亦遇害粲敗彥節踰城走於額檐湖見禽被殺彥節子俁嘗賦詩云
城上草植根非不高所恨風霜早時咸云此爲祆句事敗俁與弟陔剃髮被法
服向京口於客舍爲人識執於建康獄盡殺之彥節旣貴士子自非三署不得

上方榻時人以此少之其妻蕭思話女也常懼禍敗每謂曰君富貴已足故應
爲兒作計彥節不從故及禍彥節弟遐字彥道爲嫡母殷暴亡有司糾之徙始
安郡後得還位吳郡太守至是亦見誅遐人才甚凡自諱名有同主諱常對客
曰孝武無道見枉殺母其頑駭若此及彥節當權遐累求方伯彥節曰我在事
而用汝作州於聽望不足遐曰富貴則言不可相關從坐之日得免不至是果
死義宗弟義賓封與安侯位徐州刺史卒諡曰肅侯義賓弟義綦封營道縣侯
凡鄙無識始與王濬嘗謂曰陸士衡詩云營道無烈心其何意苦阿父如此義
綦曰下官初不識士衡何忽見苦其庸塞皆然位湘州刺史諡僖侯
臨川烈武王道規字道則武帝少弟也倜儻有大志預謀誅桓玄時桓弘鎮廣
陵以爲征虜中兵參軍武帝剋京城道規亦以其日與劉毅孟昶斬弘玄敗走
道規與劉毅何無忌追破之無忌欲乘勝追玄直造江陵道規曰諸桓世居西
楚羣小皆爲竭力桓振勇冠三軍且可頓兵以計策縻之無忌不從果爲振敗
乃退還尋陽繕舟甲復進遂平巴陵江陵之平道規推毅爲元功無忌爲次自

居其末以起義勳封華容縣公累遷領護南蠻校尉荊州刺史加都督善於刑
政士庶畏而愛之盧循寇逼建鄴道規遣司馬王鎮之及揚武將軍檀道濟廣
武將軍到彥之等赴援朝廷至尋陽爲循黨荀林所破林乘勝伐江陵聲言徐
道覆已剋建鄴而桓謙自長安入蜀譙縱以謙爲荊州刺史與其大將譙道福
俱寇江陵道規乃會將士告之曰吾東來文武足以濟事欲去者不禁因夜開
城門衆咸憚服莫有去者雍州刺史魯宗之自襄陽來赴或謂宗之未可測道
規乃單車迎之衆咸感悅衆議欲使檀道濟到彥之共擊荀林等道規曰非吾
自行不決乃使宗之居守委以心腹率諸將大敗謙斬之諮議劉遵追荀林斬
之巴陵初謙至枝江江陵士庶皆與謙書言城內虛實道規一皆焚燒衆乃大
安徐道覆奄至破冢魯宗之已還襄陽人情大震或傳循已剋都遣道覆上爲
刺史江漢士庶感其焚書之恩無復二志道規使劉遵爲游軍拒道覆前驅失
利道規壯氣愈厲遵自外橫擊大破之初使遵爲游軍衆咸言不宜割見力置
無用之地及破道覆果得游軍之力衆乃服焉遵字慧明淮南海西人道規從

毋乃也位淮南太守追封監利縣侯道規進號征西大將軍開府儀同三司改
授豫州以疾不拜義熙八年薨于都贈司徒謚曰烈武進封南郡公武帝受命
贈大司馬追封臨川王無子以長沙景王第二子義慶嗣初文帝少爲道規所
養武帝命紹焉咸以禮無二繼文帝還本而定義慶爲後義慶爲荆州廟主當
隨往江陵文帝下詔褒美勳德及慈蔭之重追崇丞相加殊禮鸞路九旒黃屋
左纛給節鉞前後部羽葆鼓吹虎賁班劍百人及長沙太妃檀氏臨川太妃曹
氏後薨葬皆準給義慶幼爲武帝所知年十三襲封南郡公永初元年襲封臨
川王元嘉中爲丹陽尹有百姓黃初妻趙殺子婦遇赦應避孫讎義慶議以爲
周禮父母之仇避之海外蓋以莫大之寃理不可奪至於骨肉相殘當求之法
外禮有過失之宥律無讎祖之文況趙之縱暴本由於酒論心即實事盡荒耄
豈得以荒耄之王母等行路之深讎宜共天同域無虧孝道六年加尚書左僕
射八年太白犯左執法義慶懼有災禍乞外鎮文帝詔諭之以爲玄象茫昧左
執法嘗有變王光祿至今平安日蝕三朝天下之至忌晉孝武初有此異彼庸

圭耳猶竟無佗義慶固求解僕射乃許之九年出爲平西將軍荆州刺史加都
督荆州居上流之重資實兵甲居朝廷之半故武帝諸子徧居之義慶以宗室
令美故特有此授性謙虛始至及去鎮迎送物並不受十二年普使內外羣臣
舉士義慶表舉前臨汝令新野庾實前徵奉朝請武陵龔祈處士南郡師覺授
義慶留心撫物州統內官長親老不隨在官舍者一年聽三吏餉家先是王弘
在江州亦有此制在州八年爲西土所安撰徐州先賢傳十卷奏上之又擬班
固典引爲典敘以述皇代之美改授江州又遷南兗州刺史並帶都督尋卽本
號加開府儀同三司性簡素寡嗜慾愛好文義文辭雖不多足爲宗室之表歷
任無浮淫之過唯晚節奉沙門頗致費損少善騎乘及長不復跨馬招聚才學
之士遠近必至太尉袁淑文冠當時義慶在江州請爲衞軍諮議其餘吳郡陸
展東海何長瑜鮑照等並有辭章之美引爲佐吏國臣所著世說十卷撰集林
二百卷並行於世文帝每與義慶書常加意斟酌鮑照字明遠東海人文辭贍
逸嘗爲古樂府文甚遒麗元嘉中河濟俱清當時以爲美瑞照爲河清頌其敘

甚工照始嘗謁義慶未見知欲貢詩言志人止之曰郎位尙卑不可輕忤大王照勃然曰千載上有英才異士沉沒而不聞者安可數哉大丈夫豈可遂蘊智能使蘭艾不辯終日碌碌與燕雀相隨乎於是奏詩義慶奇之賜帛二十匹尋擢爲國侍郎甚見知賞還秣陵令文帝以爲中書舍人上好文章自謂人莫能及照悟其旨爲文章多鄙言累句咸謂照才盡實不然也臨海王子頊爲荊州照爲前軍參軍掌書記之任子頊敗爲亂兵所殺義慶在廣陵有疾而白虹貫城野麕入府心甚惡之因陳求還文帝許解州以本號還朝二十一年薨于都下追贈司空謚曰康王子哀王曄嗣爲元凶所殺曄子綽嗣昇明三年見殺國除

營浦侯遵考武帝族弟也曾祖淳皇曾祖武原令混之弟位正員郎祖巖海西令父涓子彭城內史始武帝諸子並弱宗室唯有遵考及北伐平定以爲幷州刺史領河東太守鎭蒲坂關中失守南還再遷冠軍將軍晉帝遜位居秣陵宮遵考領兵防衞武帝初卽位封營浦縣侯元嘉中累遷寧蠻校尉雍州刺史加

都督爲政嚴暴聚斂無節爲有司所糾上寢不問孝武大明中位尚書左僕射
領崇憲太僕後老疾失明元徽元年卒贈左光祿大夫開府儀同三司謚曰元
公子澄之昇明末貴達澄之弟琨之爲竟陵王誕司空主簿誕有寶琴左右犯
其徽誕罰焉琨之諫誕曰此余寶也琨之曰前哲以善人爲寶不以珠玉爲寶
故王孫圉稱觀父爲楚國之寶未聞以琴瑟爲寶誕忸然不悅誕之叛以爲中
兵參軍辭曰忠孝不得並琨之老父在將安之乎誕殺之後贈黃門郎詔謝莊
爲誄遵考從父弟思考亦官歷清顯卒於散騎常侍金紫光祿大夫子季連字
惠續早歷清官齊高帝受禪將及誅太宰褚彥回素善之固請乃免建武中爲
平西蕭遙欣長史南郡太守遙欣多招賓客明帝甚惡之季連有憾於遙欣乃
密表明帝言其有異迹明帝乃以遙欣爲雍州刺史而心德季連以爲益州刺
史令據遙欣上流季連父思考宋時爲益州雖無政績州人猶以義故善待
之季連存問故老見父時人吏皆泣對之遂寧人龔愜累世有學行辟爲府主
簿及聞東昏失德稍自驕矜性忌褊遂嚴愎酷很士人始怨永元元年九月因

聲講武遂遣中兵參軍宋買以兵襲中水穰人李託買戰不利退還州郡遂多
叛亂明年十月巴西人趙續伯反奉其鄉人李弘爲聖主弘乘佛輿以五綵裹
青石誑百姓云天與己玉印當王蜀季連遣中兵參軍李奉伯大破獲之將刑
謂刑人曰我須與飛去復曰汝空殺我我三月三日會更出遂斬之梁武帝平
建鄴遣左右陳建孫送季連二子及弟通直郎子深喻旨季連受命修還裝武
帝以西臺將鄧元起爲益州刺史元起南郡人季連爲南郡時待之素薄元起
典籤朱道琛者嘗爲季連府都錄無賴季連欲殺之逃免至是說元起請先使
檢校緣路奉迎及至言語不恭又歷造府州人士見器物輒奪之曰會屬人何
須苦惜軍府大懼言於季連季連以爲然又惡昔之不禮元起益憤懣司馬朱
士略說季連求爲巴西郡守三子爲質季連許之既而召兵算之精甲十萬臨
軍歎曰據天嶮之地握此盛兵進可以匡社稷退不失作劉備欲以此安歸乎
遂矯稱齊宣德皇后令復反收朱道琛殺之書報朱士略兼召涪令李膺並不
受命天監元年六月元起至巴西季連遣其將李奉伯拒戰見敗季連固守元

起圍之城中餓死者相枕又從而相食三年乃肉袒請罪元起遷季連于外俄
而造焉待之以禮季連謝曰早知如此豈有前日之事元起誅李奉伯送季連
還都將發人莫之視唯襲愜送焉初元起在道懼事不集無以賞士之至者皆
許以辟命於是受別駕中從事檄者將二千人季連既至詣闕謝罪自東掖門
入數步一稽首以至帝前帝笑謂曰卿欲慕劉備而曾不及公孫述豈無臥龍
之臣乎赦爲庶人四年出建陽門爲蜀人藺相如所殺季連在蜀殺其父變名
走建鄴至是報焉乃面縛歸罪帝壯而赦之
宋武帝七男張夫人生少帝孫修華生廬陵孝獻王義真胡婕妤生文帝王修
容生彭城王義康桓美人生江夏文獻王義恭孫美人生南郡王義宣呂美人
生衡陽文王義季
廬陵孝獻王義真美儀貌神情秀徹初封桂陽縣公年十二從北征及關中平
武帝東還欲留偏將恐不足固人心乃以義真爲雍州刺史加都督以太尉諮
議參軍京兆王修爲長史委以關中任帝將還三秦父老泣訴曰殘生不霑王

化於今百年始覩衣冠方仰聖澤長安十陵是公家墳墓咸陽宮殿是公家屋宅捨此何之武帝爲之憫然慰譬曰受命朝廷不得擅留今留第二兒令文武才賢共鎮此境臨還自執義真手以授王修令修執其子孝孫手授帝義真又進都督幷東秦二州領東秦州刺史時隴上流戶多在關中望得歸本及置東秦州父老知無復經略隴右固關中之意咸共歎息而赫連勃勃寇逼交至沈田子既殺王鎮惡王修又殺田子乘裁減義真賜左右物左右怨之因白義真曰鎮惡欲反故田子殺之修殺田子豈又欲反也義真使左右劉乞殺修修字叔京兆霸城人初南度見桓玄玄謂曰君平世吏部郎才也修既死人情離異武帝遣右將軍朱齡石代義真鎮關中使義真疾歸諸將競斂財貨方軌徐行建威將軍傅弘之曰虜騎若至何以待之賊追兵果至至青泥大敗義真獨逃草中中兵參軍段宏單騎追尋義真識其聲曰君非段中兵邪身在此行矣必不兩全可刎身頭以南使家公望絕宏泣曰死生共之下官不忍乃束義真於背單馬而歸義真謂宏曰丈夫不經此何以知艱難初武帝未得義真審問怒

甚剋日北伐謝晦諫不從及得宏啓知義真免乃止義真尋爲司州刺史加都督以段宏爲義真諮議參軍宏鮮卑人爲慕容超尚書左僕射武帝伐廣固歸降義真改揚州刺史鎮石頭永初元年封廬陵王武帝始踐阼義真色不悅侍讀博士蔡茂之問其故對曰安不忘危何可恃也明年遷司徒武帝不豫以爲車騎將軍開府儀同三司南豫州刺史加都督鎮歷陽未之任而武帝崩義真聰敏愛文義而輕動無德業與陳郡謝靈運琅邪顏延之慧琳道人並周旋異常云得志日以靈運延之爲宰相慧琳道人爲西豫州刺史徐羨之等嫌義真靈運延之暱狎過甚故吏范晏戒之義真曰靈運空疎延之隘薄魏文云鮮能以名節自立者但性情所得未能忘言於悟賞故與游耳將之鎮列部伍於東府前既有國哀義真與靈運延之慧琳等坐視部伍因宴舫裏使左右剔母舫函道施己船而取其勝者及至歷陽多所求索羨之等每不盡與深怨執政表求還都初少帝之居東宮多狎羣小謝晦嘗言於武帝曰陛下春秋既高宜思存萬代神器至重不可使負荷非才帝曰廬陵何如晦曰臣請觀焉晦造義真

義眞慼欲與談晦不甚答還曰德輕於才非人主也由是出居于外及羨之等專政義眞愈不悅時少帝失德羨之等謀廢立次第應在義眞以義眞輕訬不任主社稷因其與少帝不協奏廢爲庶人徙新安郡前吉陽令張約之上疏諫徙爲梁州府軍參軍尋殺之景平二年羨之等遣使殺義眞於徙所時年十八元嘉元年八月詔追復先封迎靈柩幷孫修華謝妃一時俱還三年正月誅徐羨之傅亮等是日詔追崇侍中大將軍王如故贈張約以郡義眞無子文帝第五子紹字休胤嗣襲廬陵王紹少寬雅位揚州刺史薨無子以南平王鑠子敬先嗣

彭城王義康永初元年封彭城王歷南豫南徐二州刺史並加都督文帝卽位爲驃騎將軍開府儀同三司元嘉三年改授都督荆州刺史給班劍三十人義康少而聰察及居方任職事修理六年司徒王弘表義康宜還入輔徵爲侍中司徒錄尚書事都督南徐州刺史二府置佐領兵與王弘共輔朝政弘既多疾且每事推謙自是內外衆務一斷之義康太子詹事劉湛有經國才用義康昔

在豫州湛爲長史既素情款至是待遇特隆動皆諮訪故前後在藩多善政九年王弘薨又領揚州刺史十二年又領太子太傅義康性好吏職銳意文案糾剔是非莫不精盡既專朝權事決自己生殺大事皆以錄命斷之凡所陳奏入無不可方伯以下並委義康授用由是朝野輻湊權傾天下義康亦自強不息無有懈倦府門每旦常有數百乘車雖復位卑人微皆被接引又聰識過人一聞必記嘗所蹔遇終身不忘稠人廣坐每標題所憶以示聰明人物益以此推服之愛惜官爵未嘗以階級私人凡朝士有才用者皆引入己府自下樂爲竭力不敢欺負文帝有虛勞疾每意有所想便覺心中痛裂屬纊者相係義康入侍醫藥盡心衛奉湯藥飲食非口所嘗不進或連夕不寢彌日不解衣內外衆事皆專決施行十六年進位大將軍領司徒義康素無術學待文義者甚薄袁淑嘗詣義康義康問其年答曰鄧仲華拜袞之歲義康曰身不識也淑又曰陸機入洛之年義康曰身不讀書君無爲作才語見向其淺陋若此既闇大體自謂兄弟至親不復存君臣形迹率心而行曾無猜防私置僮六千餘人不以言

臺時四方獻饋皆以上品薦義康而以次者供御上嘗冬月噉甘歎其形味並劣義康在坐曰今年甘殊有佳者遣還東府取甘大供御者三寸僕射殷景仁爲帝所寵與劉湛素善而意好晚乖湛常欲因宰輔之權傾之景仁爲帝所保持義康屢言不見用湛愈憤南陽劉斌湛之宗也有俗才用爲義康所知自司徒右長史擢爲左長史從事中郎琅邪王履主簿沛郡劉敬文祭酒魯郡孔胤秀並以傾側自入見帝疾篤皆謂宜立長君上嘗危殆使義康具顧命詔義康還省流涕以告湛及景仁曰天下艱難詎是幼主所御湛景仁並不答而胤秀等輒就尚書儀曹索晉咸康立康帝舊事義康不知也及帝疾瘳微聞之而斌等既爲義康所寵遂結朋黨若有盡忠奉國不同己者必構以罪黜每采景仁短長或虛造同異以告湛自是主相之勢分矣義康欲以斌爲丹陽尹言其家貧上覺之曰以爲吳郡後會稽太守羊玄保求還義康又欲以斌代之上時未有所擬倉卒曰我已用王鴻上以嫌隙既成將致大禍十七年乃收劉湛又誅斌及大將軍錄事參軍劉敬文并賊曹孔邵秀中兵邢懷明主簿孔胤秀丹陽

丞孔文秀司空從事中郎司馬亮烏程令盛曇泰徙尚書庫部郎何默子餘姚令韓景之永興令顏遙之湛弟黃門郎素斌弟給事中温於廣州王履廢於家青州刺史杜驥勒兵殿內以備非常義康時入宿留止中書省遣人宣旨告以湛等罪義康上表遜位改授江州刺史出鎭豫章實幽之也停省十餘日桂陽侯義融新渝侯義宗祕書監徐湛之往來慰視於省奉辭便下渚上唯對之慟哭遣沙門慧琳視之義康曰弟子有還理不琳公曰恨公不讀數百卷書征虜司馬蕭斌爲義康所昵劉斌等譖之被斥乃以斌爲諮議領豫章太守事無大小皆委之司徒主簿謝綜素爲義康所狎以爲記室左右愛念者並聽隨從至豫章辭州見許資奉優厚朝廷大事皆報示之義康未敗時東府聽事前井水忽涌野雉江鷗並入所住齋前龍驤參軍巴東令扶育上表申明義康奏即收付建康賜死會稽長公主於兄弟爲長帝所親敬上嘗就主宴集甚歡主起再拜頓首悲不自勝上不曉其意起自扶之主曰車子歲暮必不見容特乞其命因慟哭上亦流涕指蔣山曰必無此慮若違今誓便是負初寧陵即封所飲酒

賜義康曰會稽姊飲憶弟所飲餘今封送車子義康小字也二十二年太子詹事范曄等謀反事連義康詔特宥大辟并子女並免爲庶人絕屬籍徙安成郡義康在安成讀漢書見淮南厲王長事廢書歎曰前代乃有此我得罪爲宜也二十四年豫章胡誕世前吳平令袁惲等謀奉戴義康太尉江夏王義恭奏徙義康廣州奏可未行會魏軍至瓜步天下擾動上慮有異志者奉義康爲亂孝武時鎭彭城及尙書左僕射何尙之並言宜早爲之所二十八年正月遣中書舍人嚴龍持藥賜死義康不肯服藥曰佛教自殺不復人身乃以被掩殺之以侯禮葬安成郡子允元凶殺之孝武大明四年義康女玉秀等乞反葬舊塋詔聽之

江夏文獻王義恭幼而明穎姿顏端麗武帝特所鍾愛帝性儉諸子飲食不過五醆盤義恭求須果食日中無筭得未嘗噉悉以與傍人諸王未嘗敢求求亦不得元嘉六年爲都督荊州刺史義恭涉獵文義而驕奢不節及出蕃文帝與書誡之曰禮賢下士聖人垂訓驕奢矜尙先哲所去豁達大度漢祖之德猜忌

褊急魏武之累漢書稱衞青云大將軍遇士大夫以禮與小人有恩西門安于
矯性齊美關羽張飛任偏同弊行己舉事深宜鑒此汝一月日自用不可過三
十萬若能省此益美西楚殿曠常宜早起接對賓侶園池堂觀計無須改作凡
訊獄前一二日可取訊簿密與劉湛輩粗共詳論慎無以喜怒加人能擇善者
從之美自歸己不可專意自決以矜獨斷之明也刑獄不可壅滯一月可再訊
凡事皆應慎密名器深宜慎惜不可妄以假人聲樂嬉游不宜令過宜數引見
佐史非惟臣主自應相見不數則彼我不親不親無因得盡人人不盡何由具
知衆事九年爲南兗州刺史加都督鎭廣陵十六年進位司空明年彭城王義
康有罪出蕃徵義恭爲侍中都督揚南徐兗三州司徒錄尚書事領太子太傅
給班劍二十人置佐領兵二十一年進太尉領司徒義恭小心且戒義康之失
雖爲總錄奉行文書而已文帝安之年給相府錢二千萬他物稱此而義恭性
奢用常不足文帝又別給錢年至千萬時有獻五百里馬者以賜義恭二十七
年文帝欲有事河洛義恭總統羣帥出鎭彭城及魏軍至瓜步義恭與孝武閉

城自守初魏軍深入上慮義恭不能固彭城備加誡勅義恭答曰臣雖未能臨瀚海濟居延庶免劉仲奔逃之恥及魏軍至義恭果欲走賴衆議得停降號驃騎將軍開府儀同三司魯郡孔子舊廟有柏樹二十四株歷漢晉其大連抱有二株先倒折士人崇敬莫之敢犯義恭悉遣伐取父老莫不歎息又以本官領南兗州刺史加都督移鎮盱眙修館宇擬東城二十九年冬還朝上以御所乘蒼鸞船上迎之遭太妃憂改授大將軍南徐州刺史還鎮東府元凶肆逆其日劭急召義恭先是詔召太子及諸王慮有詐妄致害者召皆有人至是義恭求常所遣傳詔劭遣之而後入義恭凡府內兵仗並送還臺進位太保孝武入討劭疑義恭異志使入尚書下省分諸子並神獸門外侍中下省孝武前鋒至新亭劭挾義恭出戰故不得自拔戰敗義恭單馬南奔劭大怒遣始興王濬殺義恭十二子義恭既至勸孝武即位授太尉錄尚書六條事假黃鉞事寧進位太傅領大司馬增班劍爲三十人以在蕃所服玉環大綬賜之上不欲致禮太傅諷有司奏天子不應加拜從之及立太子東宮文案使先經義恭及南郡王義

宣等反又加黃鉞白直百人入六門事平以臧質七百里馬賜義恭孝武以義宣亂逆由於疆盛欲削王侯義恭希旨請省錄尙書上從之又與驃騎大將軍竟陵王誕奏陳貶損之格九條詔外詳議於是有司奏九條之格猶有未盡更加附益凡二十四條大抵聽事不得南面坐施帳國官正冬不得跣登國殿公主妃傳令不得朱服輿不得重𢸤鄣扇不得雉尾劍不得鹿盧形槊毦不得孔雀白氅夾轂隊不得絳襖平乘誕馬不得過二匹胡伎不得綵衣舞伎正冬著袿衣不得莊面諸妃主不得著緄帶信幡非臺省官悉用絳郡縣內史相及封內長官於其封君罷官則不復追敬不稱臣諸鎭常行車前不得過六隊刀不得過銀銅飾諸王女封縣主諸王子孫襲封王之妃及封侯者夫人行並不得鹵簿諸王子繼體爲王者婚葬吉凶悉依諸國公侯之禮不得同皇弟皇子車輿非軺車不得油幢平乘船皆下兩頭作露平形不得擬象龍舟詔可孝建二年爲揚州刺史加入朝不趨贊拜不名劍履上殿固辭殊禮義恭撰要記五卷起前漢訖晉太元表上之詔付祕閣時西陽王子尙有盛寵義恭解揚州以避

之乃進位太宰領司徒義恭常慮爲孝武所疑及海陵王休茂於襄陽爲亂乃上表稱諸王貴重不應居邊有州不須置府其餘制度又多所減省時孝武嚴暴義恭慮不見容乃卑辭曲意附會皆有容儀每有祥瑞輒上賦頌大明元年有三脊茅生石頭西岸又勸封禪上甚悅及孝武崩遺詔義恭解尚書令加中書監柳元景領尚書令入住城內事無巨細悉關二公大事與沈慶之參決若有軍旅可爲總統尚書中事委顏師伯外監所統委王玄謨前廢帝即位復錄尚書本官如故尚書令柳元景即本號開府儀同三司領兵置佐一依舊準又增義恭班劍爲四十人更申殊禮之命固辭殊禮義恭性嗜不恆與時移變自始至終屢遷第宅與人游款意好亦多不終奢侈無度不愛財寶左右親幸一日乞與或至一二百萬小有忤意輒追奪之大明時資供豐厚而用常不足賒市百姓物無錢可還民有通辭求錢者輒題後作原字善騎馬解音律游行或二三百里孝武恣其所之東至吳郡登虎丘山又登無錫縣烏山以望太湖大明中撰國史孝武自爲義恭作傳及永光中雖任宰輔而承事近臣戴法興等

常若不及前廢帝狂悖無道義恭元景謀欲廢立廢帝率羽林兵於第害之并
四子斷析義恭支體分裂腹胃挑取眼睛以密漬之以爲鬼目粽明帝定亂令
書追崇侍中都督中外諸軍丞相領太尉中書監錄尚書事王如故給九旒鸞
輅虎賁班劍百人前後部羽葆鼓吹轀輬車泰始三年又詔陪祭廟庭
南郡王義宣生而舌短澀於言論元嘉元年封竟陵王都督南兖州刺史遷中
書監中軍將軍給鼓吹時竟陵羣蠻充斥役刻民散改封南譙王十三年出爲
江州刺史加都督初武帝以荆州上流形勝地廣兵彊遺詔諸子次第居之謝
晦平後以授彭城王義康義康入相次江夏王義恭又以臨川王義慶宗室令
望且臨川烈武王有大功於社稷義慶又居之其後應在義宣上以義宣人才
素短不堪居上流十六年以衡陽王義季代義慶而以義宣爲南徐州刺史而
會稽公主每以爲言上遲回久之二十一年乃以義宣都督七州諸軍事車騎
將軍荆州刺史先賜中詔曰師護以在西久比表求還出內左右自是經國常
理亦何必其應於一往今欲聽許以汝代之護雖無殊績絜己節用通懷期物

不忝羣下此信未易在彼已有次第爲士庶所安論者乃謂未議遷之今之回
換更在欲爲汝耳汝與護年時一輩各有其美方物之義亦互有少劣若今向
事脫一減之者既於西夏交有巨礙遷代之譏必歸責於吾矣師護義季小字
也義宣至鎭勤自課厲政事修理白晳美須眉長七尺五寸腰帶十圍多畜嬪
媵後房千餘尼媼數百男女三十人崇飾綺麗費用殷廣進位司空改侍中二
十七年魏軍南侵義宣慮寇至欲奔上明及魏軍退文帝詔之曰善修民務不
須營潛逃計也遷司徒揚州刺史侍中如故元凶弑立以義宣爲中書監太尉
領司徒義宣聞之即時起兵徵聚甲卒傳檄近遠會孝武入討義宣遣參軍徐
遺寶率衆三千助爲先鋒孝武即位以義宣爲中書監都督揚豫二州丞相錄
尚書六條事揚州刺史加羽葆鼓吹給班劒四十人改封南郡王追諡義宣所
生爲獻太妃封次子宜陽侯愷爲南譙王義宣固辭內任及愷王爵於是改授
都督八州諸軍事荆湘二州刺史持節侍中丞相如故降愷爲宜陽縣王將佐
以下並加賞秩義宣在鎭十年兵彊財富既首創大義威名著天下凡所求欲

無不必從朝廷所下制度意不同者一不遵承嘗獻孝武酒先自酌飲封送所餘其不識大體如此初臧質陰有異志以義宣凡弱易可傾移欲假手爲亂以成其姦自襄陽往江陵見義宣便盡禮及至江州每密信說義宣以爲有大才負大功挾震主之威自古尠有全者宜在人前早有處分不爾一旦受禍悔無所及義宣陰納質言而孝武閨庭無禮與義宣諸女淫亂義宣因此發怒密治舟甲剋孝建元年秋冬舉兵報豫州刺史魯爽兗州刺史徐遺寶使同爽狂酒失旨其年正月便反遣府戶曹送版以義宣補天子并送天子羽儀遺寶亦勒兵向彭城義宣及質狼狽起兵二月加都督中外諸軍事置左右長史司馬使僚佐悉稱名遣傳奉表以姦臣交亂圖傾宗社輒徵召甲卒戮此凶醜詔答之太傅江夏王義恭又與義宣書諭以禍福義宣移檄諸州郡遣參軍劉諶之尹周之等率軍下就臧質雍州刺史朱修之起兵奉順義宣率衆十萬發自江津舳艫數百里是日大風船垂覆沒僅得入中夏口以第八子慆爲輔國將軍留鎮江陵遣魯秀朱曇韶萬餘人北討朱修之秀初至江陵見義宣既出拊膺曰

阿兄誤人事乃與癡人共作賊今年敗矣義宣至尋陽與質俱下質爲前鋒至鵲頭聞徐遺寶敗魯爽於小峴授首相視失色孝武使鎮北大將軍沈慶之送爽首於義宣幷與書義宣質並駭懼上先遣豫州刺史王玄謨舟師頓梁山洲內東西兩岸爲却月城營柵甚固撫軍柳元景據姑熟爲大統偏師鄭琨武念戍南浦質徑入梁山去玄謨一里許結營義宣屯蕪湖五月十九日西南風猛質乘風順流攻玄謨西壘冗從僕射胡子友等戰失利棄壘度就玄謨質又遣將龐法起數千兵趣南浦仍使自後掩玄謨與琨念相遇法起戰大敗赴水死略盡義宣至梁山質上出軍東岸攻玄謨玄謨分遣游擊將軍垣護之竟陵太守薛安都等出壘奮擊大敗質軍軍人一時投水護之等因風縱火焚其舟乘風勢猛盛煙爛覆江義宣時屯西岸延火燒營殆盡諸將乘風火之勢縱兵攻之衆一時奔潰義宣與質相失各單舸迸走東人士庶並歸順西人與義宣相隨者船舸猶有百餘女先適臧質子過尋陽入城取女載以西奔至江夏聞巴陵有軍被抄斷回入逕口步向江陵衆散且盡左右唯有十許人腳痛不復能

行就民皦露車自載無復食緣道求告至江陵郭外竺超人具羽儀迎之時帶甲尚萬餘人義宣既入城仍出聽事見客左右翟靈寶誡使撫慰衆賓以臧質違指授之宜用致失利今治兵繕甲更爲後圖昔漢高百敗終成大業而義宣誤云項羽千敗衆咸掩口而笑魯秀竺超人等猶爲之爪牙欲收合餘燼更圖一決而義宣惛墊無復神守入內不復出左右腹心相率奔叛魯秀北走義宣不復自立欲隨秀去乃於內戎服盛糧糗帶背刀擕息慆及所愛妾五人皆著男子服相隨城內擾亂白刃交橫義宣大懼落馬仍便步地超人送城外更以馬與之超人還守城義宣冀及秀望諸將送北入魏既失秀所在未出郭將士逃盡唯餘慆及五妾兩黃門而已夜還向城入南郡空廨無牀席地至旦遣黃門報超人超人遣故車一乘載送刺姦義宣止獄戶坐地歎曰臧質老奴誤我始與五妾俱入獄五妾尋被遣出義宣號泣語獄吏曰常日非苦今日分別始是苦大司馬江夏王義恭諸公王八坐與荊州刺史朱修之書言義宣反道叛恩便宜專行大戮書未達修之已至江陵於獄盡之孝武聽還葬舊墓長子恢

年十一拜南譙王世子晉氏過江不置城門校尉及衞尉官孝武欲重城禁故復置衞尉卿以恢爲侍中領衞尉衞尉之置自恢始也義宣反錄付廷尉自殺

恢弟愷字景穆生而養於宮中寵均皇子十歲封宜陽侯孝武時進爲王義宣反問至愷於尙書寺內著婦人衣乘問訊車投臨汝公孟詡詡於妻室內爲地窟藏之事覺幷詡誅其餘並爲修之所殺

衡陽文王義季幼而夷簡無鄙近之累文帝爲荊州武帝使隨往由是特爲文帝所愛元嘉元年封衡陽王十六年代臨川王義慶爲都督荊州刺史先是義慶在任遇巴蜀擾亂師旅應接府庫空虛義季畜財節用數年還復充實隊主續豐母老家貧無以充養遂不食肉義季哀其志給豐母月米二斛錢一千幷制豐噉肉義季素拙書上聽使人書啓事唯自署名而已嘗大蒐於郢有野老帶苫而耕命左右斥之老人擁耒對曰昔楚子盤游受譏令尹今陽和扇氣播厥之始一日不作人失其時大王馳騁爲樂驅斥老夫非勸農之意義季止馬曰此賢者也命賜之食老人曰吁願大王均其賜也苟不奪人時則一時皆享

王賜老人不偏其私矣斯飯也弗敢當問其名不言而退義季素嗜酒自彭城
王義康廢後遂爲長夜飲略少醒曰文帝詰責曰此非唯傷事業亦自損性皆
汝所諳近長沙兄弟皆緣此致故將軍蘇徽耽酒成疾旦夕待盡一門無此酣
法汝於何得之義季雖奉旨酣縱不改成疾以至於終二十一年徵爲征北大
將軍開府儀同三司南兗州刺史加都督發州之日帷帳器服諸應隨刺史者
悉留之荊楚以爲美談二十二年遷徐州刺史明年魏攻邊北州擾動義季慮
禍不欲以功勤自業無他經略唯飲酒而已文帝又詔責之二十四年薨於彭
城太尉江夏王義恭表解職迎喪不許上遣東海王禕迎喪追贈司空傳國至
孫齊受禪國除
論曰自古帝王之興雖係之于歷數至於經啓多難莫不兼藉親賢當於餘祆
內侮荀桓交逼荊楚之勢同于累卵如使上略未盡一算或遺則得喪之機未
可知也烈武王擘羣才揚威策一舉而掃勍寇蓋亦人謀之致乎長沙雖位列
台鼎不受本根之寄跡其行事有以知武皇之則哲廬陵以帝子之重兼高明

之姿釁跡未彰禍生忌克痛矣夫天倫猶子分形共氣親愛之道人理斯同富貴之情其義則舛詧乎龐公之言比之周公管蔡若處茅屋之內宜無放殺之酷觀夫彭城南郡其然乎江夏地居愛子位當上相大明之世親禮冠朝屈體降身歸于卑下得使兩朝暴主永無猜色歷載踰十以尊戚自保及在永光幼主南面公旦之重屬有所歸自謂踐冰之慮已除太山之安可恃曾未云幾而磔體分肌古人以隱微致誡斯爲篤矣衡陽晚存酒德何先後之云殊其將存覆車之鑒不然何以致於是也

南史卷十三

南史卷十三考證

長沙景王道憐傳融位五兵尚書領軍有質幹善於用短○善於用短南本作善用短楯

凡自諱名有同主諱○主南本作至

位湘州刺史諡僖侯○僖監本訛僖今從閣本

臨川烈武王道規傳左執法嘗有變王光祿至今平安○王監本誤五今改從宋書

營浦侯遵考傳州人猶以義故故善待之○善待一本作喜得

宋武帝七男傳○一本衡陽文王義季下有義宣別有傳五字本卷南郡王義宣傳平列於後彼殆因宋書而衍者今從監本

廬陵孝獻王義眞傳脩字叔京兆霸城人○宋書修字叔治殆唐人避諱而刪之也

使左右剔母舫函道施己船而取其勝者○母一本作每今從梁書作母謂其

母孫修儀也

景平二年羨之等遣吏殺義真於徙所○吏一本作使

彭城王義康傳上嘗冬月噉甘歎其形味並劣○甘一本作柑

江夏文獻王義恭傳二十九年冬還朝上以御所乘蒼鸞船上迎之○鸞宋書作鷹

南郡王義宣傳生而舌短澀於言論○監本無短字今從宋書及閣本增入

南史卷十三考證

南史卷十四

唐　李　延　壽　撰

列傳第四

宋宗室及諸王下

文帝諸子　孝武諸子　孝明諸子

文帝十九男元皇后生元凶劭潘淑妃生始興王濬路淑媛生孝武帝吳淑儀生南平穆王鑠高修儀生廬陵昭王紹殷修華生竟陵王誕曹婕妤生建平宣簡王宏陳修容生東海王禕謝容華生晉熙王昶江修容生武昌王渾沈婕妤生明帝楊美人生始安王休仁邢美人生山陽王休祐蔡美人生海陵王休茂董美人生鄱陽哀王休業顏美人生臨慶沖王休倩陳美人生新野懷王夷父荀美人生桂陽王休範羅美人生巴陵哀王休若紹出繼廬陵孝獻王義真

元凶劭字休遠文帝長子也帝即位後諒闇中生劭故祕之元嘉三年閏正月方云劭生自前代人君即位後皇后生太子唯殷帝乙踐阼正妃生紂至此又

有劭焉始生三日帝往視之簪帽甚堅無風而墜于劭側上不悅初命之曰劭
在文爲召刀後患焉改刀爲力年六歲拜爲皇太子中庶子二率入直永福省
爲更築宮制度嚴麗年十二出居東宮納黃門侍郎殷淳女爲妃十三加元服
好讀史傳尤愛弓馬及長美鬚眉大眼方口長七尺四寸親覽宮事延賓客意
之所欲上必從之東宮置兵與羽林等十七年劭拜京陵大將軍彭城王義康
竟陵王誕桂陽侯義融並從二十七年上將北侵劭與蕭思話固諫不從魏太
武帝至瓜步上登石頭城有憂色劭曰不斬江湛徐湛之無以謝天下上曰北
伐自我意不關二人但湛等不異耳由是與江徐不平上時務本業使宮內皆
蠶欲以諷勵天下有女巫嚴道育夫爲劫坐沒入奚官劭姊東陽公主應閤婢
王鸚鵡白公主道育通靈主乃白上託云善蠶求召入道育云所奉天神當賜
符應時主夕臥見流光相隨狀若螢火遂入巾箱化爲雙珠圓青可愛於是主
及劭並信惑之始興王濬素佞事劭並多過失慮上知使道育祈請欲令過不
上聞歌儛兒詛不捨晝夜道育輒云自上天陳請必不泄露劭等敬事號曰天

師後遂爲巫蠱刻玉爲上形像埋於含章殿前初東陽公主有奴陳天與鸚鵡養以爲子而與之淫通鸚鵡天與及寧州所獻黃門慶國並與巫蠱事劭以天與補隊主東陽主薨鸚鵡應出嫁劭慮言語泄與濬謀之嫁與濬府佐吳興沈懷遠爲妾不啓上慮事泄因臨賀公主微言之上後知天與領隊遣閹人奚承祖讓劭曰汝間用隊主副盡是奴邪欲嫁者又嫁何處劭答南第昔屬天與求將吏驅使視形容粗健便兼隊副下人欲嫁者猶未有處時鸚鵡已嫁懷遠矣劭懼書告濬并使報臨賀主上若問嫁處當言未定濬答書曰啓此事多日今始來問當是有感發之者計臨賀故不應翻覆言語自生寒熱也此姥由來挾兩端難可孤保正爾自問臨賀冀得審實也其若見問當作依違答之天與先署佞人府位不審監上當無此簿領可急宜撻之殿下已見王未宜依此具令嚴自躬上啓聞彼人若爲不已政可促其餘命或是大慶之漸凡劭濬相與書類如此所言皆爲名號謂上爲彼人或以爲其謂太尉江夏王義恭爲佞人東陽主第在西掖門外故云南第王鸚鵡姓躬上啓聞者令道育上天白天神

也鸚鵡既適懷遠慮與天與私通事泄請劭殺之劭密使人害天與既而慶國謂往來唯有二人天與既死慮將見及乃以白上上驚惋即收鸚鵡家得劭濬手書皆咒詛巫蠱之言得所埋上形像於宮內道育叛亡捕之不得上詰責劭濬劭濬唯陳謝而已道育變服爲尼逃匿東宮濬往京口又以自隨或出止人張旿家上謂江夏王義恭曰常見典籍有此謂之傳空言不意親覩劭南面之日非復我及汝事汝兒子多將來遇此不幸耳先是二十八年彗星起畢昴入太微掃帝坐端門滅翼軫二十九年熒惑逆行守氐自十一月霖雨連雪陽光罕曜時道士范材修練形術是歲自言死期如期而死既殯江夏王疑其仙也使開棺視之首如新刎血流于背上聞而惡焉三十年正月大風飛霰且雷上憂有竊發輒加劭兵東宮實甲萬人其年二月濬自京口入朝當鎮江陵復載道育還東宮欲將西上有告上云京口人張旿家有一尼服食出入征北內似是嚴道育上使掩得二婢云道育隨征北還都上惆悵惋駭須檢覆廢劭賜濬死初濬母卒命潘淑妃養以爲子淑妃愛濬濬心不附妃被寵上以謀告之妃

以告濬濬報劭因有異謀每夜饗將士或親自行酒密與腹心隊主陳叔兒齋帥張超之任建之謀之其月二十一日夜詐作上詔云魯秀謀反汝可平明率衆入因使超之等集素所養士二千餘人皆被甲云有所討宿召前中庶子右軍長史蕭斌及左衞率袁淑中舍人殷仲素左積弩將軍王正見並入告以大事自起拜斌等因流涕並驚愕明旦劭以朱服加戎服上乘畫輪車與蕭斌同載衞從如常入朝儀從萬春門入舊制東宮隊不得入城劭語門衞云受詔有所收討令後速來張超之等數十人馳入雲龍東中華門及齋閤拔刃徑上合殿上其夜與尚書僕射徐湛之屏人語至旦燭猶未滅門階戶席並無侍衞上以几自鄣超之行弑上五指俱落幷殺湛之劭進至合殿中閤文帝已崩出坐東堂蕭斌執刀侍直呼中書舍人顧瑕瑕懼不時出及至問曰欲共見廢何不早啓未及答斬之遣人於崇禮闥殺吏部尚書江湛文帝左細仗主卜天與攻劭於東堂見殺又使人入殺潘淑妃剖其心觀其邪正使者阿旨答曰心邪劭曰邪佞之心故宜邪也又殺文帝親信左右數十人急召始興王濬率衆屯中

堂劭即僞位百僚至者裁數十人乃爲書曰徐湛之弑逆吾勒兵入殿已無所
及今罪人斯得元凶剋殄可大赦改元爲太初素與道育所定也蕭斌曰舊踰
年改元劭以問侍中王僧綽僧綽曰晉惠帝即位便改年劭喜而從之初使蕭
斌作詔斌辭以不文乃使王僧綽始文帝未崩前一日甲夜太史奏東方有急
兵其禍不測宜列萬人兵於太極前殿可以銷災上不從及劭弑逆聞而歎曰
幾誤我事乃問太史令曰我得幾年對曰得十年退而語人曰十旬耳劭聞而
怒毆殺之即位訖便稱疾還入永福省然後遷大行皇帝升太極殿以蕭斌爲
尚書僕射何尚之爲司空大行大斂劭辭疾不敢出先給諸處兵仗悉收還武
庫遣人謂魯秀曰徐湛之常欲相危我已爲卿除之使秀與屯騎校尉龐秀之
對掌軍隊以侍中王僧達爲吏部尚書司徒左長史何偃爲侍中成服日劭登
殿臨靈號慟不自持博訪公卿詢求政道遣使分行四方分浙江以東五郡爲
會州省揚州立司隸校尉以殷沖補之以大將軍江夏王義恭爲太保司徒南
譙王義宣爲太尉荊州刺史始興王濬進號驃騎將軍王僧綽以先豫廢立見

誅長沙王瑾弟楷臨川王曄桂陽侯覬新渝侯玠並以宿恨死禮官希旨諡文帝不敢盡美稱諡曰中宗景皇帝及聞南譙王義宣隨王誕等起義師悉聚諸王於城內移江夏王義恭住尚書下舍分義恭諸子住侍中下省四月立妻殷爲皇后孝武檄至劭自謂素習武事謂朝士曰卿等助我理文書勿厝意戎陣若有寇難吾當自出唯恐賊虜不敢動耳中外戒嚴防孝武世子於侍中省南譙王義宣諸子於太倉空屋劭使濬與孝武書言上親御六師太保又執鉞臨統吾與烏羊相尋即道上聖恩每厚法師令在殿內住想弟欲知消息故及烏羊者南平王鑠法師孝武世子小名也劭欲殺三鎮士庶家口江夏王義恭何尚之說曰凡舉大事不顧家口且多是驅逼今忽誅其餘累政足堅彼意耳劭乃下書一無所問濬及蕭斌勸劭勒水軍自上決戰江夏王義恭慮義兵倉卒船舫陋小不宜水戰乃進策以爲宜以近待之遠出則京師空弱東軍乘虛容能爲患不如養銳待期劭善其議蕭斌厲色曰南中郎二十年少業能建如此大事豈復可量劭不納疑朝廷舊臣不爲之用厚撫王羅漢魯秀悉以兵事委

之多賜珍玩美色以悅其志羅漢先爲南平王鑠右軍參軍劭以其有將用故
以心膂委焉或勸劭保石頭城者劭曰昔人所以固石頭俟諸侯勤王耳我若
守此誰當見救唯應力戰決之日日自出行軍慰勞將士使有司奏立子偉之
爲皇太子及義軍至新亭劭登朱雀門躬自督戰將士懷劭重賞皆爲之力戰
將剋而魯秀打退鼓軍乃止爲柳元景等所乘故大敗褚湛之攜二子與檀和
之同歸順劭懼走還臺城其夜魯秀又南奔二十五日江夏王義恭單馬南奔
劭遣濬殺義恭諸子以輦迎蔣侯神像於宮內乞恩拜爲大司馬封鍾山郡王
蘇侯爲驃騎將軍使南平王鑠爲祝文罪狀孝武二十七日臨軒拜子偉之爲
皇太子百官皆戎服劭獨袞衣下書大赦唯孝武劉義恭義宣誕不在原例五
月三日魯秀等攻大航鉤得一舶王羅漢昏酣作妓聞官軍已度驚放仗歸降
是夜劭閉守六門於門內鑿壍立柵以露車爲樓城內沸亂將吏並踰城出奔
劭使詹叔兒燒輦及袞冕服蕭斌聞大航不守皇窘不知所爲宣令所統皆使
解甲尋戴白幡來降即於軍門伏誅四日劭腹心白直諸同逆先屯閶闔門外

並走還入殿程天祚與薛安都副譚金因而乘之卽得俱入臧質從廣莫門入
同會太極殿前卽斬太子左衞率王正見建平東海等七王並號哭俱出劭穿
西垣入武庫井中副隊高禽執之濬率左右數十人與南平王鑠於西明門出
俱南奔於越城遇江夏王義恭濬下馬曰南中郎今何在義恭曰已君臨萬國
又稱字曰虎頭來得無晚乎義恭曰恨晚又曰故當不死義恭曰可詣行闕請
罪又曰未審猶能得一職自効不義恭又曰此未可量勒與俱自歸命於馬上
斬首
濬字休明將產之夕有鵩鳴於屋上聞者莫不惡之元嘉十三年八歲封始興
王濬少好文籍資質端妍母潘淑妃有盛寵時六宮無主潘專總內政濬人才
旣美母又至愛文帝甚所留心與建平王宏侍中王僧綽中書郎蔡興宗等並
以文義往復初元皇后性忌以潘氏見幸恚恨致崩故劭深病潘氏及濬濬慮
將來受禍乃曲意事劭劭與之遂善多有過失屢爲上所讓憂懼乃與劭共爲
巫蠱後出鎮京口乃因員外散騎侍郎徐爰求鎮江陵又求助於尚書僕射徐

湛之而尙書令何尙之等咸謂濬太子次弟不應遠出上以上流之重宜有至
親故以濬爲衛將軍開府儀同三司荊州刺史加都督領護南蠻校尉濬入朝
遣還京口爲行留處分至京口數日而巫蠱事發時二十九年七月也上惋歎
彌日謂潘淑妃曰太子圖富貴更是一理虎頭復如此非復思慮所及汝母子
豈可一日無我邪明年荊州事方行二月濬還朝十四日臨軒受拜其日藏嚴
道育事發明旦濬入謝上容色非常其夕卽加詰問濬唯謝罪潘淑妃抱濬泣
曰汝始咒詛事發猶冀刻己思愆何意忽藏嚴道育今日用活何爲可送藥來
吾當先自取盡不忍見汝禍敗濬奮衣去曰天下事尋自判必不上累劭入弒
之旦濬在西州府舍人朱法瑜曰臺內叫喚宮門皆閉道上傳太子反未測禍
變所至濬陽驚曰今當奈何濬未得劭信不知事之濟不騷擾不知所爲將軍
王慶曰今宮內有變未知主上安危預在臣子當投袂赴難濬不聽俄而劭遣
張超之馳馬召濬濬問狀訖卽戎服乘馬而去朱法瑜固止濬濬不從至中門
王慶又諫不宜從逆濬曰皇太子令敢有復言者斬及入見劭勸殺荀赤松等

劭謂濬曰潘淑妃遂爲亂兵所害濬曰此是下情由來所願其悖逆如此劭將敗勸劭入海輦珍寶繒帛下船及劭入井高禽於井出之劭問天子何在禽曰至尊近在新亭將劭至殿前臧質見之慟哭劭曰天地所不覆載丈人何爲見哭質因辯其逆狀答曰先朝當見枉廢不能作獄中因問計於蕭斌斌見勸如此又語質曰可得爲乞遠徙不質曰主上近在航南自當有處分縛劭馬上防送軍門及至牙下據鞍顧望太尉江夏王義恭與諸王共臨視之義恭曰我背逆歸順有何大罪頓殺十二兒劭曰殺諸弟此一事負阿父江湛妻庾氏乘車罵之龐秀之亦加誚讓劭厲聲曰汝輩復何煩爾先殺其四子語南平王鑠曰此何有哉乃斬于牙下臨刑歎曰不圖宋室一至如此劭濬及其子並梟首大航暴尸於市劭妻殷氏賜死於廷尉臨刑謂獄丞江恪曰汝家骨肉相殘何以枉殺天下無罪人恪曰受拜皇后非罪而何殷氏曰此權時耳當以鸚鵡爲后也濬妻褚氏丹陽尹湛之之女湛之南奔之始即見離絕故免於誅其餘子女妾媵並於獄賜死投劭濬尸首於江其餘同逆及王羅漢等皆伏誅張超之聞

兵入遂至合殿故基止於御床之所爲亂兵所殺剖腹刳心臠割其肉諸將生
噉之焚其頭骨時不見傳國璽問劭云在嚴道育處就取得之道育鸚鵡並都
街鞭殺於石頭四望山焚其尸揚灰于江毀劭東宮所住齋汙瀦其處封高禽
新陽縣男追贈潘淑妃爲長寧國夫人置守冢僞司隸校尉殷沖丹陽尹尹弘
並賜死沖爲劭草立符文又妃叔父弘爲劭簡配兵士盡其心力故也
南平穆王鑠字休玄文帝第四子也元嘉十六年年九歲封南平王少好學有
文才未弱冠擬古三十餘首時人以爲亞迹陸機二十二年爲南豫州刺史加
都督時文帝方事外略罷南豫州併壽陽以鑠爲豫州刺史領安蠻校尉二十
六年魏太武圍汝南懸瓠城行汝南太守陳憲保城自固魏作高樓施弩射城
內城內負戶以汲又毀佛圖取金像以爲大鉤施之衝車端以牽樓堞城內有
一沙門頗有機思輒設奇以應之魏人以蝦蟆車填塹肉薄攻城死者與城等
遂登屍以陵城憲銳氣愈奮戰士無不一當百殺傷萬計汝水爲之不流相拒
四十餘日鑠遣安蠻司馬劉康祖與寧朔將軍臧質救之魏人燒攻具而退元

凶弒立以鑠爲侍中錄尚書事劭迎蔣侯神於宮內疏孝武年諱厭呪祈請假
授位號使鑠造策文及義軍入宮鑠與濬俱歸孝武濬卽伏法上迎鑠入宮當
時倉卒失國璽事寧更鑄給之進侍中司空領兵置佐以國哀未闋讓侍中鑠
既歸義最晚常懷憂懼每於眠中蹶起坐與人語亦多謬僻語家人云我自覺
無復魂守鑠爲人負才狡競每與兄弟計度藝能與帝又不能和食中遇毒尋
薨贈司徒加以楚穆之謚三子敬猷敬深敬先敬深封南安縣侯敬先繼廬陵
王紹前廢帝景和末召鑠妃江氏入宮命左右於前逼之江氏不受命謂曰若
不從當殺汝三子江氏猶不從於是遣使於第殺敬猷敬深敬先等鞭江氏一
百其夕廢帝亦殞明帝卽位追贈敬猷侍中謚曰懷改封孝武帝第十八子臨
賀王子產字孝仁爲南平王繼鑠後未拜被殺泰始五年立晉平王休祐第七
子宣曜爲南平王繼鑠休祐死宣曜被廢還本後廢帝元徽元年立衡陽恭王
嶷第二子伯玉爲南平王繼鑠後昇明三年被誅
竟陵王誕字休文文帝第六子也元嘉二十年年十一封廣陵王二十六年爲

雍州刺史加都督以廣陵凋弊改封隨郡王上欲大舉侵魏以襄陽外接關河
欲廣其資力乃罷江州軍府文武悉配雍州湘州入臺租稅雜物悉給襄陽及
大舉北侵命諸蕃並出師皆奔敗唯誕遣中兵參軍柳元景剋弘農關陝元凶
立以揚州浙江西屬司隸校尉浙江東五郡立會州以誕爲刺史孝武入討遣
寧朔將軍顧彬之受誕節度誕遣參軍劉季之舉兵與彬之幷遇劭將華欽庚
遵於曲阿之奔牛塘大敗之事平以誕爲荊州刺史加都督衞將軍開府儀同
三司誕以位號正與濬同惡之請求回改乃進號驃騎將軍加班劍二十人南
譙王義宣不肯就徵以誕爲侍中驃騎大將軍揚州刺史開府如故改封竟陵
王誕性恭和得士庶之心頗有勇略明年義宣反有荊江兗豫四州之力勢震
天下上卽位日淺朝野大懼上欲奉乘輿法物以迎義宣誕固執不可曰奈何
持此座與人帝加誕節仗士五十人出入六門上流平定誕之力也誕初討元
凶豫同舉兵有奔牛之捷至是又有殊勳上性多猜頗相疑憚而誕造立第舍
窮極工巧園池之美冠於一時多聚材力之士實之第內精甲利器莫非上品

上意愈不平孝建二年以司空太子太傅出爲都督南徐州刺史上以京口去都密邇猶疑之大明元年秋又出爲南兗州刺史加都督誕知見猜亦潛爲之備至廣陵因魏侵邊修城隍聚糧練甲嫌隙既著道路常云誕反三年建康人陳文詔訴父饒爲誕府史恆使入山圖畫道路不聽歸家誕大怒使人殺饒吳郡人劉成又訴稱息道龍伏事誕見誕在石頭城內修乘輿法物習唱警蹕向侔侶言之誕知密捕殺道龍豫章人陳談之又上書稱弟詠之在誕左右見誕與左右莊慶傅元禮等潛圖姦逆常疏陛下年紀姓諱往巫鄭師憐家呪詛詠之與建康右尉黃達往來誕疑其宣漏誣以罪被殺其年四月上使有司奏誕罪惡宜絕屬籍削爵土收付法獄上不許有司又固請乃貶爵爲侯遣令之國上將謀誕以義興太守桓閬爲兗州刺史配以羽林禁兵遣給事中戴明寶隨閬襲誕使閬以之鎮爲名閬至廣陵誕未悟也明寶夜報誕典籤蔣成使爲內應成以告府舍人許宗之宗之告誕誕驚起召錄事參軍王璵之曰我何罪於天以至此斬蔣成勒兵自衞遣腹心率壯士擊明寶等破之閬卽遇害明寶逃

自海陵界還上遣車騎大將軍沈慶之討誕誕奉表投之城外自申於國無負並言帝宮闈之醜孝武忿誕深切凡誕左右腹心同籍期親並誅之死者千數車駕出頓宣武堂內外纂嚴誕見衆軍大集欲棄城北走行十餘里衆並不欲去請誕乃還城五月十九日夜有流星長十餘丈從西北來墜城內是謂天狗占曰天狗所墜下有伏屍流血廣陵城舊不開南門云開南門者不利其主誕乃開焉彭城邵領宗在城內陰結死士欲襲誕先欲布誠於慶之乃說誕求爲間構見許領宗既出致誠畢復還城內事泄誕鞭二百考問不伏遂支解之上遣送章二紐其一曰竟陵縣開國侯食邑千戶募賞禽誕其二曰建興縣開國男食邑三百戶募賞先登若剋外城舉一烽剋內城舉二烽禽誕舉三烽七月二日慶之進軍剋其外城乘勝又剋小城誕聞軍入走趣後園墜水引出殺之傳首建鄴因葬廣陵貶姓留氏帝命城中無大小悉斬慶之執諫自五尺以下全之於是同黨悉伏誅城內女口爲軍賞男丁殺爲京觀死者尚數千人每風晨雨夜有號哭之聲誕母殷妻徐並自殺追贈殷長寧國淑妃初誕爲南徐州

刺史在京口夜大風飛落屋瓦城門鹿牀倒覆誕心惡之及遷鎮廣陵將入城衝風暴起揚塵晝晦又嘗中夜閑坐有赤光照室見者莫不駭愕誕左右侍直眠中夢人告之曰官須髮爲矟眊既覺已失鬢矣如此者數十人誕甚怪懼大明二年發人築廣陵城誕循行有人干輿揚聲大罵曰大兵尋至何以辛苦百姓誕使執之問其本末答曰姓夷名孫家在海陵天公與道佛先議欲燒除此間人道佛苦諫強得至今大禍將至何不立六慎門誕問六慎門云何答曰古有言禍不過六慎門誕以其言狂悖殺之又五音士忽狂易見鬼驚怖啼哭曰外軍圍城城上張白布帆誕執錄二十餘日乃殺城陷之日雲霧晦冥白虹臨北門亘屬城內八年前廢帝即位義陽王昶爲徐州刺史道經廣陵至墓盡哀表請改葬誕詔葬誕及妻子並以庶人禮明帝泰始四年又改葬祭以少牢王璵之琅邪人有才局其五子悉在建鄴璵之嘗乘城慶之縛其五子示而招之許以富貴璵之曰吾受主王厚恩不可以二心三十之年未獲死所耳安可以私親誘之五子號叫於外呼其父及城平慶之悉撲殺之

建平宣簡王宏字休度文帝第七子也早喪母元嘉二十一年年十一封建平
王宏少而閑素篤好文籍文帝寵愛殊常爲立第於雞籠山盡山水之美建平
國職高他國一階歷位中護軍中書令元凶弒立孝武入討劭錄宏殿內自拔
莫由孝武先嘗以一手板與宏宏遣左右親信周法道齎手板詣孝武事平以
爲尚書左僕射使迎太后還加中軍將軍中書監爲人謙儉周慎禮賢接士明
達政事上甚信仗之轉尚書令宏少多病求解尚書令本號開府儀同三司未
拜薨追贈司徒上痛悼甚至每朔望出臨靈自爲墓誌銘幷誄五年叅諸弟國
各千戶薨者不在其例唯宏追叅子景素嗣景素少有父風位南徐州刺史加
都督桂陽王休範爲逆景素雖纂集兵衆以赴朝廷爲名而陰懷兩端及事平
進號鎮北將軍景素好文章書籍招集才義之士以收名譽由是朝野屬意而
後廢帝狂凶失道內外皆謂景素宜當神器唯廢帝所生陳氏親戚疾忌之而
楊運長阮佃夫並明帝舊隸貪幼主以久其權慮景素立不見容於長主深相
忌憚元徽三年景素防閤將軍王季符恨景素因奔告之運長等便欲遣軍討

之齊高帝及衞將軍袁粲以下並保持之景素亦馳遣世子延齡還都具自申
理運長等乃徙季符於梁州又奪景素征北將軍開府儀同三司自是廢帝狂
悖日甚朝野並屬心景素陳氏及運長等彌相猜疑景素因此稍爲自防之計
多以金帛結材力之士時大臣誅夷孝武諸子孫或殺或廢無復在朝者且景
素在蕃甚得人心而謗聲日積深懷憂懼嘗與故吏劉璡獨處曲臺有鵲集於
承塵上飛鳴相追景素泫然曰若斯鳥者遊則參于風煙之上止則隱于林木
之下飢則啄渴則飲形體無累于物得失不關於心一何樂哉時廢帝單馬獨
出游走郊野輔國將軍曹欣之等謀候廢帝出行因聚衆作難事剋奉景素景
素每禁之未欲怱怱舉動運長密遣傖人周天賜僞投景素勸爲異計景素知
卽斬之送首還臺四年七月羽林監桓祇祖奔景素言臺城已潰景素信之卽
舉兵運長等常疑景素有異志卽纂嚴景素本乏威略不知所爲竟爲臺軍破
斬之卽葬京口景素性甚仁孝事獻太妃朝夕不違侍養太妃有不安景素傍
行蓬髮與人言呴呴常恐傷其情又甚儉素爲荊州時州有高齋刻楹柏構景

素竟不處朝廷欲賜以甲第辭而不當兩宮所遺珍玩塵於笥篋食常不過一肉器用瓦素時有獻鏤玉器景素顧主簿何昌寓曰我持此安所用哉乃謝而反之及敗後昌寓與故記室王摛等上書訟其冤齊受禪景素故秀才劉璡又上書述其德美陳冤並不見省至齊武帝即位下詔曰宋建平王劉景素名父之子雖末路失圖而原心有本可聽以禮葬舊塋

廬陵王禕字休秀文帝第八子也元嘉二十二年年十一封東海王大明七年進位司空明帝踐阼進太尉封廬陵王初廢帝目禕似驢上以廢帝之言類故改封焉文帝諸子禕尤凡劣諸兄弟並蚩鄙之南平王鑠薨子敬深婚禕視之自孝武借伎孝武答曰婚禮既不舉樂且敬深孤苦伎非宜也至是明帝與建安王休仁詔曰人既不比數西方公汝便爲諸王之長時禕住西故請之西方公泰始五年河東柳欣慰謀反欲立禕禕與相酬和欣慰結征北諮議參軍杜幼文幼文具奏其事上暴其罪惡黜爲南豫州刺史車騎將軍開府儀同三司上遣腹心楊運長領兵防衛明年又令有司奏禕怨懟逼令自殺葬宣城

晉熙王昶字休道文帝第九子也元嘉二十二年年十歲封義陽王大明中位
中書令中軍將軍開府儀同三司廢帝卽位爲徐州刺史加都督昶輕訬褊急
不能事孝武大明中常被嫌責人間常言昶當有異志廢帝旣誅羣公彌縱狂
惑常語左右曰我卽大位來遂未戒嚴使人邑邑江夏王義恭誅後昶表求入
朝遣典籤蘧法生銜使帝謂法生義陽與太宰謀反我政欲討之今知求還甚
善又問法生義陽謀反何不啓法生懼走還彭城帝因此北討法生至昶卽起
兵統內諸郡並不受命昶知事不捷乃夜開門奔魏棄母妻唯攜妾一人作丈
夫服騎馬自隨在道慷慨爲斷句曰白雲滿鄣來黃塵半天起關山四面絕故
鄉幾千里因把姬手南望慟哭左右莫不哀哽每節悲慟遙拜其母昶家還都
二妾各生一子明帝卽位名長者曰思遠小者曰懷遠尋並卒帝以金千兩贖
昶于魏不獲乃以第六皇子燮字仲綏繼昶封爲晉熙王明帝旣以燮繼昶乃
詔曰晉熙國太妃謝氏沉刻無親物理罕比骨肉至親尙相棄蔑況以義合免
苦爲難可還其本家削絕蕃秩先是改謝氏爲射氏元徽元年燮年四歲以爲

郢州刺史明年復昶所生謝氏爲晉熙國太妃齊受禪變降封安陰縣公謀反
賜死
武昌王渾字休深文帝第十子也元嘉二十四年年九歲封汝陰王後徙武昌
渾少而凶戾嘗忿左右拔防身刀斫之元凶弑立以爲中書令山陵夕裸身露
頭往散騎省戲因彎弓射通直郎周朗中枕以爲笑樂孝建元年爲雍州刺史
監雍梁南北秦四州荊州之竟陵隨二郡諸軍事寧蠻校尉至鎮與左右人作
文檄自稱楚王號年爲元光備置百官以爲戲笑長史王翼之得其手迹封呈
孝武上使有司奏免爲庶人下太常絕屬籍使付始安郡逼令自殺即葬襄陽
大明四年聽還葬母江太妃墓次明帝即位追封義昌縣侯
建安王休仁文帝第十二子也元嘉二十九年年十歲立爲建安王前廢帝景
和元年累遷護軍將軍時帝狂悖無道誅害羣公忌憚諸父並聚之殿內毆捶
陵曳無復人理休仁及明帝山陽王休祐形體並肥壯帝乃以籠盛稱之以明
帝尤肥號爲豬王號休仁爲殺王休祐爲賊王以三王年長尤所畏憚故常錄

以自近不離左右東海王禕凡劣號之驢王桂陽王休範巴陵王休若年少故並得從容嘗以木槽盛飯內諸雜食攪令和合掘地爲阬穽實之以泥水裸明帝內坑中以槽食置前令以口就槽中食之用爲歡笑欲害明帝及休仁休祐前後以十數休仁多計數每以笑調佞諛説悅之故得推遷常於休仁前使左右淫逼休仁所生楊太妃左右並不得已順命至右衞將軍劉道隆道隆歡以奉旨盡諸醜狀時廷尉劉蒙妾孕臨月帝迎入後宮冀其生男欲立爲太子明帝嘗忤旨帝怒乃裸之縛其手脚以杖貫手脚內使擔付太官即日屠豬休仁笑謂帝曰未應死帝問其故休仁曰待皇太子生殺豬取肝肺帝意解曰且付廷尉一宿出之帝將南游荊湘二州明旦欲殺諸父便發其夕被弒於華林園休仁卽日便執臣禮於明帝時南平王敬猷廬陵王敬先兄弟被害猶未殯斂休仁休祐同載臨之開帷歡笑鼓吹往反時人咸非焉明帝以休仁爲侍中司徒尚書令揚州刺史給三望車時劉道隆爲護軍休仁求解職曰臣不得與此人同朝上乃賜道隆死尋諸方逆命休仁都督征討諸軍事增班劍爲三十人

出據獸檻進赭圻尋領太子太傅總統諸軍中流平定休仁之力也明帝初與蘇侯神結爲兄弟以祈福助及事平與休仁書曰此段殊得蘇兄神力休仁年與明帝相亞俱好文籍素相愛及廢帝世同經艱危明帝又資其權譎之力泰始初四方逆命休仁親當矢石大勳克建任總百揆親寄甚隆四方輻湊上甚不悅休仁悟其旨表解揚州見許進位太尉領司徒固讓又加漆輪車劍履升殿受漆輪固辭劍履明帝末年多忌休仁轉不自安及殺晉平王休祐其年上疾篤與楊運長爲身後計運長等又慮帝晏駕後休仁一旦居周公之地其輩不得執權彌贊成上使害諸王及上疾暴甚內外皆屬意休仁主書以下皆往東府詣休仁所親信豫自結納其或直不得出者皆懼上與運長等定謀召休仁入宿尙書下省其夜遣人齎藥賜休仁死休仁對使者罵曰上有天下誰之功也孝武以誅子孫而至于滅今復遵覆車枉殺兄弟奈何忠臣抱此冤濫我大宋之業其能久乎上疾久慮人情同異自力乘輿出端門休仁死後乃入詔稱其自殺宥其二子幷全封爵有司奏請降休仁爲庶人絕屬籍兒息悉徙遠

郡詔休仁特降爲始安縣王并停子伯融等流徙聽襲封爵及帝疾甚見休仁
爲祟叫曰司徒小寬我尋崩伯融妃殷氏所生殷氏吳興太守沖女也范陽祖
翻有醫術姿貌又美殷氏有疾翻入視脈悅之遂與姦事泄遣還家賜死
晉平刺王休祐文帝第十三子也孝建二年年十一封山陽王明帝即位以山
陽荒弊改封晉平王位驃騎大將軍開府儀同三司荊州刺史休祐素無才能
強梁自用大明之世未得自專至是貪淫好財色在荊州多營財貨以短錢一
百賦人田登就求白米一斛米粒皆令徹白若碎折者悉不受人間糴此米一
斗一百至時又不受米評米責錢凡諸求利皆如此百姓嗷然不復堪命徵爲
南徐州刺史加都督上以休祐貪虐不可莅人留之都下遣上佐行府州事休
祐佷戾前後忤上非一在荊州時左右苑景達善彈棋上召之休祐留不遣上
怒詰責之且慮休祐將來難制欲方便除之七年二月車駕於巖山射雉有一
雉不肯入場日暮將反留休祐射之令不得雉勿歸休祐時從在黃麾內左右
從者並在部伍後休祐便馳去上遣左右數人隨之上既還前驅清道休祐人

從悉散不復相得上遣壽寂之等諸壯士追之日已欲闇與休祐相及蹴令墜
馬休祐素勇壯有氣力奮拳左右排擊莫得近有一人自後引陰因頓地卽共
拉殺之遣人馳白上行唱驃騎落馬上聞驚曰驃騎體大落馬殊不易卽遣御
醫上藥相係至頃之休祐左右人至久已絕矣輿以還第贈司空時巴陵王休
若在江陵其日卽馳信報休若曰吾與驃騎南山射雉驃騎馬驚與直閤夏文
秀馬相蹋文秀墮地驃騎失控馬重驚觸松樹墜地落礀中時頓悶故馳報弟
其年五月追免休祐爲庶人十三子並徙晉平明帝尋病見休祐爲祟使使至
晉平撫其諸子帝尋崩廢帝元徽元年聽諸子還都順帝昇明三年稱謀反並
賜死
海陵王休茂文帝第十四子也孝建二年年十一封海陵王大明二年爲雍州
刺史加都督北中郎將寧蠻校尉時司馬庾深之行府州事休茂性急欲自專
深之及主帥每禁之常懷忿因左右張伯超至所親愛多罪過主帥常加訶責
伯超懼罪謂休茂曰主帥密疏官罪欲以啓聞休茂曰今爲何計伯超曰唯殺

行事及主帥舉兵自衞縱不成不失入虜中爲王休茂從之夜使伯超等殺司馬庾深之集兵建牙馳檄休茂出城行營諮議參軍沈暢之等閉門拒之城陷斬暢之其日參軍尹玄度起兵攻休茂禽之斬首母妻皆自殺同黨悉伏誅有司奏絶休茂屬籍貶姓爲留不許郎葬襄陽

鄱陽哀王休業文帝第十五子也孝建二年年十一封鄱陽王三年薨以山陽王休祐次子士弘嗣被廢國除臨慶沖王休倩文帝第十六子也孝建元年年九歲疾篤封東平王未拜薨大明七年立第二十七皇子子嗣爲東平王紹休倩泰始三年還本遂絶六年以第五皇子智井爲東平王繼休倩未拜薨其年追改休倩爲臨慶王休倩爲文帝所愛故前後屢加紹嗣

新野懷王夷父文帝第十七子也元嘉二十九年薨明帝泰始五年追加封謚

桂陽王休範文帝第十八子也孝建三年年九歲封順陽王大明元年改封桂陽泰始六年累遷驃騎大將軍江州刺史加都督遺詔進位司空侍中加班劍三十人休範素凡訥少知解不爲諸兄齒遇明帝常指左右人謂王景文曰休

範人才不及此以我故生便富貴釋氏願生王家良有以也及明帝晚年晉平
王休祐以狼戾致禍建安王休仁以權逼不容巴陵王休若素得人情以此見
害唯休範謹澀無才不爲物情所向故得自保而常憂懼及明帝晏駕主幼時
艱休範自謂宗戚莫二應居宰輔事既不至怨憤彌結招引勇士繕修器械行
人經過尋陽者莫不降意折節於是至者如歸朝廷知之密相防禦毋荀太妃
薨卽葬廬山以示不還之志時夏口闕鎮朝議以居尋陽上流欲樹置腹心重
其兵力元徽元年乃以第五皇弟晉熙王燮爲郢州刺史長史王奐行府州事
配以實力出鎮夏口慮爲休範所撥留自太子洑去不過尋陽休範怒欲舉兵
乃上表修城堞其年進位太尉明年五月遂反發自尋陽晝夜取道大雷戍主
杜道欣馳下告變道欣至一宿休範已至新林朝廷震動齊高帝出次新亭壘
時事起倉卒朝廷兵力甚弱及開武庫隨將士意取休範於新林步上攻新亭
壘屯騎校尉黃回乃僞往降弃宣齊高帝意休範大悅置之左右休範壯士李
恆鍾爽進諫不宜親之休範曰不欺人以信時休範日飲醇酒以二子德宣德

嗣付與齊高帝爲質至即斬之回與越騎校尉張苟兒直前斬休範首持還左右並散初休範自新林分遣同黨杜墨蠡丁文豪等直向朱雀門休範雖死墨蠡等不知王道隆率羽林兵在朱雀門内聞賊至急召劉勔勔自石頭來赴戰死之墨蠡等乘勝直入朱雀門道隆爲亂兵所殺墨蠡等唱云太尉至休範之死也齊高帝遣隊主陳靈寶齎首還臺逢賊埋首道側挺身得達雖唱云已平而無以爲據衆愈疑惑墨蠡徑至杜母宅宮省恇擾無復固志撫軍長史褚澄以東府納賊賊擁安成王據東府稱休範教曰安成王吾子也勿得侵賊勢方逼衆莫能振尋而丁文豪之衆知休範已死稍欲退散文豪勇氣殊壯厲聲曰我獨不能定天下邪休範首至又羽林監陳顯達率所領於杜母宅破墨蠡等諸賊一時奔散斬墨蠡文豪等晉熙王燮自夏口遣軍平尋陽

巴陵哀王休若文帝第十九子也孝建三年年九歲封巴陵王明帝即位出爲會稽太守加都督二年還都督雍州刺史寧蠻校尉前在會稽錄事參軍陳郡謝沉以諂側事休若多受財賂時内外戒嚴並袴褶沉居母喪被起聲樂酣飲

不異吉人衣冠旣無殊異並不知沉居喪沉嘗自稱孤子衆乃駭愕休若坐與
沉褻黷降號鎮西將軍典籤夏寶期事休若無禮啓明帝殺之慮不許啓未報
於獄行刑信反令鎖送而寶期已死上怒勅之曰孝建之世汝何敢爾使其母
羅加杖三百四年改行湘州刺史六年爲荆州刺史加都督征西大將軍開府
儀同三司七年晉平王休祐被殺建安王休仁見疑都下訛言休若有至貴之
表明帝以此言報之休若甚憂嘗衆賓滿坐有一異烏集席隅哀鳴墜地死又
聽事上有二大白蚍長丈餘唅唅有聲休若甚惡之會被徵爲南徐州刺史加
都督征北大將軍開府如故休若腹心將佐咸謂還朝必有大禍中兵參軍京
兆王敬先勸割據荆楚休若執錄馳使白明帝敬先坐誅休若至京口上以休
若善能諧緝物情慮將來傾幼主欲遣使殺之慮不奉詔徵入朝又恐猜駭乃
僞授爲江州刺史至卽於第賜死贈侍中司空子沖始襲封
孝武帝二十八男文穆皇后生廢帝子業豫章王子尚陳淑媛生晉安王子勛
阮容華生安陸王子綏徐昭容生皇子子深何淑儀生松滋侯子房史昭華生

臨海王子頊殷貴妃生始平孝敬王子鸞次永嘉王子仁與皇子子深同生何婕妤生皇子子鳳謝昭容生始安王子眞江婕妤生皇子子玄史昭儀生邵陵王子元次齊敬王子羽與始平孝敬王子鸞同生江美人生皇子子衡楊婕妤生淮南王子孟次皇子子況與皇子子玄同生次南平王子產與永嘉王子仁同生次晉陵孝王子雲次皇子子文並與始平孝敬王子鸞同生次廬陵王子輿與淮南王子孟同生次南海哀王子師與始平孝敬王子鸞同生次淮陽思王子霄與皇子子玄同生次皇子子雍與始安王子眞同生次皇子子趨與皇子子鳳同生次皇子子期與皇子子衡同生次東平王子嗣與始安王子眞同生張容華生皇子子悅安陸王子綏南平王子產廬陵王子輿並出繼皇子子深子鳳子玄子衡子況子文子雍未封早夭子趨子期子悅未封為明帝所殺

豫章王子尙字孝師孝武第二子也孝建二年年六歲封西陽王大明三年分浙江西立王畿以浙江東為揚州以子尙為刺史加都督六年改封豫章王領

會稽太守七年進號車騎大將軍開府儀同三司時東土大旱鄞縣多𡑮田孝武使子尙表至鄞縣勸農又立左學召生徒置儒林祭酒一人學生師敬位比州中從事文學祭酒一人比州西曹勸學從事二人比祭酒從事前廢帝卽位罷王畿復舊徵子尙都督揚南徐二州諸軍事領尙書令初孝建中孝武以子尙太子母弟甚留心後新安王子鸞以母幸見愛子尙寵衰及長凶慝有廢帝之風明帝既殞廢帝乃稱太皇太后令曰子尙頑凶楚玉淫亂並於第賜盡楚玉廢帝姊山陰公主也廢帝改封會稽郡長公主給鼓吹一部加班劍二十人未拜受而廢敗

晉安王子勛字孝德孝武第三子也眼患風不爲孝武所愛大明四年年五歲封晉安王七年爲江州刺史加都督八年改授雍州未拜而孝武崩還爲江州時廢帝狂凶多所誅害前撫軍諮議參軍何邁謀因帝出爲變迎立子勛事泄帝誅邁使八座奏子勛與邁通謀遣左右朱景送藥賜子勛死景至盆口遣報長史鄧琬琬等奉子勛起兵以廢立爲名明帝定亂進子勛車騎將軍開府儀

同三司琬等不受命泰始二年正月七日奉子勛爲帝卽僞位於尋陽年號義嘉備置百官四方響應是歲四方貢計並詣尋陽及軍敗子勛見殺時年十一卽葬尋陽廬山

松滋侯子房字孝良孝武第六子也大明四年年五歲封尋陽王前廢帝景和元年爲會稽太守加都督明帝卽位徵爲撫軍領太常長史孔覬不受命舉兵應晉安王子勛上虞令王晏殺覬送子房還建鄴上宥之貶爲松滋縣侯司徒建安王休仁以子房兄弟終爲禍難勸上除之廢徙遠郡見殺年十一

臨海王子頊字孝烈孝武第七子也初封歷陽王後改封臨海位荊州刺史明帝卽位進督雍州長史孔道存不受命應晉安王子勛事敗賜死年十一

始平孝敬王子鸞字孝羽孝武第八子也大明四年封襄陽王尋改封新安五年爲北中郎將南徐州刺史領南琅邪太守母殷淑儀寵傾後宮子鸞愛冠諸子凡爲上眄遇者莫不入于鸞府國爲南徐州又割吳郡屬之六年丁母憂前廢帝素疾子鸞有寵及卽位旣誅羣臣乃遣使賜子鸞死時年十歲子鸞臨死

謂左右曰願後身不復生王家同生弟妹並死明帝卽位改封始平王以建平
王景素子延年嗣
永嘉王子仁字孝緜孝武第九子也大明五年封永嘉王明帝卽位以爲湘州
刺史帝尋從司徒建安王休仁討未拜賜死時年十歲
始安王子真字孝貞孝武第十一子也
邵陵王子元字孝善孝武第十三子也並被明帝賜死
齊敬王子羽字孝英孝武第十四子也生二歲而薨追加封謚
淮南王子孟字孝光孝武第十六子也初封淮南王明帝改封安成王未拜賜
死
晉陵孝王子雲字孝舉孝武第十九子也大明六年封未拜而亡
南海哀王子師字孝友孝武第二十二子也大明七年封未拜爲前廢帝所害
明帝卽位追謚
淮陽思王子霄字孝雲孝武第二十三子也早薨追加封謚

東平王子嗣字孝叔孝武帝第二十七子也明帝賜死
武陵王贊字仲敷小字智隨明帝第九子也明帝旣誅孝武諸子詔以智隨奉
孝武爲子封武陵郡王順帝昇明二年薨國除
明帝十二男陳貴妃生後廢帝謝修儀生皇子法良陳昭華生順帝徐婕好生
第四皇子鄭修容生皇子智井次晉熙王爕與皇子法良同生泉美人生邵陵
殤王友次江夏王躋與第四皇子同生徐良人生武陵王贊杜修華生隨陽王
翽次新興王嵩與武陵王贊同生又泉美人生始建王禧智井爕躋贊並出繼
法良未封第四皇子未有名早夭
邵陵殤王友字仲賢明帝第七子也年五歲出爲南中郎將江州刺史封邵陵
王後廢帝元徽二年桂陽王休範誅後王室微弱友府州文案及臣吏不諱有
無君之心順帝昇明二年徙南豫州刺史薨無子國除
隨陽王翽字仲儀明帝第十子也初封南陽王昇明二年改封隨陽齊受禪封
舞陰縣公

新興王嵩字仲岳明帝第十一子也齊受禪降封定襄縣公
始建王禧字仲安明帝第十二子也齊受禪降封荔浦縣公尋並云謀反賜死
論云甚矣哉元嘉之遇禍也殺逆之釁事起肌膚因心之童遂亡天性雖鳴鏑
之酷未極於斯其不至覆亡亦爲幸也明皇統運疑隙內構尋斧所加先自王
戚晉刺以獷暴摧軀巴哀由和艮酖體保身之路未知攸適昔之戒子愼勿爲
善詳求其旨將遠有以乎詩云不自我先不自我後蓋古人之畏亂也孝武諸
子提挈以成釁亂遂至宇內沸騰王室如燬而帝之諸胤莫不殲焉強不如弱
義在於此明帝負螟之慶事非己出枝葉不茂豈能庇其本乎

南史卷十四

南史卷十四考證

文帝十九男傳陳脩容生東海王褘○東海目錄及本傳俱作廬陵

元凶劭傳初使蕭斌作詔斌辭以不文乃使王僧綽○監本脫辭字今從宋書增入

劭使詹叔兒燒輦及袞冕服○上文云密與腹心隊主陳叔兒齋帥張超之任建之謀之此作詹叔兒二者必有一訛

竟陵王誕傳改封隨郡王○隨監本作隋今改正

開南門者不利其主○不利其主監本作其主王今從宋書

白虹臨北門亘屬城內○屬一本作入

晉熙王昶傳在道慷慨爲斷句○斷監本誤繼今改正

先是改謝氏爲射氏○監本謝與射互誤今改正

明年復昶所生謝氏爲晉熙國太妃○謝監本訛射今改正

晉平剌王休祐傳且慮休祐將來難制欲方便除之○監本脫欲字今增入

孝武帝二十八男傳史昭華生臨海王子頊○華一本作容
始平孝敬王子鸞傳凡爲上眄遇者莫不入于鸞府○于一本作子
永嘉王子仁傳字孝䜣○䜣監本誤𩛪今改正
武陵王贊傳○此三行共四十八字監本複見於邵陵殤王友傳後查目錄及
閣本俱無之不知何人所贅增也今獨存此傳刪其複見者

南史卷十四考證

南史卷十五

唐　李　延　壽　撰

列傳第五

劉穆之曾孫祥 從子秀之　徐羨之從孫湛之 孝嗣 孫君蒨　湛之孫孝嗣

傅亮族兄隆　檀道濟兄韶 韶孫珪 韶弟祗

劉穆之字道和小字道人東莞莒人也世居京口初爲琅邪府主簿嘗夢與宋武帝汎海遇大風驚俯視船下見二白龍夾船既而至一山山峯聳秀意甚悅及武帝克京城從何無忌求府主簿無忌進穆之帝曰吾亦識之卽馳召焉時穆之聞京城有叫聲晨出陌頭屬與信會直視不言者久之反室壞布裳爲袴往見帝帝謂曰我始舉大義須一軍吏甚急誰堪其選穆之曰無見踰者帝笑曰卿能自屈吾事濟矣卽於坐受署從平建鄴諸大處分皆倉卒立定並穆之所建遂動見諮詢穆之亦竭節盡誠無所遺隱時晉綱寬弛威禁不行盛族豪家負勢陵縱重以司馬元顯政令違舛桓玄科條繁密穆之斟酌時宜隨方矯

正不盈旬日風俗頓改遷尙書祠部郎復爲府主簿記室錄事參軍領堂邑太守以平桓玄功封西華縣五等子及揚州刺史王謐薨帝次應入輔劉毅等不欲帝入議以中領軍謝混爲揚州或欲令帝於丹徒領州以內事付僕射孟昶遣尙書右丞皮沈以二議諮帝沈先與穆之言穆之僞如廁卽密疏白帝言沈語不可從帝既見沈且令出外呼穆之問焉穆之曰公今日豈得居謙遂爲守蕃將邪劉孟諸公俱起布衣共立大義事乃一時相推非宿定臣主分也力敵勢均終相吞咀揚州根本所係不可假人前授王謐事出權道今若復佗授便應受制於人一失權柄無由可得公功高勳重不可直置疑畏便可入朝共盡同異公至京邑彼必不敢越公更授餘人帝從其言由是入輔從廣固還拒盧循常居幕中畫策劉毅等疾之每從容言其權重帝愈信仗之穆之外所聞見大小必白雖閭里言謔皆一二以聞帝每得人閒委密消息以示聰明皆由穆之又愛賓游坐客恆滿布耳目以爲視聽故朝野同異穆之莫不必知雖親昵短長皆陳奏無隱人或譏之穆之曰我蒙公恩義無隱諱此張遼所以告關羽

欲叛也帝舉止施爲穆之皆下節度帝書素拙穆之曰此雖小事然宣布四遠願公小復留意帝既不能留意又稟分有在穆之乃曰公但縱筆爲大字一字徑尺無嫌大既足有所包其勢亦偉帝從之一紙不過六七字便滿穆之凡所薦達不納不止常云我雖不及荀令君之舉善然不舉不善穆之與朱齡石並便尺牘嘗於武帝坐與齡石並答書自旦至日中穆之得百函齡石得八十函而穆之應對無廢還中軍護軍司馬加丹陽尹帝西討劉毅以諸葛長人監留府疑其難獨任留穆之輔之加建威將軍置佐吏配給實力長人果有異謀而猶豫不能發屏人謂穆之曰悠悠之言云太尉與我不平何以至此穆之曰公泝流遠伐以老母弱子委節下若一豪不盡豈容若此長人意乃小安穆之亦厚爲之備謂所親曰貧賤常思富貴富貴必踐機危今日思爲丹徒布衣不可得也帝還長人伏誅進前將軍帝西伐司馬休之中軍將軍道憐知留任而事無大小一決穆之遷尚書左僕射領選將軍尹如故帝北伐留世子爲中軍將軍監太尉留府轉穆之左僕射領監軍中軍二府軍司將軍尹領選如故甲仗

五十人入殿入居東城穆之內總朝政外供軍旅決斷如流事無壅滯賓客輻湊求訴百端內外諮稟盈階滿室目覽詞訟手答牋書耳行聽受口並酬應不相參涉皆悉贍舉又言談賞笑彌日亘時未嘗倦苦裁有閑暇手自寫書尋覽篇章校定墳籍性奢豪食必方丈旦輒爲十人饌未嘗獨餐每至食時客止十人以還帳下依常下食以此爲常嘗白帝曰穆之家本貧賤贍生多闕叨忝以來雖每存約損而朝夕所須微爲過豐此外無一豪負公義熙十三年卒帝在長安本欲頓駕關中經略趙魏聞問驚慟哀惋者數日以根本虛乃馳還彭城以司馬徐羨之代管留臺而朝廷大事常決於穆之者並悉北諮穆之前軍府文武二萬人以三千配羨之建威府餘悉配世子中軍府追贈穆之開府儀同三司帝又表奏天子曰臣聞崇賢旌善王教所先念功簡勞義深追遠故司勳執策在勤必記德之休明沒而彌著故尚書左僕射前將軍臣穆之爰自布衣協佐義始內竭謀猷外勤庶政密勿軍國心力俱盡及登庸朝右尹司京畿敷讚百揆翼新大猷頃戎車遠役居中作捍撫寧之勳實洽朝野識量局致棟幹

之器也方宣贊盛化緝隆聖世忠績未究遠邇悼心皇恩褒述班同三事榮哀
既備寵靈已泰臣伏思尋自義熙草創艱患未弭外虞既殷內難亦薦時屯世
故靡有寧歲臣以寡乏負荷國重實賴穆之匡翼之勳豈唯讜言嘉謀溢于人
聽若乃忠規密謨潛慮帷幙造膝詭辭莫見其際事隔於皇朝功隱於視聽者
不可勝紀所以陳力一紀遂克有成出征入輔幸不辱命微夫人之左右未有
寧濟其事者矣履謙居寡守之彌固每議及封爵輒深自抑絕所以勳高當年
而茅土弗及撫事永念胡寧可昧謂宜加贈正司追甄土宇俾忠貞之烈不泯
於身後大賚所及永旌於善人臣契闊屯夷旋觀終始金蘭之分義深情感是
以獻其乃懷布之朝聽於是重贈侍中司徒封南昌縣侯及帝受禪每歎憶之
曰穆之不死當助我理天下可謂人之云亡邦國殄瘁光祿大夫范泰對曰聖
主在上英彥滿朝穆之雖功著艱難未容便關興毀帝笑曰卿不聞驥騄乎貴
日致千里耳帝後復曰穆之死人輕易我其見思如此以佐命元勳追封南康
郡公謚曰文宣穆之少時家貧誕節嗜酒食不修拘檢好往妻兄家乞食多見

辱不以爲恥其妻江嗣女甚明識每禁不令往江氏後有慶會屬令勿來穆之猶往食畢求檳榔江氏兄弟戲之曰檳榔消食君乃常飢何忽須此妻復截髮市殽饌爲其兄弟以餉穆之自此不對穆之梳沐及穆之爲丹陽尹將召妻兄弟妻泣而稽顙以致謝穆之曰本不匿怨無所致憂及至醉穆之乃令廚人以金柈貯檳榔一斛以進之元嘉二十五年車駕幸江寧經穆之墓詔致祭墓所長子慮之嗣卒子邕嗣先是郡縣爲封國者內史相並於國主稱臣去任便止孝建中始革此制爲下官致敬河東王歆之嘗爲南康相素輕邕後歆之與邕俱豫元會並坐邕嗜酒謂歆之曰卿昔見臣今能見勸一盃酒不歆之因斅孫皓歌答曰昔爲汝作臣今與汝比肩既不勸汝酒亦不願汝年邕性嗜食瘡痂以爲味似鰒魚嘗詣孟靈休靈休先患灸瘡痂落在牀邕取食之靈休大驚痂未落者悉褫取飴邕邕去靈休與何勖書曰劉邕向顧見噉遂舉體流血南康國吏二百許人不問有罪無罪遞與鞭瘡痂常以給膳邕卒子肜嗣坐刀斫妻奪爵以弟彪紹齊建元初降封南康縣侯虎賁中郎將坐廟墓不修削爵爲羽

林監又坐與亡弟母楊別居楊死不殯葬崇聖寺尼慧首剃頭爲尼以五百錢
爲買棺以泥洹輿送葬爲有司奏事寢不出
穆之中子式之字延叔爲宣城淮南二郡太守犯贓貨揚州刺史王弘遣從事
檢校之式之召從事謂曰還白使君劉式之於國粗有微分偷數百萬錢何有
況不偷邪從事還白弘由此得停從征關洛有功封德陽縣五等侯卒諡曰恭
子瑀字茂琳始與王濬爲南徐州以瑀爲別駕瑀性陵物護前時濬征北府行
參軍吳郡顧邁輕薄有才能濬待之厚瑀乃折節事邁邁以瑀與之款盡濬所
言密事悉以語瑀瑀與邁共進射堂下忽顧左右索單衣幘邁問其故瑀曰公
以家人待卿卿言無不盡卿外宣泄我是公吏何得不啓白之濬大怒啓文帝徙
邁廣州瑀性使氣尙人後爲御史中丞甚得志彈蕭惠開云非才非望非勳非
德彈王僧達云蔭藉高華人品冗末朝士莫不畏其筆端轉右衛將軍年位本
在何偃前孝武初偃爲吏部尙書瑀圖侍中不得與偃同從郊祀時偃乘車在
前瑀策駟居後相去數十步瑀躡馬及之謂偃曰君轡何疾偃曰牛駿馭精所

以疾耳偃曰君馬何遲曰騏驥羅於羈絆所以居後偃曰何不着鞭使致千里
答曰一蹙自造青雲何至與駑馬爭路然甚不得意謂所親曰人仕宦不出當
入不入當出安能長居戶限上因求益州及行甚不得意至江陵與顏竣書曰
朱修之三世叛兵一日居荊州青油幕下作謝宣明面目向使齋帥以長刀引
吾下席於吾何有政恐匈奴輕漢耳坐奪人妻爲妾免官後爲吳興太守侍中
何偃當案之云參伍時望瑀大怒曰我於時望何參伍之有遂與偃絕族叔秀
之爲丹陽瑀又與親故書曰吾家黑面阿秀遂居劉安衆處朝廷不爲多士其
年疽發背何偃亦發背癰瑀疾已篤聞偃亡懽躍叫呼於是亦卒諡曰剛
祥字顯徵式之孫也父歆太宰從事中郎祥少好文學性韻剛疎輕言肆行不
避高下齊建元中爲正員郎司徒褚彥回入朝以腰扇鄣日祥從側過曰作如
此舉止羞面見人扇鄣何益彥回曰寒士不遜祥曰不能殺袁劉安得免寒士
永明初撰宋書譏斥禪代尚書令王儉密以啓聞上銜而不問爲臨川王驃騎
從事中郎祥兄整爲廣州卒官祥就整妻求還資事聞朝廷又於朝士多所貶

忽王奐爲尙書僕射祥與奐子融同載行至中堂見路人驅驢祥曰驢汝好爲
之如汝人才皆已令僕著連珠十五首以寄其懷其譏議者云希世之寶違時
必賤偉俗之器無聖則淪是以明玉黜於楚岫章甫窮於越人有以祥連珠啓
上上令御史中丞任遐奏其過惡付廷尉上別遣敕祥曰我當原卿性命令卿
萬里思愆卿若能改革當令卿得還乃徙廣州不得意終日縱酒少時卒
秀之字道寶穆之從父兄子也祖爽山陰令父仲道餘姚令秀之少孤貧十歲
時與諸兒戲前渚忽有大蛇來勢甚猛莫不顚沛驚呼秀之獨不動衆並異之
東海何承天雅相知器以女妻之兄欽之爲朱齡石右軍參軍隨齡石敗沒秀
之哀感不歡宴者十年宋景平二年除駙馬都尉元嘉中再爲建康令政績有
聲孝武鎭襄陽以爲撫軍錄事參軍襄陽令襄陽有六門堰良田數千頃堰久
決壞公私廢業孝武遣秀之修復雍部由是大豐後除西戎校尉梁南秦二州
刺史加都督漢川饑饉秀之躬自儉約先是漢川悉以絹爲貨秀之限令用錢
百姓利之二十七年大舉北侵遣輔國將軍楊文德巴西梓潼二郡太守劉弘

宗受秀之節度震蕩汧隴元凶弑逆秀之即日起兵求赴襄陽司空南譙王義宣不許事寧還益州刺史折留奉祿二百八十萬付梁州鎮庫此外蕭然梁益豐富前後刺史莫不大營聚畜多者致萬金所攜賓僚並都下貧子出爲郡縣皆以苟得自資秀之爲政整肅遠近悅焉南譙王義宣據荊州爲逆遣徵兵於秀之秀之斬其使以起義功封康樂縣侯徙丹陽尹先是秀之從叔穆之爲丹陽與子弟聽事上宴聽事柱有一穿穆之謂子弟及秀之汝等試以栗遥擲柱入穿者後必得此郡唯秀之獨入焉其言遂驗時賒買百姓物不還錢秀之以爲非宜陳之甚切雖納其言竟不用遷尚書右僕射時定制令隸人殺長吏科議者謂會赦宜以徙論秀之以爲律文雖不顯人殺官長之旨若遇赦但止徙論便與悠悠殺人曾無一異人敬官長比之父母行害之身雖遇赦謂宜長付尚方窮其天命家口補兵從之後爲寧蠻校尉雍州刺史加都督將徵爲左僕射會卒贈司空謚忠成公秀之野率無風采而心力堅正上以其蒞官清潔家無餘財賜錢二十萬布三百疋傳封至孫齊受禪國除

徐羨之字宗文東海郯人也祖寧尚書吏部郎父祚之上虞令羨之爲桓修撫軍中兵參軍與宋武帝同府深相親結武帝北伐稍遷太尉左司馬掌留任副貳劉穆之帝議北伐朝士多諫唯羨之默然或問何獨不言羨之曰今二方已平拓地萬里唯有小羌未定公寢食不安何可輕豫其議穆之卒帝欲用王弘代之謝晦曰休元輕易不若徐羨之乃以羨之爲丹陽尹總知留任甲仗二十人出入加尚書僕射義熙十四年軍人朱興妻周生子道扶年三歲先得癇病周因其病發掘地生埋之爲道扶姑雙女所告周棄市羨之議曰自然之愛豺狼猶仁周之凶忍宜加顯戮臣以爲法律之外尚弘通理母之卽刑由子明法爲子之道焉有自容之地愚謂可特申之退裔從之及武帝卽位封南昌縣公位司空錄尚書事揚州刺史羨之起自布衣又無術學直以局度一旦居廊廟朝野推服咸謂有宰相之望沉密寡言不以憂喜見色頗工奕棋觀戲常若未解當世倍以此推之傅亮蔡廓嘗言徐公曉萬事安異同嘗與傅亮謝晦宴聚亮晦才學辯博羨之風度詳整時然後言鄭鮮之歎曰觀徐傅言論不復學問

爲長武帝不豫加班劍三十人宮車晏駕與中書令傅亮領軍將軍謝晦鎮北
將軍檀道濟同被顧命少帝詔羨之亮率衆宮內月一決獄帝後失德羨之等
將謀廢立而廬陵王義真多過不任四海乃先廢義真然後廢帝時謝晦爲領
軍以府舍內屋敗應修理悉移家人出宅聚將士於府內檀道濟以先朝舊將
威服殿省且有兵衆召入朝告之謀既廢帝侍中程道惠勸立皇子義恭羨之
不許及文帝卽位改封南平郡公固讓加封有司奏車駕依舊臨華林園聽訟
詔如先二公權訊元嘉二年羨之與傅亮歸政三奏乃見許羨之仍遜位退還
私第兄子佩之及程道惠吳興太守王韶之等並謂非宜敦勸甚苦復奉詔攝
任三年正月帝以羨之亮晦旬月間再肆醜毒下詔暴其罪誅之爾日詔召羨
之至西門外時謝晦弟皭爲黃門郎正直報亮云殿中有異處分亮馳報羨之
羨之乘內人問訊車出郭步走至新林入陶竈中自縊而死年六十三羨之初
不應召上遣領軍到彥之右衛將軍王華追討及死野人以告載尸付廷尉初
羨之年少時嘗有一人來謂曰我是汝祖羨之拜此人曰汝有貴相而有大厄

宜以錢二十八文埋宅四角可以免災過此可位極人臣後羨之隨親之縣住在縣內嘗暫出而賊自後破縣縣內人無免者雞犬亦盡唯羨之在外獲全又隨從兄履之爲臨海樂安縣嘗行經山中見黑龍長丈餘頭有角前兩足皆具無後足曳尾而行及拜司空守關將入彗星辰見危南又當拜時雙鶴集太極殿東鴟尾鳴喚竟以凶終羨之兄欽之位秘書監欽之子佩之輕薄好利武帝以其姻戚累加寵任爲丹陽尹景平初以羨之知權頗豫政事與王韶之程道惠中書舍人邢安泰潘盛爲黨時謝晦久病連灸不堪見客佩之等疑其託疾有異圖與韶之道惠同載詣傅亮稱羨之意欲令作詔誅之亮曰己等三人同受顧命豈可自相殘戮佩之等乃止羨之既誅文帝特宥佩之免官而已其冬佩之謀反事發被誅佩之弟逵之尚武帝長女會稽宣公主爲彭城沛二郡太守武帝諸子並幼以逵之姻戚將大任之欲先令立功及討司馬休之使統軍爲前鋒待剋當即授荆州於陣見害追贈中書侍郎子湛之

湛之字孝源幼孤爲武帝所愛常與江夏王義恭寢食不離帝側永初三年詔

以公主一門嫡長且湛之致節之胤封枝江縣侯數歲與弟淳之共車行牛奔
車壞左右人馳來赴之湛之先令取弟衆咸歎其幼而有識及長頗涉文義善
自位待事祖母及母以孝聞元嘉中以爲黃門侍郎祖母年老辭以朝直不拜
後拜祕書監會稽公主身居長嫡爲文帝所禮家事大小必諮而後行西征謝
晦使公主留止臺內總攝六宮每有不得意輒號哭上甚憚之初武帝微時貧
陋過甚嘗自新洲伐荻有納布衣襖等皆是敬皇后手自作武帝既貴以此衣
付公主曰後世若有驕奢不節者可以此衣示之湛之爲大將軍彭城王義康
所愛與劉湛等頗相附及得罪事連湛之文帝大怒將致大辟湛之憂懼無計
以告公主公主卽日入宮及見文帝因號哭下牀不復施臣妾之禮以錦囊盛
武帝納衣擲地以示上曰汝家本賤貧此是我母爲汝父作此納衣今日有一
頓飽食便欲殘害我兒子上亦號哭湛之由此得全再遷太子詹事尋加侍中
湛之善尺牘音辭流暢貴戚豪強產業甚厚室宇園池貴游莫及伎樂之妙冠
絕一時門生千餘皆三吳富人子資質端美衣服鮮麗每出入行游塗巷盈滿

泥雨日悉以後車載之文帝每嫌其侈縱時安成公何勖無忌之子臨汝公孟
靈休昶之子也並名奢豪與湛之以肴膳器服車馬相尚都下爲之語曰安成
食臨汝飾湛之美兼何孟勖官至侍中追謚荒公靈休善彈棊官至祕書監湛
之後遷丹陽尹加散騎常侍以公主憂不拜過葬復授前職二十三年范曄等
謀反湛之始與之同後發其事所陳多不盡爲曄等款辭所連有司以湛之關
豫逆黨事起積歲末乃歸聞多有蔽匿請免官削爵付廷尉上不許湛之詣闕
上疏請罪以爲初通其謀爲誘引之辭曄等並見怨咎規相禍陷又昔義康南
出之始敕臣入相伴慰慇懃異意頗形言旨遺臣利刃期以際會臣苦相諫譬
深加拒塞以爲怨憤所至不足爲虞便以關啓懼成虛妄非爲納受曲相蔽匿
又令申情范曄釋中間之憾致懷蕭思話恨婚意未申謂此僥倖亦不宣達陛
下敦惜天倫彰於四海蕃禁優簡親理咸通又昔蒙眷顧不容自絕音翰信命
時相往來或言少意多旨深文淺辭色之間往往難測臣顧惟心無邪悖故不
稍以自嫌懷懷丹實具如此啓臣雖駑下情匪木石豈不知醜點難嬰伏劍爲

易而靦然視息忍此餘生實非苟吝微命假延漏刻誠以負戾灰滅貽耻方來
貪及視息少自披訴乞蒙隨放伏待鈇鑕上優詔不許二十四年服闋轉中書
令太子詹事出爲南兗州刺史善政俱肅威惠並行廣陵舊有高樓湛之更修
整之南望鍾山城北有陂澤水物豐盛湛之更起風亭月觀吹臺琴室果竹繁
茂花藥成行招集文士盡游玩之適時有沙門釋惠休善屬文湛之與之甚厚
孝武命使還俗本姓湯位至揚州從事史二十六年湛之入爲丹陽尹領太子
詹事二十七年魏太武帝至瓜步湛之與皇太子分守石頭二十八年魯爽兄
弟率部曲來奔爽等軌子也湛之以爲廟筭特所獎納不敢苟申私怨乞屏田
里不許轉尚書僕射領護軍將軍時尚書令何尚之以湛之國戚任遇隆重欲
以朝政推之湛之以令事無不總又以事歸尚之互相推委御史中丞袁淑奏
並免官詔乃使湛之與尚之並受辭訴尚之雖爲令而以朝事悉歸湛之初劉
湛伏誅殷景仁卒文帝任沈演之庾仲文范曄等後又有江湛何瑀之自曄誅
仲文免演之瑀之並卒至是江湛爲吏部尚書與湛之並居權要世謂之江徐

上每疾湛之輒侍醫藥二凶巫蠱事發上欲廢劭賜濬死而孝武無寵故累出外藩不得停都下南平王鑠建平王宏並被愛而鑠妃即湛之妹湛之勸上立之徵鑠自壽陽入朝至又失旨欲立宏嫌其非次議又不決與湛之議或連日累夕每夜使湛之自執燭繞壁檢行慮有竊聽者劭入殺之旦其夕上與湛之屏人語至曉猶未滅燭湛之驚起趣北戶未及開見害時年四十四孝武即位追贈司空諡曰忠烈公子聿之爲元凶所殺聿之子孝嗣

孝嗣字始昌父被害孝嗣在孕母年少欲更行不願有子自牀投地者無算又以擣衣杵舂其腰幷服墮胎藥胎更堅及生故小字遺奴幼而挺立八歲襲爵枝江縣公見宋孝武升階流涕迄于就席帝甚愛之尚康樂公主拜駙馬都尉泰始中以登殿不著韈爲書侍御史蔡準所奏罰金二兩孝嗣姑適東莞劉舍舍兄藏爲尚書左丞孝嗣往詣之藏退謂舍曰徐郎是令僕人三十餘可知汝宜善自結昇明中爲齊高帝驃騎從事中郎帶南彭城太守轉太尉諮議參軍齊建元初累遷長史兼侍中善趨步閑容止與太宰褚彥回相埒尚書令王儉

謂人曰徐孝嗣將來必爲宰相轉御史中丞武帝問儉曰誰可繼卿儉曰臣東
都之日其在徐孝嗣乎出爲吳興太守儉贈孝嗣四言詩曰方軌叔茂追清彥
輔柔亦不茹剛亦不吐時人以比蔡子尼之行狀也在郡有能名王儉亡上徵
孝嗣爲五兵尚書其年敕撰江左以來儀典令諮受孝嗣明年遷太子詹事從
武帝幸方山上曰朕經始此山之南復爲離宮應有邁靈丘靈丘山湖新林苑
也孝嗣答曰繞黃山款牛首乃盛漢之事今江南未廣願陛下少更留神上乃
止竟陵王子良甚善之歷吏部尚書右軍將軍領太子左衞率臺閣事多以委
之武帝崩遺詔以爲尚書右僕射隆昌元年爲丹陽尹明帝謀廢鬱林遣左右
莫智明以告孝嗣孝嗣奉旨無所釐替卽還家草太后令明帝入殿孝嗣戎服
隨後鬱林旣死明帝須太后令孝嗣於袖出而奏之帝大悅時議悉誅高武子
孫孝嗣堅保持之故得無恙以廢立功封枝江縣侯甲仗五十人入殿轉左僕
射明帝卽位進爵爲公給班劍二十人加兵百人舊拜三公乃臨軒至是帝特
詔與陳顯達王晏並臨軒拜授時王晏爲令人情物望不及孝嗣晏誅轉尚書

令孝嗣愛好文學器量弘雅不以權勢自居故見容明帝之世初在率府晝臥齋北壁下夢兩童子遽云移公牀孝嗣驚起聞壁有聲行數步而壁崩壓牀建武四年卽本號開府儀同三司讓不受時連年魏軍動國用虛乏孝嗣表立屯田帝已寢疾兵事未已竟不行及崩受遺託重申開府之命加中書監永元初輔政自尚書下省出住宮城南宅不得還家帝失德孝嗣不敢諫及江祏誅內懷憂恐然未嘗表色始安王遙光反衆懷惶惑見孝嗣入宮乃安然羣小用事不能制也時孝嗣以帝終亂天常與沈文季俱在南掖門欲要文季以門爲應四五目之文季輒亂以他語孝嗣乃止進位司空固讓求解丹陽尹不許孝嗣文人不顯同異名位雖大故得未及禍虎賁中郎將許準有膽力陳說事機勸行廢立孝嗣遲疑謂必無用干戈理須少主出游閉城門召百僚集議廢之雖有此懷終不能決羣小亦稍憎孝嗣勸帝除之其冬孝嗣入華林省遣茹法珍賜藥孝色嗣容不異謂沈昭略曰始安事吾欲以門應之賢叔若同無今日之恨少能飲酒飲藥至斗餘方卒乃下詔言誅之于時凡被殺者皆取其蟬冕劍

其衣服衆情素敬孝嗣得無所侵長子演尙齊武帝女武康公主位太子中庶
子第三子況尙明帝女山陰公主並拜駙馬都尉俱見殺孝嗣之誅衆人懼無
敢至者唯會稽魏湿仁奔赴以私財營喪事當時稱之初孝嗣復故封使故吏
吳興丘叡筮之當傳幾世叡曰恐不終尊身孝嗣容色甚惡徐曰緣有此慮故
令卿決之中興元年和帝贈孝嗣太尉二年改葬宣德太后詔增班劍四十人
加羽葆鼓吹諡曰文忠改封餘干縣公子緄仕梁位侍中太常信武將軍諡頃
子
緄字君蒨字懷簡幼聰朗好學尤長丁部書問無不對善弦歌爲梁湘東王鎭
西諮議參軍頗好聲色侍妾數十皆佩金翠曳羅綺服玩悉以金銀飲酒數升
便醉而閉門盡日酣歌每遇歡謔則飲至斗有時載伎肆意游行荆楚山川靡
不畢踐朋從遊好莫得見之時襄陽魚弘亦以豪侈稱於是府中謠曰北路魚
南路徐然其服翫次於弘也君蒨辯於辭令湘東王嘗出軍有人將婦從者王
曰才愧李陵未能先誅女子將非孫武遂欲驅戰婦人君蒨應聲曰項籍壯士

猶有虞兮之愛紀信成功亦資姬人之力君蒨文冠一府特有輕豔之才新聲巧變人多諷習竟卒於官

傅亮字季友北地靈州人晉司隸校尉咸之玄孫也父瑗以學業知名位至安成太守瑗與郗超善超常造瑗見二子迪及亮亮年四五歲超令人解衣使持去初無恪色超謂瑗曰卿小兒才名位宦當遠踰於兄然保家終在大者迪字長猷宋初終五兵尚書贈太常亮博涉經史尤善文辭義熙中累遷中書黃門侍郎直西省宋武帝以其久直之勤勞欲以爲東陽郡先以語迪大喜告亮亮不答即馳見武帝陳不樂出帝笑曰謂卿須祿耳能如此甚協所望也以爲太尉從事中郎掌記室宋國初建除侍中領世子中庶子加中書令從還壽陽武帝有受禪意而難於發言乃集朝臣宴飲從容曰桓玄暴篡鼎命已移我首唱大義興復皇室今年時衰暮欲歸老京師羣臣唯盛稱功德莫曉此意亮悟旨日晚宮門已閉叩扉請見曰臣暫宜還都帝知意無復他言直云須幾人自送亮曰須數十人於是奉辭及出夜見長星竟天拊髀曰我常不信天文今始驗

矣亮至都即徵帝入輔永初元年加太子詹事封建城縣公入直中書省專典詔命以亮任總國權聽於省見客神獸門外每旦車常數百兩武帝登庸之始文筆皆是參軍滕演北征廣固悉委長史王誕自此之後至于受命表策文誥皆亮辭也演字彥將南陽西鄂人位至祕書監二年加亮尚書僕射及帝不豫與徐羨之謝晦並受顧命給班劒二十人少帝即位進中書監尚書令領護軍將軍少帝廢亮奉迎文帝立行臺於江陵城南題曰大司馬門率行臺百僚詣門拜表威儀甚盛文帝將下引見亮哭泣哀動左右既而問義真及少帝薨廢本末悲號嗚咽侍側者莫能仰視亮流汗霑背不能答於是布腹心於到彥之王華等及至都徐羨之問帝可方誰亮曰晉文景以上人羨之曰必能明我赤心亮曰不然及文帝即位加左光祿大夫開府儀同三司司空府文武即爲左光祿府進爵始興郡公固讓進封元嘉三年帝將誅亮先呼入見省內密有報之者亮辭以嫂病暫還遣信報徐羨之因乘車出郭門騎馬奔兄廸墓屯騎校尉郭泓收之初至廣莫門上亦使以詔謂曰以公江陵之誠當使諸子無恙亮

讀詔訖曰亮受先帝布衣之眷遂蒙顧託黜昏立明社稷之計欲加之罪其無
辭乎於是伏誅妻子流建安亮之方貴兄迪每深誡焉而不能從及見世路屯
險著論名曰演慎及少帝失德內懷憂懼直宿禁中睹夜蛾赴燭作感物賦以
寄意初奉大駕道路賦詩三首其一篇有悔懼之辭自知傾覆求退無由又作
辛有穆生董仲道贊稱其見微之美云
隆字伯祚亮族兄也曾祖晞司徒屬父祖並早卒隆少孤貧有學行義熙初年
四十爲孟昶建威參軍累遷尚書左丞以族弟亮爲僕射緦服不得相臨徙太
子率更令元嘉初爲御史中丞甚得司直之體轉司徒左長史會稽剡縣人黃
初妻趙打殺息載妻王遇赦王有父母及男稱女葉依法徙趙二千里外隆議
曰禮律之與本之自然求之情理非從天墮非從地出父子至親分形同氣稱
之於載即載之於趙雖言三世爲體猶一稱雖創鉅痛深固無讎祖之義向使
石厚之子日磾之孫砥鋒挺鍔不與二祖同戴天日則石碏秺侯何得流名百
代舊令言殺人父母徙之二千里外不施父子孫祖明矣趙當避王期功千里

外耳令亦云凡流徙者同籍親近欲相隨者聽之此又大通情體因親以教愛也趙既流移載爲人子何得不從載從而稱不行豈名教所許如此稱趙竟不可分趙雖內愧終身稱沉痛沒齒孫祖之義自不得以永絶事理然也從之出爲義興太守有能名拜左戶尙書坐正直受節假對人未至委出白衣領職尋轉太常文帝以新撰禮論付隆使更下意隆表上五十二事後致仕拜光祿大夫歸老於家手不釋卷博學多通特精三禮年八十三卒

檀道濟高平金鄉人也世居京口少孤居喪備禮奉兄姊以和謹稱宋武帝建義道濟與兄韶祗等從平京城俱參武帝建武將軍事累遷太尉參軍封作唐縣男義熙十二年武帝北伐道濟爲前鋒所至望風降服徑進洛陽議者謂所獲俘囚應悉戮以爲京觀道濟曰伐罪弔人正在今日皆釋而遣之於是中原感悅歸者甚衆長安平以爲琅邪內史武帝受命以佐命功改封永修縣公位丹陽尹護軍將軍武帝不豫給班劍二十人出爲鎭北將軍南兗州刺史徐羨之等謀廢立諷道濟入朝告以將廢廬陵王義眞道濟屢陳不可竟不納將廢

帝夜道濟入領軍府就謝晦晦悚息不得眠道濟寢便睡熟晦以此服之文帝即位給鼓吹一部進封武陵郡公固辭進封道濟素與王弘善時被遇方深道濟彌相結附每搆羨之等弘亦雅仗之上將誅徐羨之等召道濟欲使西討王華曰不可上曰道濟從人者也曩非創謀撫而使之必將無慮道濟至之明日上誅羨之亮既而使道濟與中領軍到彥之前驅西伐上問策於道濟對曰臣昔與謝晦同從北征入關十策晦有其九才略明練殆難與敵然未嘗孤軍決勝戎事恐非其長臣悉晦智晦悉臣勇今奉王命外討必未陣而禽時晦本謂道濟與羨之同誅忽聞來上遂不戰自潰事平遷征南大將軍開府儀同三司江州刺史元嘉八年到彥之侵魏已平河南復失之道濟都督征討諸軍事北略地轉戰至濟上魏軍盛遂克滑臺道濟時與魏軍三十餘戰多捷軍至歷城以資運竭乃還時人降魏者俱說糧食已罄於是士卒憂懼莫有固志道濟夜唱籌量沙以所餘少米散其上及旦魏軍謂資糧有餘故不復追以降者妄斬以徇時道濟兵寡弱軍中大懼道濟乃命軍士悉甲身自服乘輿徐出外圍魏

軍懼有伏不敢逼乃歸道濟雖不克定河南全軍而反雄名大振魏甚憚之圖之以禳鬼還進位司空鎮壽陽道濟立功前朝威名甚重左右腹心並經百戰諸子又有才氣朝廷疑畏之時人或目之曰安知非司馬仲達也文帝寢疾累年屢經危殆領軍劉湛貪執朝政慮道濟爲異說又彭城王義康亦慮宮車晏駕道濟不復可制十二年上疾篤會魏軍南伐召道濟入朝其妻向氏曰夫高世之勳道家所忌今無事相召禍其至矣及至上已間十三年春將遣還鎮下渚未發有似鵻鳥集船悲鳴會上疾動義康矯詔召入祖道收付廷尉及其子給事黃門侍郎植司徒從事中郎粲太子舍人混征北主簿承伯祕書郎中尊等八人並誅時人歌曰可憐白浮鳩枉殺檀江州道濟死日建鄴地震白毛生又誅司空參軍薛彤高進之並道濟心腹也道濟見收憤怒氣盛目光如炬俄爾間引飲一斛乃脫幘投地曰乃壞汝萬里長城魏人聞之皆曰道濟已死吳子輩不足復憚自是頻歲南伐有飲馬長江之志文帝問殷景仁曰誰可繼道濟答曰道濟以累有戰功故致威名餘但未任耳帝曰不然昔李廣在朝匈奴

不敢南望後繼者復有幾人二十七年魏軍至瓜步文帝登石頭城望甚有憂色歎曰若道濟在豈至此

韶字令孫以桓玄功封邑丘縣侯從征廣固率所領先登位琅邪內史從討盧循以功更封宜陽縣後拜江州刺史以罪免韶嗜酒貪橫所莅無政績上嘉其合門從義道濟又有大功故特見寵授卒子臻字係宗位員外郎臻子珪

珪字伯玉位沅南令元徽中王僧虔爲吏部尚書以珪爲征北板行參軍珪訴僧虔求祿不得與僧虔書曰僕一門雖謝文通乃忝武達羣從姑叔三婣帝姻而令子姪餓死遂不荷潤蟬腹龜腸爲日已久饑彪能嚇人遽與肉餓驎不噬誰爲落毛雖復孤微百世國士姻媾位宦亦不後物尚書同堂姊爲江夏王妃檀珪同堂姑爲南譙王妃尚書伯爲江州檀珪祖亦爲江州僕於尚書人地本懸至於婚宦皆不殊絕今通塞雖異猶忝氣類尚書何事爲爾見苦僧虔報書曰吾與足下素無怨憾何以相苦直是意有左右耳乃用爲安成郡丞

祗字恭叔與兄韶弟道濟俱參義舉封西昌縣侯歷位廣陵相義熙十年亡命

司馬國璠兄弟自北徐州界潛得過淮因天陰闇夜率百許人緣廣陵城入叫喚直上聽事祇被射傷股語左右曰賊乘暗得入欲掩我不備但打五鼓懼之曉必走矣賊聞鼓鳴直謂爲曉乃奔散追殺百餘人宋國初建爲領軍祇性矜豪樂在外放恣不願內職不得志發疾不自療其年卒于廣陵謚曰威侯傳嗣至齊受禪國除

論曰自晉綱不綱主威莫樹亂基王室毒被江左宋武一朝創業事屬橫流改易紊章歸于平道以建武永平之風變太元隆安之俗此蓋宣公之爲乎其配饗清廟豈徒然也若夫恃才驕物公旦其猶病諸而以劉祥居之斯亡亦爲幸焉秀之行己有道可謂位無虛授當徐傅二公跪承顧託若使死而可再固當赴蹈爲期及至處權定機當震主之地甫欲攘抑後禍禦蔽身災使桐宮有卒追之痛淮王非中霧之疾若以社稷爲存亡則義異於此湛之孝嗣臨機不決旣以敗國且以殞身反受其亂斯其效也道濟始因錄用故得忘瑕晚困大名以至顛覆韶祇克傳胤嗣其木鴈之間乎

南史卷十五

南史卷十五考證

劉穆之傳力敵勢均終相吞咀○咀監本訛阻今改正

遷中軍護軍司馬○護軍一本作太尉

徐湛之傳與劉湛等頗相附及得罪事連湛之○劉湛下監本衍之字今删

少自披訴乞蒙隨放○隨宋書作遺

緄子君蒨傳幼聰朗好學尤長丁部書問無不對○丁監本訛于今改正

檀道濟傳夜道濟入領軍府就謝晦晦悚息不得眠○謝晦下宋書有宿字

韶傳以桓玄功封邑邸縣侯○以字下應有平字邑應從宋書作巴

以功更封宜陽縣後拜江州刺史○宋書縣字下有侯子

南史卷十五考證

南史卷十六

唐　　李　延　壽　撰

列傳第六

王鎮惡　　朱齡石弟超石　毛修之孫惠素　傅弘之

朱修之　　王玄謨子瞻　從弟玄象　玄載　玄邈

王鎮惡北海劇人也祖猛仕苻堅任兼將相父休爲河東太守鎮惡以五月生家人以俗忌欲令出繼疎宗猛曰此非常兒昔孟嘗君惡月生而相齊是兒亦將興吾門矣故名爲鎮惡年十三而苻氏敗寓食黽池人李方家方善遇之謂方曰若遭英雄主要取萬戸侯當厚相報方曰君丞相孫人材如此何患不富貴至時願見用爲本縣令足矣後隨叔父曜歸晉客荊州頗讀諸子兵書喜論軍國大事騎射非長而從橫善果斷宋武帝伐廣固鎮惡時爲天門郡臨澧令人或薦之武帝召與語異焉因留宿旦謂諸將曰鎮惡王猛孫所謂將門有將即以署前部賊曹拒盧循有功封博陸縣五等子武帝謀討劉毅鎮惡曰公若

有事西楚請給百舸爲前驅及西討轉鎮惡參軍事使率龍驤將軍蒯恩百舸
前發鎮惡受命便晝夜兼行揚聲劉兗州上毅謂爲信不知見襲鎮惡去江陵
城二十里舍船步上蒯恩在軍前鎮惡次之舸留一二人對舸岸上豎旗安鼓
語所留人曰計我將至城便長嚴令後有大軍狀又分隊在後令燒江津船鎮
惡徑前襲城潡戍及百姓皆言劉藩實上晏然不疑將至城逢毅要將朱顯之
馳前問藩所在軍人答云在後及至軍後不見藩又望見江津船艦被燒而鼓
聲甚盛知非藩上便躍馬告毅令閉城門鎮惡亦馳進得入城便因風放火燒
大城南門及東門又遣人以詔及赦并武帝手書凡三函示毅毅皆燒不視金
城內亦未信帝自來及短兵接戰鎮惡軍人與毅下將或是父兄子弟中表親
親且鬬且語知武帝在後人情離懈初毅常所乘馬在城外不得入倉卒無馬
使就子肅取馬肅不與朱顯之謂曰人取汝父而惜馬汝走欲何之奪馬以授
毅從大城東門出奔牛牧佛寺自縊鎮惡身被五箭手所執矟於手中破折江
陵平後二十日大軍方至以功封漢壽縣子及武帝北伐爲鎮西諮議行龍驤

將軍領前鋒將發前將軍劉穆之謂曰昔晉文王委蜀於鄧艾今亦委卿以關中卿其勉之鎮惡曰吾等因託風雲並蒙抽擢今咸陽不剋誓不濟江三秦若定而公九錫不至亦卿之責矣鎮惡入賊境戰無不捷破虎牢及柏谷塢進次黽池造故人李方家升堂見母厚加酬賚即授方黽池令方軌徑據潼關將士乏食乃親到弘農督人租百姓競送義粟軍食復振初武帝與鎮惡等期若剋洛陽須待大軍未可輕前既而鎮惡等至潼關爲僞大將軍姚紹所拒不得進馳告武帝求糧援時帝軍入河魏軍屯河岸軍不得進帝呼所遣人開舫北戶指河上軍示之曰我語令勿進而深入岸上如此何由得遣軍鎮惡既得義租紹又病死僞撫軍將軍姚讚代紹守嶮衆力猶盛武帝至湖城讚引退大軍次潼關謀進取計鎮惡請率水軍自河入渭直至渭橋鎮惡所乘皆蒙衝小艦行船者悉在艦內泝渭而進艦外不見有行船人北土素無舟檝莫不驚以爲神鎮惡既至令將士食畢便棄船登岸渭水流急諸艦悉逐流去鎮惡撫士卒曰此是長安城北門外去家萬里而舫乘衣糧並已逐流唯宜死戰可立大功乃

身先士卒卽陷長安城城內六萬餘戶鎭惡撫慰初附號令嚴肅於灞上奉迎武帝勞之曰成吾霸業者眞卿也謝曰此明公之威諸將之力帝笑曰卿欲學馮異邪時關中豐全鎭惡性貪收斂子女玉帛不可勝計帝以其功大不問時有白帝言鎭惡藏姚泓僞輦有異志帝使覘之知鎭惡剔取飾輦金銀棄輦於垣側帝乃安帝留第二子桂陽公義眞爲安西將軍雍秦二州刺史鎭長安鎭惡以征虜將軍領安西司馬馮翊太守委以扞禦之任及大軍東還赫連勃勃逼北地義眞遣中兵參軍沈田子拒之虜甚盛田子退屯劉因堡遣使還報鎭惡鎭惡對田子使謂安西長史王修曰公以十歲兒付吾等當共思竭力今擁兵不進賊何由得平使反言之田子甚懼王猛之相苻堅也北人以方諸葛亮入關之功又鎭惡爲首時論者深憚之田子嶢柳之捷威震三輔而與鎭惡爭功武帝將歸留田子與鎭惡私謂田子曰鍾會不得遂其亂者爲有衞瓘等也語曰猛獸不如羣狐卿等十餘人何懼王鎭惡故二人常有猜心時鎭惡師于涇上與田子俱會傅弘之壘田子求屛人因斬之幕下幷兄基弟鴻遵深從弟

昭朗凡七人弘之奔告義真義真率王智王修被甲登橫門以察其變俄而田
子至言鎭惡反修執田子以專戮斬焉是歲義熙十四年正月十五日也追贈
左將軍青州刺史及帝受命追封龍陽縣侯謚曰壯傳國至曾孫叡齊受禪國
除
朱齡石字伯兒沛郡沛人也世爲將伯父憲及斌並爲西中郎袁真將佐桓溫
伐真於壽陽真以憲兄弟潛通溫並殺之齡石父綽逃歸溫壽陽平真已死綽
輒發棺戮尸溫怒將斬之溫弟沖請得免綽受沖更生之恩事沖如父位西陽
廣平太守及沖薨綽歐血而死齡石少好武不事崖檢舅淮南蔣氏才劣齡石
使舅臥聽事翦紙方寸帖着舅枕以刀子縣擲之相去八九尺百擲百中舅畏
齡石終不敢動舅頭有大瘤齡石伺眠密割之卽死武帝剋京城以爲建武參
軍從至江乘將戰齡石言世受桓氏恩不容以兵刃相向乞在軍後帝義而許
之以爲鎭軍參軍遷武康令縣人姚係祖專爲劫郡縣畏不能討齡石至縣僞
與厚召爲參軍係祖恃彊乃出應召齡石斬之掩其家悉殺其兄弟由是一部

得清後領中兵齡石有武幹又練吏職帝甚親委之平盧循有功爲西陽太守義熙九年徙益州刺史爲元帥伐蜀初帝與齡石密謀進取曰劉敬宣往年出黄武無功而退賊謂我今應從外水往而料我當出其不意猶從內水來也必重兵守涪城以備內道若向黄武正墮其計今以大衆自外水取成都疑兵出內水此制敵之奇也而慮此聲先馳賊審虛實別有函封付齡石署曰至白帝乃開諸軍雖進未知處分至白帝發書曰衆軍悉從外水取成都臧熹朱枚於中水取廣漢使羸弱乘高艦十餘由內水向黄武譙縱果備內水使其大將譙道福戍涪城遣其秦州刺史侯暉僕射譙詵等屯彭模夾水爲城十年六月齡石至彭模七月齡石率劉鍾蒯恩等於北城斬侯暉譙詵朱枚至廣漢復破譙道福別軍譙縱奔涪城巴西人王志斬送之幷獲道福斬於軍門帝之伐蜀將謀元帥乃舉齡石衆咸謂齡石資名尙輕慮不辦克論者甚衆帝不從乃分大軍之半令猛將勁卒悉以配之臧熹敬皇后弟也亦命受其節度及戰剋捷衆咸服帝知人又美齡石善於事以平蜀功封豐城侯十四年桂陽公義真被徵

以齡石爲雍州刺史督關中諸軍事齡石至長安義真乃發義真敗于青泥齡石亦舉城奔走見殺傳國至孫齊受禪國除

齡石弟超石亦果銳雖出自將家兄弟並閑尺牘桓謙爲衞將軍以補行參軍後爲武帝徐州主簿收迎桓謙身首躬營殯葬義熙十二年北伐超石前鋒入河時軍人緣河南岸牽百丈有漂度北岸者輒爲魏軍所殺略帝遣白直隊主丁旿率七百人及車百乘於河北岸爲却月陣兩頭抱河車置七仗士事畢使豎一長白毦魏軍不解其意並未動帝先命超石戒嚴白毦既舉超石赴之幷齎大弩百張一車益二十人設彭排於轅上魏軍見營陣立乃進圍營超石先以弱弓小箭射之魏軍四面俱至魏明元皇帝又遣南平公長孫嵩三萬騎肉薄攻營於是百弩俱發魏軍既多弩不能制超石初行別齎大槌幷千餘張矟乃斷矟三四尺以槌之一矟輒洞貫三四人魏軍不能當遂潰大軍進剋蒲坂以超石爲河東太守後除中書侍郎封興平縣五等侯關中亂帝遣超石慰勞河洛與齡石俱沒赫連勃勃見殺

毛修之字敬文滎陽陽武人也祖武生伯父璩並益州刺史父瑾梁秦二州刺史修之仕桓玄爲屯騎校尉隨玄西奔玄欲奔漢川修之誘令入蜀馮遷斬玄於枚洄洲修之力也宋武帝以爲鎭軍諮議遷右衞將軍既有斬玄之謀又父伯並在蜀帝欲引爲外助故頻加榮爵及父瑾爲譙縱所殺帝表修之爲龍驤將軍配兵遣奔赴時益州刺史鮑陋不肯進討修之言狀帝乃令冠軍將軍劉敬宣伐蜀無功而退譙縱由此送修之父伯及中表喪柩口累並得還後劉毅西鎭江陵以爲衞軍司馬南郡太守修之雖爲毅將佐而深結於帝及毅敗見宥時遣朱齡石伐蜀修之固求行帝慮修之至蜀多所誅殺且士人既與毛氏有嫌亦當以死自固不許修之不信鬼神所至必焚房廟時蔣山廟中有好牛馬並奪取之累遷相國右司馬行司州事戍洛陽修立城壘武帝至履行善之賜衣服玩好當時評直二千萬王鎭惡死修之代爲安西司馬桂陽公義真敗爲赫連勃勃所禽及赫連昌滅入魏修之在洛敬事嵩高道士寇謙之謙之爲魏太武帝信敬營護之故不死修之嘗爲羊羹薦魏尚書尚書以爲絕味獻之

太武大悅以爲太官令被寵遂爲尙書光祿大夫封南郡公太官令常如故後朱修之俘于魏亦見寵修之問朱修之南國當權者爲誰答云殷景仁修之笑曰吾昔在南殷尙幼少我歸罪之日便當巾韝到門經年不忍問家消息久之乃訪焉修之具答幷云賢子元矯甚能自處修之悲不得言直視良久乃長歎曰嗚呼自此一不復及初北人去來言修之勸魏侵邊幷教以在南禮制文帝甚疑責之朱修之後得還具相申理上意乃釋修之在魏多妻妾男女甚衆身遂死於魏

孫惠素仕齊爲少府卿性至孝母服除後更修母所住處牀帳屏帷每月朝十五向帷悲泣傍人爲之感傷終身如此惠素吏才彊濟而臨事清刻敕市銅官碧青一千二百斤供御畫用錢六十五萬有讒惠素納利武帝怒敕尙書評價貴二十八萬餘有司奏伏誅死後家徒四壁武帝後知無罪甚悔恨之

傅弘之字仲度北地泥陽人也傅氏舊屬靈州漢末失土寄馮翊置泥陽富平二縣廢靈州故傅氏悉屬泥陽晉武帝太康三年復立靈州縣傅氏還屬靈州

弘之高祖祇晉司徒後封靈州公不欲封本縣故祇一門還屬泥陽曾祖暢祕書丞沒石勒生子洪晉穆帝永和中石氏亂度江洪生梁州刺史歆歆生弘之少倜儻有大志歷位太尉行參軍宋武帝北伐弘之與扶風太守沈田子等七軍自武關入弘之素習騎乘於姚泓馳道內戲馬甚有姿制羌胡觀者數千並歎稱善留爲桂陽公義真雍州中從事史及義真東歸赫連勃勃傾國追躡於青泥大戰弘之躬貫甲冑氣冠三軍軍敗陷沒不爲之屈時天大寒裸弘之弘之叫罵見殺

朱修之字恭祖義陽平氏人也曾祖燾晉平西將軍祖序豫州刺史父諶益州刺史修之初爲州主簿宋元嘉中累遷司徒從事中郎文帝謂曰卿曾祖昔爲王導丞相中郎卿今又爲王弘中郎可謂不忝爾祖矣後隨右軍到彥之北侵彥之自河南回修之留戍滑臺被魏將安頡攻圍糧盡將士熏鼠食之修之被圍既久母常悲憂忽一旦乳汁驚出母號慟告家人曰我年老非復有乳汁時今如此兒必沒矣魏果以其日剋滑臺囚之太武嘉其固守之節以爲雲中鎮

將妻以宗室女修之潛謀南歸妻疑之每流涕謂曰觀君無停意何不告我以實義不相負修之深嘉其義而不告也及太武伐馮弘修之及同沒人邢懷明並從又有徐卓者亦沒魏復欲率南人竊發事泄見誅修之懷明懼禍同奔馮弘不見禮停一年會宋使至修之名位素顯傳詔見便拜彼國敬傳詔呼爲天子邊人見傳詔致敬乃始禮之時魏屢伐黃龍弘遣使求救修之乃使傳詔說而遣之泛海未至東萊舫艣折風猛海師慮向海北垂長索舫乃正海師視上有飛鳥知去岸不遠須臾至東萊及至以爲黃門侍郎孝武初累遷寧蠻校尉雍州刺史加都督修之政在寬簡士庶悅附及荊州刺史南郡王義宣反檄修之舉兵雍士時饑修之僞與之同旣而遣使陳情於孝武孝武嘉之以爲荊州刺史加都督義宣乃聞修之不同更以魯秀爲雍州刺史擊襄陽修之命斷馬鞍山道秀不得前乃退修之率衆向江陵竺超已執義宣修之至於獄殺之以功封南昌縣侯修之立身清約百城貺贈一無所受唯以蠻人宜存撫納有餉皆受得輒與佐史賭之未嘗入己去鎮之日秋毫無犯計在州以來然油及私

牛馬食官穀草以私錢六十萬償之而儉刻無潤薄於恩情姊在鄉里饑寒不
立修之貴爲刺史未曾供贍往姊家姊爲設菜羹麤飯以激之修之曰此是貧
家好食進之致飽先是新野庾彥達爲益州刺史攜姊之鎮資給供奉中分秩
祿西土稱焉修之後拜左戶尚書領軍將軍至建鄴牛奔墜車折脚辭尚書徙
崇憲太僕仍加特進金紫光祿大夫脚疾不堪獨行見特給扶侍卒謚貞侯
王玄謨字彥德太原祁人也六世祖宏河東太守綿竹侯以從叔司徒允之難
棄官北居新興仍爲新興鴈門太守其自序云爾祖牢仕慕容氏爲上谷太守
隨慕容德居青州父秀早卒玄謨幼而不羣世父蕤有知人鑒常笑曰此兒氣
槪高亮有太尉彥雲之風宋武帝臨徐州辟爲從事史與語異之少帝末謝晦
爲荆州請爲南蠻行參軍武寧太守晦敗以非大帥見原元嘉中補長沙王義
欣鎮軍中兵參軍領汝陰太守每陳北侵之謀上謂殷景仁曰聞王玄謨陳說
使人有封狼居胥意後爲興安侯義賓輔國司馬彭城太守義賓薨玄謨上表
以彭城要兼水陸請以皇子撫臨州政乃以孝武出鎮及大舉北侵以玄謨爲

寧朔將軍前鋒入河受輔國將軍蕭斌節度軍至碻磝玄謨進向滑臺圍城二
百餘日魏太武自來救之衆號百萬鼓鞞動天地玄謨之行也衆力不少器械
精嚴而專仗所見多行殺戮初圍城城內多茅屋衆求以火箭燒之玄謨曰損
亡軍實不聽城中即撤壞之空地爲窟室及魏救將至衆請發車爲營又不從
將士並懷離怨又營貨利一匹布責人八百梨以此倍失人心及太武軍至乃
夜遁麾下散亡略盡蕭斌將斬之沈慶之固諫曰佛狸威震天下控弦百萬豈
玄謨所當殺戰將以自弱非良計也斌乃止初玄謨始將見殺夢人告曰誦觀
世音千徧則免玄謨夢中曰何可竟也仍見授旣覺誦之且得千徧明日將刑
誦之不輟忽傳唱停刑遣代守碻磝江夏王義恭爲征討都督以碻磝沙城不
可守召令還爲魏軍所追大破之流矢中臂二十八年正月還至歷城義恭與
玄謨書曰聞因敗爲城臂上金創將非金印之徵邪元凶弒立以玄謨爲冀州
刺史孝武伐逆玄謨遣濟南太守垣護之等將兵赴義事平除徐州刺史加都
督及南郡王義宣與江州刺史臧質反朝廷假玄謨輔國將軍爲前鋒南討拜

豫州刺史質尋至大破之加都督封曲江縣侯中軍司馬劉冲之白孝武言玄謨在梁山與義宣通謀檢雖無實上意不能明使有司奏玄謨沒匿所得賊寶物虛張戰簿與徐州刺史垣護之並免官尋爲寧蠻校尉雍州刺史加都督雍土多諸僑寓玄謨上言所統僑郡無有境土新舊錯亂租課不時宜加并合見許乃省并郡縣自此便之百姓當時不願屬籍其年玄謨又令九品以上租使貧富相通境內莫不嗟怨人間訛言玄謨欲反時柳元景當權元景弟僧景爲新城太守以元景之勢制令雍土南陽順陽上庸新城諸郡並發兵欲討玄謨玄謨令內外晏然以解衆惑馳啓孝武具陳本末帝知其虛馳遣主書吳喜公慰撫之又答曰玄謨啓明白之日七十老公反欲何求聊復爲笑想足以申卿眉頭耳玄謨性嚴未曾妄笑時人言玄謨眉頭未曾申故以此見戲後爲金紫光祿大夫領太常及建明堂以本官領起部尚書又領北選孝武狎侮羣臣各有稱目多須者謂之羊短長肥瘦皆有比擬顏師伯缺齒號之曰齴劉秀之儉悋常呼爲老慳黃門侍郎宗靈秀軀體肥壯拜起艱難每一集會輒於坐賜靈

秀器服飲食前後相係欲其占謝傾踣以爲歡笑又刻木作靈秀父光祿勳叔獻像送其家聽事柳元景垣護之雖並北人而玄謨獨受老傖之目凡諸稱謂四方書疏亦如之嘗爲玄謨作四時詩曰菫茹供春膳粟漿充夏飡𩜾醬調秋菜白醝解冬寒又寵一崑崙奴子名白主常在左右令以杖擊羣臣自柳元景以下皆罹其毒玄謨尋遷徐州刺史加都督時北土災饉乃散私穀十萬斛牛千頭以賑之孝武崩與羣公俱被顧命時朝政多門玄謨以嚴直不容徙青冀二州刺史加都督少帝誅顏師伯柳元景等狂悖滋甚以領軍徵玄謨子姪咸勸稱疾玄謨曰避難苟免既乖事君之節且吾荷先朝厚恩彌不得逡巡及至屢表諫諍又流涕請緩刑去殺以安元元之意少帝大怒明帝即位禮遇益崇時四方反叛玄謨領水軍前鋒南討以脚疾未差聽乘輿出入尋除車騎大將軍江州刺史副司徒建安王休仁於赭圻賜以諸葛亮筩袖鎧頃之以爲光祿大夫開府儀同三司領護軍將軍還南豫州刺史加都督薨年八十二謚曰莊公子深早卒深子續嗣深弟寬泰始初爲隨郡太守逢四方反父玄謨在建鄴

寬棄郡官歸以母在西爲賊所執請西行遂襲破隨郡收其母事平明帝嘉之
使圖寬形以上齊永明元年爲太常坐於宅殺牛免官後卒於光祿大夫
寬弟瞻字明遠一字叔鸞負氣傲俗好貶裁人物仕宋爲王府參軍嘗詣劉彥
節直登榻曰君侯是公孫僕是公子引滿促膝唯余二人彥節外跡雖酬之意
甚不悅齊豫章王嶷少時早與瞻友瞻常候嶷高論齊武帝時在大牀寢瞻謂
嶷曰帳中人物亦復隨人寢興嶷言次忽問王景文兄楷賢愚何如殷道矜瞻
曰卿遂復言他人兄邪武帝笑稱嶷小名多王汝兄愚那得忽來王參軍此句
瞻曰直恐如卿來談武帝銜之未嘗形色後歷黃門侍郎及齊建元初瞻爲永
嘉太守詣闕跪拜不如儀武帝知之召入東宮仍送付廷尉殺之命左右啓高
帝曰父辱子死王瞻傲朝廷臣輒已收之高帝曰此何足計及聞瞻已死乃默
無言玄謨從弟玄象位下邳太守好發冢地無完槨人間垣內有小冢墳上殆
平每朝日初升見一女子立冢上近視則亡或以告玄象使命發之有一棺尚
全有金蠶銅人以百數剖棺見一女子年可二十姿質若生臥而言曰我東海

王家女應生資財相奉幸勿見害女臂有玉釧破冢者斬臂取之於是女復死

玄謨時爲徐州刺史以事上聞玄象坐免郡

玄載字彥休玄謨從弟也父㳂東莞太守玄載仕宋位益州刺史沈攸之之難

玄載起義送誠於齊高帝對鄂縣子齊建元元年爲左戶尚書永明四年位兗

州刺史卒官謚烈子

玄載弟玄邈字彥遠仕宋位青州刺史齊高帝之鎮淮陰爲宋明帝所疑乃北

通魏遺書結玄邈玄邈長史房叔安進曰夫布衣韋帶之士銜一餐而不忘義

使之然也今將軍居方州之重託君臣之義無故舉忠孝而棄之三齊之士寧

蹈東海死耳不敢隨將軍也玄邈意乃定仍使叔安使建鄴發高帝謀高帝於

路執之并求玄邈表叔安答曰寡君使表上天子不上將軍且僕之所言利國

家而不利將軍無所應問荀伯玉勸殺之高帝曰物各爲主無所責也玄邈罷

州還高帝塗中要之玄邈嚴軍直過還都啓宋明帝稱高帝有異謀高帝不恨

也昇明中高帝引爲驃騎司馬太山太守玄邈甚懼高帝待之如初再遷西戎

校尉梁南秦二州刺史封河陽縣侯兄弟同時爲方伯齊建元初亡命李烏奴
作亂梁部玄邈使人僞降烏奴告之曰王使君兵弱攜愛妾二人已去矣烏奴
喜輕兵襲州城玄邈奇兵破之高帝聞之曰玄邈果不負吾延興元年爲中護
軍明帝使玄邈往江州殺晉安王子懋玄邈苦辭不行及遣王廣之往廣陵取
安陸王子敬玄邈不得已奉旨建武中卒於護軍贈雍州刺史諡壯侯叔安字
子仁清河人高帝即位懷其忠正時爲益州司馬寧蜀太守就拜前將軍方用
爲梁州會病卒帝歎曰叔安節義古人中求之耳恨不至方伯而終子長瑜亦
有義行永明中爲州中從事
論曰自晉室播遷來宅揚越關邊遙阻汧隴遐荒區甸分其內外山河判其表
裏桓温一代英人志移晉鼎自非兵屈灞上戰衂枋頭則光宅之運中年允集
宋武帝崛起布衣非藉人譽一旦驅率烏合奄興霸緒功雖有餘而德猶未洽
非樹奇功於難立震大威於四海則不能成配天之業一異同之心故須外積
武功以收人望及金墉請吏元勳既立心欲挂旆龍門折衝冀趙跨功桓氏取

高昔人方復觀兵崤澠陳師天嶮及靈威薄震重關自闢故知英算所包先勝而後戰也王鎮惡推鋒直指前無彊陣爲宋方叔其壯矣乎朱齡石超石毛修之傅弘之等以歸衆難固之情逢英勇乘機之運以至顚陷爲不幸矣脩之滑臺之守有踈勒之難苟誠節在焉所在爲重其取榮大國豈徒然哉終假道自歸首丘之義也玄謨封狠之心雖簡帝念然天方相魏人豈能支宋氏以三吳之弱卒當八州之勁勇欲以邀勝不亦難乎蹙境亡師固其宜也觀夫慶之言可謂達於時變瞻傲很不悔卒至亡軀然齊武追恨魚服匹夫懼矣玄邈行己之度有士君子之風乎

南史卷十六

南史卷十六考證

王鎮惡傳鎮惡以五月生家人以俗忌○五月下宋書有五日二字

鎮惡身被五箭手所執矟手中破折○手中上宋書有於字

朱齡石弟超石傳長孫嵩三萬騎肉薄攻營○肉監本訛內今改正

大軍進剋蒲坂○坂監本誤坡今改正

傅弘之傳洪生梁州刺史歆○歆宋書及南本俱作韶

朱脩之傳有餉皆受得輒與佐史賭之未嘗入己○史宋書作吏

王玄謨弟玄邈傳乃北通魏遺書結玄邈○通監本訛勸今從南本

南史卷十六考證

南史卷十七

唐　李　延　壽　撰

列傳第七

劉敬宣　劉懷肅 弟懷敬 懷愼　劉粹 族弟損 孫處
蒯恩　向靖 子柳　劉鍾　虞丘進
孟懷玉 弟龍符　胡藩　劉康祖 伯父簡之 簡之子道產 簡之弟謙之 道產子延孫

劉敬宣字萬壽彭城人也父牢之晉鎭北將軍敬宣八歲喪母晝夜號泣中表異之輔國將軍桓序鎭蕪湖牢之參序軍事四月八日敬宣見衆人灌佛乃下頭上金鏡爲母灌像因悲泣不自勝序謂牢之曰卿此兒非唯家之孝子必爲國之忠臣起家王恭前軍參軍又參會稽世子元顯征虜軍事隆安二年王恭起兵京口以誅司馬尚之爲名牢之時爲恭前軍司馬恭以豪戚自居甚相陵忽牢之心不能平及恭此舉使牢之爲前鋒牢之遣敬宣襲恭敗之元顯以敬宣爲後將軍諮議參軍三年孫恩爲亂牢之自表東討敬宣請以騎傍南山趣

其後吳賊畏馬又懼首尾受敵遂大敗之進平會稽遷後軍從事中郎宋武帝
旣累破祆賊功名日盛敬宣深相憑結元顯進號驃騎敬宣仍隨府轉元顯驕
肆羣下化之敬宣每預宴會調戲無所酬答元顯甚不悅元興元年牢之南討
桓玄元顯爲征討大都督日夜昏酣牢之以道子昏闇元顯淫凶慮平玄之日
亂政方始會玄遣信說牢之牢之欲假手於玄誅執政然後乘玄之隙可以得
志天下將許玄降敬宣諫恐玄威望旣成則難圖牢之怒曰吾豈不知今日取
之如反覆手但平後令我柰驃騎何遣敬宣爲任玄旣得志害元顯廢道子以
牢之爲會稽太守牢之與敬宣謀襲玄期以明旦爾日大霧府門晚開日旰敬
宣不至牢之謂謀泄欲奔廣陵而敬宣還京口迎家牢之謂己爲玄禽乃縊而
死敬宣奔喪哭畢就司馬休之高雅之等俱奔洛陽往來長安求救於姚興後
奔慕容德敬宣素明天文知必有興復晉室者尋夢丸土服之覺而喜曰丸者
桓也桓吞吾當復本土乎乃結青州大姓諸省封謀滅德推休之爲主時德司
空劉軌大被任高雅之又要軌謀泄乃相與殺軌而去會宋武帝平京口手書

召敬宣卽馳還襲封武岡縣男後拜江州刺史劉毅之少人或以雄桀許之敬宣曰此人外寬內忌自伐而尙人若一旦遭逢當以陵上取禍毅聞深恨及在江陵知敬宣還尋知爲江州大駭惋敬宣愈不自安安帝反正自表求解武帝恩款周洽所賜莫與爲比敬宣女嫁賜錢三百萬雜綵千匹帝方大相寵任欲令立功義熙三年表遣敬宣伐蜀博士周祗諫以爲道遠運漕難繼毛脩之家讎不雪不應以得死爲恨劉敬宣蒙生存之恩亦宜性命仰答將軍欲驅二死之甘心亡國家之重計愚情竊所未安不從假敬宣節監征蜀諸軍事敬宣至黃武去成都五百里食盡遇疾疫而還爲有司奏免官五年武帝伐慕容超除中軍諮議參軍與兗州刺史劉藩大破超軍進圍廣固屢獻規略盧循逼建鄴敬宣分領鮮卑獸斑突騎置陣甚整循走仍從南討爲左衛將軍敬宣寬厚善待士多伎藝弓馬音律無事不善尙書僕射謝混美才地少所交納與敬宣遇便盡禮或問混卿未嘗輕交而傾蓋劉壽何也混曰孔文舉禮太史子義天下豈有非之邪初敬宣蜀還劉毅欲以重法繩之武帝既相任待又何無忌謂不

宜以私憾傷至公毅雖止猶謂武帝曰平生之舊豈可孤信光武悔之於龐萌曹公失之於孟卓宜深慎之毅出爲荆州謂敬宣曰欲屈卿爲長史南蠻豈有見輔意乎敬宣懼禍以告武帝帝笑曰但令老兄平安必無過慮後領冀州刺史時帝西討劉毅豫州刺史諸葛長人監太尉軍事貽敬宣書曰盤龍狠戾專恣自取夷滅異端將盡世路方夷富貴之事相與共之敬宣報曰下官常懼福過災生實思避盈居損富貴之旨非所敢當便以長人書呈帝謂王誕曰阿壽故爲不負我十一年進號右軍將軍時晉宗室司馬道賜爲敬宣參軍會武帝西征司馬休之而道賜乃陰結同府辟閭道秀左右小將王猛子等謀反道賜自號齊王規據廣固舉兵應休之猛子取敬宣刀殺敬宣文武佐吏即討道賜道秀猛子斬之先是敬宣嘗夜與僚佐宴空中有投一隻芒屩於坐墜敬宣食盤上長三尺五寸已經人著耳鼻間並欲壞頃之而敗喪至武帝臨哭甚哀子光祖嗣宋受禪國除

劉懷肅彭城人宋武帝從母兄也家世貧窶而躬耕好學仕晉爲費令及聞武

帝起義棄縣來奔義熙元年爲輔國將軍淮南歷陽二郡太守二年又領劉毅撫軍司馬以建義功封東興縣侯其冬桓石綏司馬國璠陳襲於胡桃山聚衆爲寇懷肅討破之江淮閒羣蠻及桓氏餘黨爲亂懷肅自請討之及行失旨毅上表免懷肅官三年卒追贈左將軍無子弟懷慎以子蔚祖嗣位江夏內史蔚祖卒子道存嗣位太尉江夏王義恭諮議參軍孝武伐元凶道存出奔義軍元凶乃殺其母以徇景和中爲義恭太宰從事中郎義恭敗以黨與下獄死

懷肅次弟懷敬澀訥無才能初武帝產而皇妣殂孝皇帝貧薄無由得乳人議欲不舉帝從母生懷敬未朞乃斷懷敬乳而自養帝帝以舊恩懷敬累見寵授至會稽太守時以爲速武帝曰亡姨於我恩重此何可忘歷尙書金紫光祿大夫懷敬子眞道爲錢塘令元嘉十三年東土饑帝遣揚州中從事史沈演之巡行在所演之表眞道及餘杭令劉道錫有美政上嘉之各賜穀千斛以眞道爲步兵校尉十四年出爲梁南秦二州刺史十八年氐帥楊難當侵寇漢中眞道討破之而難當寇盜猶不已文帝遣龍驤將軍裴方明率禁兵五千受眞道節

度十九年方明至武興率太子積弩將軍劉康祖等進軍大致剋捷以真道為
建威將軍雍州刺史方明輔國將軍梁南秦二州刺史又詔故晉壽太守姜道
盛殞身鋒鏑可贈給事中賜錢十萬道盛注古文尚書行於世真道方明並坐
破仇池斷割金銀諸雜寶貨又藏難當善馬下獄死
懷敬弟懷慎少謹慎質直從宋武帝征討位徐州刺史為政嚴猛境內震肅以
平廣固盧循功封南城縣男十二年武帝北伐以為中領軍征虜將軍宿衛輦
轂坐府內相殺免官雖名位轉優而恭恪愈至每所之造位任不踰己者皆束
帶門外下車其謹退類如此永初元年以佐命功進爵為侯位五兵尚書加散
騎常侍光祿大夫景平元年還護軍將軍祿賜班於宗族家無餘財卒謚肅侯
子德願嗣大明初為遊擊將軍領石頭戍事坐受賈客韓佛智貨下獄奪爵後
為秦郡太守德願性麤率為孝武狎侮上寵姬殷貴妃薨葬畢數與羣臣至殷
墓謂德願曰卿哭貴妃若悲當加厚賞德願應聲便號慟撫膺擗踴涕泗交流
上甚悅以為豫州刺史又令醫術人羊志哭殷氏志亦嗚咽他日有問志卿那

得此副急淚志時新喪愛姬答曰我爾日自哭亡妾耳志滑稽善爲諧謔上亦愛狎之德願善御車嘗立兩柱使其中劣通車軸乃於百餘步上振轡長驅未至數尺打牛奔從柱間直過其精如此孝武聞其能爲之乘畫輪車幸太宰江夏王義恭第德願岸著籠冠短朱衣執轡進止甚有容狀永光中爲廷尉與柳元景厚善元景敗下獄誅懷慎庶長子榮祖少好騎射爲武帝所知及盧循攻逼時賊乘小艦入淮拔柵武帝宣令三軍不得輒射賊榮祖不勝憤怒冒禁射之所中應弦而倒帝益奇焉以戰功參太尉軍事從討司馬休之彭城內史徐逵之敗沒諸將意沮榮祖請戰愈厲上乃解所著鎧授之榮祖陷陣身被數創及帝北伐轉鎮西中兵參軍水軍入河與朱超石大破魏軍於半城帝大饗戰士謂榮祖曰卿以寡剋衆攻無堅城雖古名將何以過此永初中爲輔國將軍追論平城功賜爵都鄉侯榮祖爲人輕財貴義善撫將士然性褊頗失士君子心卒于官懷慎弟懷默江夏內史子孫登武陵內史孫登子亮少工刀楯以軍功封順陽縣侯歷梁益二州刺史在任廉儉所得公祿悉以還官宋明帝下詔

褒美亮在梁州忽服食欲致長生迎武當山道士孫懷道使合仙藥藥成服之
而卒及就斂屍弱如生諡曰剛侯孫登弟道隆前廢帝景和中位右衛將軍封
永昌縣侯委以腹心之任泰始初又爲明帝盡力還左衛將軍中護軍賜死事
在建安王休仁傳
劉粹字道冲沛郡蕭人也家在京口初爲州從事從宋武帝平建鄴征廣固以
功封西安縣五等侯累遷中軍諮議參軍盧循之逼京口任重文帝時年四歲
武帝使粹奉文帝鎮京口後爲江夏相族兄毅貳於武帝粹不與毅同而盡心
武帝帝將謀毅衆並疑粹在夏口帝愈信之及大軍至竭其誠力事平封灄縣
男永初元年以佐命功改封建安縣侯文帝卽位爲雍州刺史加都督元嘉三
年討謝晦初晦與粹善以粹子曠之爲參軍至是帝甚疑之王弘曰粹無私必
無憂也及受命南討一無所顧文帝以此嘉之晦亦不害曠之遣還粹尋卒曠
之嗣粹弟道濟位益州刺史任長史費謙等聚斂傷政害人初晉末有司馬飛
龍者自稱晉宗室走仇池元嘉九年聞道濟綏撫失和遂自仇池入綿竹爲亂

道濟遣軍討斬之先是道濟以五城人帛氏奴梁顯爲參軍督護費謙固執不與遠方商人至者謙又抑之商旅呼嗟百姓咸欲爲亂氏奴等因聚黨爲盜及趙廣等詐言司馬殿下猶在陽泉山中蜀土僑舊翕然並反奉道人程道養言是飛龍道養枹罕人也趙廣改名爲龍與號爲蜀王車騎大將軍益梁二州牧建號泰始元年備置百官以道養弟道助爲驃騎將軍長沙王鎮涪城廣自號鎮軍將軍帛氏奴爲征虜將軍梁顯爲征北將軍奉道養圍成都道濟遣中兵參軍裴方明頻破之十年正月賊復大至攻逼成都道濟卒方明等共埋尸於後齋使書與道濟相似者爲教酬答籤疏不異常日雖母妻不知也二月道養升壇郊天方就柴燎方明擊大敗之會平西將軍臨川王義慶使巴東太守周籍之帥衆援成都廣等屯據廣漢分守郫川籍之與方明攻郫克之方明禽僞驃騎將軍司馬龍伸斬之龍伸卽道助也涪蜀皆平俄而張尋攻破陰平復與道養合逃於鄣山其餘羣賊出爲盜不絕文帝遣寧朔將軍蕭汪之討之十四年餘黨乃平遷趙廣張尋等於建鄴十六年廣尋復與國山令司馬敬琳謀反

伏誅粹族弟損字子騫衛將軍毅從父弟也父鎮之字仲德以毅貴顯閑居京口未嘗應召常謂毅汝必破我家毅甚畏憚每還京口未嘗敢以華儀入鎮之門左光祿大夫徵不就卒於家損元嘉中爲吳郡太守至昌門便入太伯廟時廟室頽毀垣牆不修損愴然曰清塵尚可髣髴衡宇一何摧頽即令修葺卒贈太常損同郡宗人有劉伯龍者少而貧薄及長歷位尚書左丞少府武陵太守貧窶尤甚常在家慨然召左右將營十一之方見一鬼在傍撫掌大笑伯龍歎曰貧窮固有命乃復爲鬼所笑也遂止

孫處字季高會稽永興人也籍注字故以字行少任氣武帝征孫恩季高樂從及平建鄴封新番縣五等侯盧循之難武帝謂季高曰此賊行破非卿不能破其窟穴即遣季高泛海襲番禺拔之循父嘏長史孫建之司馬虞尫夫等輕舟奔始興即分遣振武將軍沈田子等討平嶺表諸郡循於左里走還襲廣州季高破走之義熙七年季高卒追贈南海太守封候官縣侯九年武帝表贈交州刺史

蒯恩字道恩蘭陵承人也武帝征孫恩縣差恩伐馬芻常負大束兼倍餘人每捨芻於地歎曰大丈夫彎弓三石奈何充馬士武帝聞之即給器仗自征妖賊常爲先登膽力過人甚見愛信於婁縣戰箭中右目平京城定建鄴以軍功封都鄉侯從伐廣固破盧循隨劉藩追斬徐道覆與王鎮惡襲江陵隨朱齡石伐蜀又從伐司馬休之自從征討凡百餘戰身被重創武帝錄其前後功封新寧縣男武帝北伐留恩侍衞世子命朝士與之交恩益自謙損與人語常呼位官自稱鄙人撫士卒甚有恩紀世子開府再遷爲司馬後入關迎桂陽公義眞沒於赫連勃勃傳國至孫無子國除

向靖字奉仁小字彌河內山陽人也名與武帝祖諱同故以小字行彌與武帝有舊從平京城參建武軍事進平建鄴以功封山陽縣五等侯又從征廣固討盧循所在著績封安南縣男武帝西伐司馬休之征關中並見任使及帝受命以佐命功封曲江縣侯位太子左衞率加散騎常侍卒於官彌立身儉約不營室宇無園田商貨之業時人稱之子植嗣多過失不受母訓奪爵更以植次弟

楨紹封又坐殺人國除
楨弟柳字玄季有學義才能立身方雅太尉袁淑司空徐湛之東揚州刺史顏竣皆與友善及竣貴柳猶以素情自許不推先之順陽范璩誡柳曰名位不同禮有異數卿何得作曩時意邪柳曰我與士遜心期久矣豈可一旦以勢利處之及柳爲南康郡涉義宣事敗繫建康獄屢密請竣求相申救孝武嘗與竣言及柳事竟不助之柳遂伏法璩字伯玉平北將軍汪曾孫也位淮南太守

劉鍾字世之彭城人也少孤依鄉人中山太守劉回共居常慷慨於貧賤從宋武帝征伐盡其心力及義旗建帝拔鍾爲郡主簿曰豫是彭城鄉人赴義者並可依劉主簿於是立義隊連戰皆捷及桓謙屯於東陵卞範之屯覆舟山西武帝疑賊有伏兵顧左右政見鍾謂曰此山下當有伏兵卿可往探之鍾馳進果有伏兵一時奔走後除南齊國內史封安丘縣五等侯求改葬父祖及親屬十喪帝厚加資給從征廣固孟龍符於陣陷沒鍾直入取其屍而反盧循逼建鄴鍾拒柵身被重創賊不得入循南走鍾又隨劉藩追徐道覆斬之後隨朱齡石

伐蜀爲前鋒去成都二百里鍾于時脚疾齡石乃詰鍾謀且欲養銳息兵以伺其隙鍾曰不然前揚言大衆向內水譙道福不敢捨涪城今重軍卒至出其不意蜀人已破膽矣賊今阻兵守險是其懼不敢戰非能持久也因其兇懼攻之其勢必剋若緩兵彼將知人虛實當爲蜀子虜耳齡石從之明日陷其二城徑平成都以廣固功封永新縣男十二年武帝北伐鍾居守累遷右衞將軍元熙元年卒傳國至孫齊受禪國除

虞丘進字緣之東海郯人也少時隨謝玄討苻堅有功封關內侯後從宋武帝征孫恩頻戰有功從定建鄴除燕國內史封龍川縣五等侯及盧循逼都孟昶等議奉天子過江進廷議不可面折昶等武帝甚嘉之除鄱陽太守後隨劉藩斬徐道覆義熙九年以前後功封望蔡縣男永初二年累遷太子右衞率卒追論討司馬休之功進爵爲子傳國至曾孫齊受禪國除

孟懷玉平昌安丘人也世居京口宋武帝東伐孫恩以爲建武司馬豫義旗從平京口定建鄴以功封鄱陽縣五等侯盧循逼都以戰功爲中書諮議參軍循

平封陽豐縣男位江州刺史南中郎將卒官無子國除
懷玉弟龍符驍果有膽氣早爲武帝所知以軍功封平昌縣五等子從伐廣固以車騎將軍加龍驤將軍廣川太守乘勝追奔被圍見害追贈青州刺史封臨沅縣男

胡藩字道序豫章南昌人也少孤居喪以毀聞太守韓伯見之謂藩叔尚書少廣曰卿此姪當以義烈成名州府辟不就須二弟冠婚畢乃參郗恢征虜軍事時殷仲堪爲荊州刺史藩外兄羅企生爲仲堪參軍藩過江陵省企生因說仲堪曰桓玄意趣不常節下崇待太過非將來計也仲堪不悅藩退謂企生曰倒戈授人必至大禍不早去後悔無及後玄自夏口襲仲堪藩參玄後軍軍事仲堪敗企生果以附從及禍藩轉參太尉大將軍相國軍事宋武帝起兵玄戰敗將出奔藩扣馬曰今羽林射手猶有八百皆是義故西人一旦捨此欲歸可復得乎玄直以鞭指天而已於是奔散相失追及玄於蕪湖玄見藩喜謂張須無曰卿州故爲多士今復見王修桑落之敗藩艦被燒幷鎧入水潛行三十許步

方得登岸乃還家武帝素聞藩直言於殷氏又爲玄盡節召參鎮軍軍事從征慕容超超軍屯聚臨朐藩言於武帝曰賊屯軍城外留守必寡今往取其城而斬其旗幟此韓信所以剋趙也帝乃遣檀韶與藩潛往卽剋其城賊見城陷一時奔走還保廣固圍之將拔之夜忽有鳥大如鵝蒼黑色飛入帝帳裏衆以爲不祥藩賀曰蒼黑者胡虜色胡虜歸我大吉之祥明旦攻城陷之從討盧循於左里頻戰有功封吳平縣五等子尋除鄱陽太守從伐劉毅初毅當之荊州表求東道還建鄴辭墓去都數十里不過拜闕帝出倪塘會毅藩請殺之乃謂帝曰公謂劉衞軍爲公下乎帝曰卿謂何如對曰夫豁達大度功高天下連百萬之衆允天人之望毅固以此服公至於涉獵記傳一詠一談自許以雄豪加以誇伐搢紳白面之士輻湊而歸此毅不肯爲公下也帝曰吾與毅俱有剋復功其過未彰不可自相圖至是謂藩曰昔從卿倪塘之謀無今舉也又從征司馬休之復爲參軍徐逵之敗沒帝怒卽日於馬頭岸度江江津岸壁立數丈休之臨岸置陣無由可登帝呼藩令上藩有疑色帝怒令左右錄來欲斬之藩不受

命顧曰寧前死耳以刀頭穿岸劣容脚指徑上隨之者稍多及登殊死戰敗之
從伐關中參太尉軍事統別軍至河東暴風漂輜重艦度北岸魏軍牽得此艦
藩氣憤率左右十二人乘小船徑往魏騎五六百見藩來並笑之藩素善射登
岸射之應弦而倒者十許人魏軍皆退悉收所失而反又遣藩及朱超石等追
魏軍於半城魏騎數萬合圍藩及超石不盈五千力戰大破之武帝還彭城參
相國軍事論平司馬休之及廣固功封陽山縣男元嘉中位太子左衛率卒謚
曰壯侯子隆世嗣藩諸子多不遵法度第十四子遵世同孔熙先逆謀文帝以
藩功臣不欲顯其事使江州以他事殺之十六子誕世十七子茂世後欲奉庶
人義康交州刺史檀和之至豫章討平之

劉康祖彭城呂人也世居京口父虔之輕財好施位江夏相宋武帝西征司馬
休之及魯宗之宗之子軌襲殺虔之追贈梁秦二州刺史封新康縣男康祖便
弓馬膂力絕人以浮蕩蒱酒爲事每犯法爲郡縣所錄輒越屋踰牆莫之能禽
夜入人家爲有司所圍突圍去並莫敢追因夜還京口半夕便至明旦守門詰

府州要職俄而建康移書錄之府州執事者並證康祖其夕在京遂得無恙前
後屢被糺劾文帝以勳臣子每原貸之後襲封拜員外郎再坐蒱戲免官孝武
爲豫州刺史鎮歷陽以康祖爲征虜中兵參軍既被委任折節自修歷南平王
鑠安蠻府司馬元嘉二十七年魏太武帝親率大衆攻圍汝南文帝遣諸軍救
援康祖總統爲前驅次新蔡攻破魏軍去懸瓠四十里太武燒營而還轉左軍
將軍文帝欲大舉北侵康祖以歲月已晚請待明年上不許其年秋蕭斌王玄
謨沈慶之等入河康祖率豫州軍出許洛玄謨等敗歸南平王鑠在壽陽上慮
爲魏所圍召康祖速反康祖回軍未至壽陽數十里會魏永昌王以長安之衆
八萬騎與康祖相及於尉武康祖有八千人乃結車營而進魏軍四面來攻衆
分爲三且休且戰康祖率厲將士無不一當百魏軍死者大半流血沒踝矢中
頭而死於是大敗舉營淪覆免者裁數十人魏人傳康祖首示彭城面如生贈
益州刺史諡曰壯
康祖伯父䆠之有志幹爲宋武帝所知帝將謀興復收集才力之士嘗再造䆠

之會有客簡之悟其意謂虔之曰劉下邳再來必當有意既不得語汝可試往
見之及虔之至武帝已剋京口虔之即投義簡之聞之殺耕牛會衆以赴之位
太尉諮議參軍簡之弟謙之好學撰晉紀二十卷位廣州刺史太中大夫
簡之子道產初爲無錫令襲爵晉安縣五等侯元嘉三年累遷梁南秦二州刺
史加都督在州有惠化後爲雍州刺史領寧蠻校尉加都督兼襄陽太守善於
臨職在雍部政績尤著蠻夷前後不受化者皆順服百姓樂業由此有襄陽樂
歌自道產始也卒于官諡曰襄侯道產澤被西土及喪還諸蠻皆備縗絰號哭
追送至于沔口長子延孫孝武初位侍中封東昌縣侯累遷尚書右僕射大明
元年除金紫光祿大夫領太子詹事又出爲南徐州刺史先是武帝遺詔京口
要地去都密邇自非宗室近戚不得居之劉氏之居彭城者分爲三里帝室居
綏輿里左將軍劉懷肅居安上里豫州刺史劉懷武居叢亭里三里及延孫所
居呂縣凡四劉雖同出楚元王由來不序昭穆延孫於帝室本非同宗不應有
此授時司空竟陵王誕爲徐州上深相畏忌不欲使居京口還之廣陵廣陵與

京口對岸使腹心爲徐州據京口以防誕故以南徐州授延孫而與之合族使諸王序親三年南兗州刺史竟陵王誕有罪不受徵延孫馳遣中兵參軍杜幼文赴討及至誕已閉城自守乃還誕遣劉公泰齎書要之延孫斬公泰送首建鄴復遣幼文受沈慶之節度五年詔延孫曰舊京樹親由來常準今此防久弭當以還授小兒乃徵延孫爲侍中尚書左僕射領護軍延孫病不任拜赴卒贈司徒給班劍二十人有司奏謚忠穆詔改爲文穆子質嗣

論曰劉敬宣與宋武恩結龍潛義分早合雖興復之始事隔逢迎而深期久要未之或爽隆赫之任遂止於人存飾終之數無聞於身後恩禮之有厚薄將別有以乎劉懷肅劉懷愼劉粹孫處蒯恩向靖劉鍾虞丘進孟懷玉孟龍符胡藩等或階緣恩舊一其心力或攀附風雲奮其鱗羽咸能振拔塵滓自致封侯詩云無德不報其言信矣康祖門奉輿王早裂封壤受委疆埸赴蹈爲期道產樹績漢南歷年踰十遺風餘烈有足稱焉覽其行事可謂異迹均美延孫隆名盛寵擇而後授遂以腹心之託自致宗臣之重亦其過也

南史卷十七

南史卷十七考證

劉懷肅傳桓石綏司馬國璠陳襲於胡桃山聚衆爲寇○綏監本訛綏今改正

劉粹傳道養袍罕人也○枹監本訛抱今改正

虞邱進傳少時隨謝玄討苻堅○謝玄下監本衍謝玄二字今從宋書刪去

劉康祖傳歷南平王鑠安蠻府司馬○鑠監本訛鑠今改正

南史卷十七考證

西元二〇二〇年十一月一日重製一版

南史（附考證）冊一（唐李延壽撰）

平裝四冊基本定價貳仟柒佰元正
（郵運匯費另加）

發行人　張敏君
發行處　中華書局
臺北市內湖區舊宗路二段一八一巷八號五樓（5FL., No. 8, Lane 181, JIOU-TZUNG Rd., Sec 2, NEI HU, TAIPEI, 11494, TAIWAN）
客服電話：886-2-8797-8396
公司傳真：886-2-8797-8909
匯款帳戶：華南商業銀行西湖分行
179100026931
印　　刷：維中科技有限公司
海瑞印刷品有限公司

No. N1051-1

國家圖書館出版品預行編目(CIP)資料

南史/(唐)李延壽撰. -- 重製一版. -- 臺北市：
中華書局, 2020.11
冊；　公分
ISBN 978-986-5512-31-6(全套：平裝)

1.南史

623.501　　109016723